Jürgen Schmude, Philipp Namberger

Tourismusgeographie

Jürgen Schmude, Philipp Namberger

Tourismusgeographie

Die Deutsche Nationalbibliothek verzeichnet diese Publikation
in der Deutschen Nationalbibliografie;
detaillierte bibliografische Daten sind im Internet über
http://dnb.d-nb.de abrufbar.

Die Herausgabe des Werkes wurde durch
die Vereinsmitglieder der WBG ermöglicht.
Einbandgestaltung: schreiberVIS, Seeheim
Satz: Lichtsatz Michael Glaese GmbH, Hemsbach
Gedruckt auf säurefreiem und alterungsbeständigem Papier
Printed in Germany

Besuchen Sie uns im Internet: www.wbg-wissenverbindet.de

ISBN 978-3-534-21994-0

Inhalt

Vorwort

Die wissenschaftliche Auseinandersetzung mit dem Thema Tourismus ist von großer Interdisziplinarität gekennzeichnet. Darin zeigt sich die Stärke der Tourismuswissenschaft, da wesentliche Erkenntnisgewinne insbesondere an den Schnittstellen der Forschung einzelner Disziplinen erzielt werden. Die (wirtschafts-)geographische Grundlage der Tourismusgeographie leistet dabei mit ihren theoretischen Modellen und Konzepten sowie den empirischen Befunden einen beachtlichen Beitrag, da die Strukturen, Entwicklungen und Funktionsweisen der Tourismuswirtschaft nicht zuletzt von den räumlichen Unterschieden des ursprünglichen und abgeleiteten Angebots sowie den räumlich divergierenden Aktionsräumen der touristischen Leistungsträgern und Nachfragern abhängen. Auch die durch den Tourismus induzierten ökonomischen, ökologischen und soziokulturellen Wirkungen variieren vor dem Hintergrund der räumlichen Unterschiede auf verschiedenen Maßstabsebenen.

Die vorliegende Einführung behandelt grundlegende Inhalte der Tourismusgeographie unter Verwendung der „räumlichen" sowie der methodischen Stärken der (Wirtschafts-)Geographie. Im Vergleich zu den bereits vorliegenden zahlreichen Lehrbüchern zum Tourismus liegt die Stärke dieser Einführung, die an das Konzept einer tourismusgeographischen Basisvorlesung angelehnt ist, vor allem in der Prägnanz der zu vermittelnden Inhalte. Das Lehrbuch, das sich zudem durch seine Anschaulichkeit und den hohen Grad der Aktualität auszeichnet, ist somit als Einführung und Begleitlektüre zu tourismuswissenschaftlichen Vorlesungen bestens geeignet. Neben Studierenden sind aber auch Schüler der gymnasialen Oberstufe und Praktiker der Tourismuswirtschaft Zielgruppe des Buches.

Zu Dank verpflichtet sind wir unserem Team des Lehrstuhls für Wirtschaftsgeographie und Tourismusforschung, das sich durch viele Diskussionsbeiträge und die kritische Durchsicht des Manuskripts verdient gemacht hat. Unser Dank gilt auch Herrn Heinz Sladkowski für die sorgsame und gewissenhafte graphische Umsetzung der zahlreichen Abbildungen und Karten.

München, im August 2009

Jürgen Schmude und
Philipp Namberger

1 Tourismus: Grundlagen und Erfassung

Tourismus umfasst in Anlehnung an HALL/PAGE (2006, S. 75) drei Sachverhalte: die räumliche Bewegung von Menschen zwischen einem Quell- und einem Zielgebiet, ein komplexes System an wechselseitigen, sich gegenseitig beeinflussenden Beziehungen zwischen Menschen, die außerhalb ihrer alltäglichen Umgebung reisen und Angebote touristischer Leistungsträger in Anspruch nehmen, und die Tourismuswirtschaft mit ihren Akteuren auf der Angebots- und Nachfrageseite sowie den übergeordneten Akteuren (z.B. Politik). Die ökonomische Bedeutung des Tourismus zeigt sich unter anderem im Umfang monetärer Größen (z.B. touristische Umsätze), die laut World Tourism Organization (UNWTO 2009) gegenwärtig mindestens denen der Ölexporte, der Nahrungsmittel- oder der Automobilindustrie entsprechen. Somit zählt der Tourismus zu einem der weltweit wichtigsten Wirtschaftszweige. Neben der ökonomischen Bedeutung stehen auch ökologische und soziokulturelle Aspekte im Fokus der Auseinandersetzung mit Tourismus, wobei der Raumbezug von grundlegender Bedeutung ist.

Tourismus bzw. die wissenschaftliche Beschäftigung mit Tourismus ist durch eine hohe **Interdisziplinarität** gekennzeichnet, was sich auch in einer fehlenden eigenständigen, theoretisch fundierten Tourismuswissenschaft zeigt. Und auch auf politischer Ebene ist das Fehlen eines eigenständigen Bundesministeriums für Tourismus bzw. eines Bundesministers für Tourismus in Deutschland bezeichnend für den Querschnittcharakter. Es gibt lediglich einen Beauftragten der Bundesregierung für Tourismus, der dem Bundeswirtschaftsministerium zugeordnet ist.

1.1 Tourismus als wissenschaftlicher Gegenstand

Nicht zuletzt aufgrund der ökonomischen Bedeutung des Tourismus, die seit Mitte des 20. Jahrhunderts kontinuierlich zugenommen hat, beschäftigt sich auch die Wissenschaft mit dem Phänomen Reisen. Hierzu ist eine Verständigung auf eine gemeinsame Terminologie der verschiedenen beteiligten Disziplinen notwendig. Aus diesem Grund widmen sich die ersten Abschnitte des Lehrbuchs der Definition tourismusrelevanter Begriffe (vgl. Kap. 1.1.1) sowie der Einordnung des Tourismus in die verschiedenen beteiligten Disziplinen (vgl. Kap. 1.1.2). Dabei wird unter anderem die Rolle der Tourismusgeographie behandelt (vgl. Kap. 1.1.3).

1.1.1 Definition von Tourismus

Wie das Phänomen Reisen an sich – von den frühgeschichtlichen (Völker-) Wanderungen bis zum gegenwärtigen Massentourismus – haben sich auch die Begrifflichkeiten zum Reisen im Laufe der Zeit gewandelt (die Begriffe

Tourismus, Touristik, Fremdenverkehr und Reiseverkehr werden im Folgenden synonym verwendet). Die Bedeutung von Definitionen steht außer Frage, gerade bei interdisziplinären Forschungsarbeiten, Diskussionen und Diskursen. Gleichzeitig unterscheiden sich gerade in interdisziplinären Forschungsgebieten wie dem Tourismus die Definitionen je nach wissenschaftlichem Hintergrund und individueller Zielsetzung der Wissenschaftler. Zudem ist zu berücksichtigen, dass ein und dieselbe Definition je nach Kontext des Betrachters unterschiedlich aufgefasst werden kann.

Definition Tourismus nach UNWTO

Nach einer allgemein anerkannten Definition der UNWTO umfasst der Tourismus „die Aktivitäten von Personen, die an Orte außerhalb ihrer gewohnten Umgebung reisen und sich dort zu Freizeit-, Geschäfts- oder bestimmten anderen Zwecken nicht länger als ein Jahr ohne Unterbrechung aufhalten" (UNWTO 1993 in Statistisches Bundesamt 2007, o. S.).

Konstitutive Elemente von Tourismus

Allgemein werden der Tourismusdefinition drei konstitutive Elemente zugeschrieben. Als erstes Element wird der **Ortswechsel von Personen**, der zu einem Ort außerhalb der gewohnten Umgebung führt, berücksichtigt. Die hierbei vorgenommene Raumüberwindung kann mit verschiedenen Verkehrsmitteln erfolgen. Das zweite konstitutive Element des Tourismus ist der **vorübergehende Aufenthalt an einem Ort außerhalb der gewohnten Umgebung**, der z. B. in Betrieben der Hotellerie und Parahotellerie (vgl. Kap. 2.1.1), zum Teil in Privatunterkünften bei Verwandten, Bekannten und Freunden, erfolgt. Die UNWTO (2008a, S. 114) schließt dabei in ihren „International Recommendations for Tourism Statistics 2008" erstmals Ferienhäuser explizit von der gewohnten Umgebung aus. Als drittes konstitutives Element des Tourismus sind die **Motive des Ortswechsels** zu nennen (vgl. Kap. 2.3.2). Alle drei konstitutiven Elemente setzen den Grundsatz der Freiwilligkeit voraus, womit beispielsweise unfreiwillige Aufenthalte in Krankenhäusern, Gefängnisaufenthalte etc. ausgeschlossen sind (vgl. Statistisches Bundesamt 2003, o. S.).

Raumüberwindung

Der Ortswechsel bzw. die Raumüberwindung ist gerade für Geographen von besonderem Interesse. So wird zwischen **erdgebundenen** und **nichterdgebundenen Zielen** unterschieden, wobei die erstgenannten nicht nur theoretisch, sondern auch mit einem annehmbaren (zeitlichen und finanziellen) Aufwand über den Landweg zu erreichen sein müssen. Zudem wird die räumliche Distanz zwischen Quell- und Zielgebiet berücksichtigt, was ein breites Spektrum von der **Naherholung** bis zum **Fernreisetourismus** zur Folge hat.

Reisedauer

Bezüglich der Reisedauer wird grundlegend zwischen **übernachtendem Tourismus** und **nichtübernachtendem Tourismus** bzw. **Tagestourismus** unterschieden. Als zeitliche Obergrenze für Tourismus gilt der Zeitraum von maximal einem Jahr (vgl. Statistisches Bundesamt 2003, o. S.).

Motivation

Die Frage der Motivation (vgl. Kap. 2.3.2) ist oft Ansatzpunkt für die Zuordnung bzw. Abgrenzung des Tourismus. Während die klassische Bade- bzw. Erholungsreise stets dem Tourismus zugerechnet wird, gibt es beispielsweise bei Geschäftsreisen unterschiedliche Auffassungen. Diese Abgrenzungsfrage wird z. B. hinsichtlich des Aspekts diskutiert, ob Tourismus rein **konsumorientiert** (wie die Urlaubsreise) oder auch **investiv** (wie die Geschäftsreise, die vor allem erwerbswirtschaftliche Gründe hat) ausgerichtet ist. Außerdem können sich Geschäftsreisen deutlich von Urlaubsreisen –

beispielsweise in Bezug auf den Anlass, das Ziel, die Finanzierung sowie die Vorbereitung, Durchführung (z. B. Transport, Unterkunft) und Nachbereitung der Reise – unterscheiden (vgl. FREYER 2009, S. 3 ff.).

Internationale Definitionen

Auch auf internationaler Ebene gibt es durch supranationale Einrichtungen eine Reihe von Definitionen und Abgrenzungen des Terminus Tourismus. So werden in den „International Recommendations for Tourism Statistics 2008" der UNWTO (2008a, S. 14 u. 114) erstmals **Ausflüge** (trips) und **Besuche** (visits) definiert, wobei ein Ausflug Besuche verschiedener Orte umfassen kann. Ausflüge, die von Besuchern (im nachfolgend definierten Sinn) unternommen werden, sind touristische Ausflüge. Ein touristischer Besuch (tourism visit) beschreibt demnach einen Aufenthalt an einem Ort während eines touristischen Ausflugs (tourism trip). Dieser muss nicht mit einer Übernachtung einhergehen. Unabdingbar ist jedoch der vorübergehende Aufenthalt außerhalb der gewohnten Umgebung, was wiederum Durchreisen ausschließt.

Touristische Teilgruppen der Gesamtbevölkerung

Abgrenzungsfragen kennzeichnen auch die Definition des Terminus Tourist. Allgemein kann die Gesamtbevölkerung eines Raumes im touristischen Sinne in Reisende, Nicht-Reisende und Nie-Reisende (vgl. Abb. 1.1) eingeteilt werden, wobei die Motivation der letztgenannten, eben nicht zu verreisen, unterschiedlicher Natur sein kann (z. B. kein Interesse, finanzielle, berufliche, familiäre oder gesundheitliche Gründe). Gleichwohl können **Nicht-Reisende** für touristische Untersuchungen bedeutsam sein, da sie gerade bei der Erschließung neuer Zielgruppen von Bedeutung sind. Denn im Gegensatz zu den **Nie-Reisenden** reisen die Nicht-Reisenden definitionsgemäß eben nur für einen bestimmten Zeitraum nicht. **Reisende** sind Personen, die zwischen zwei oder mehreren Orten bzw. Ländern reisen, aber nicht zwingend eine touristische Aktivität ausüben. Bei Reisenden wird nach den sonstigen Reisenden und Besuchern differenziert. Die **sonstigen Reisenden** umfassen unter anderem Transitreisende, Grenzgänger, Diplomaten, Konsulatsbeamte, Angehörige der Streitkräfte, Flüchtlinge, Nomaden, Migranten, vorübergehend Zugezogene und vorübergehende Arbeitende. Die sonstigen Reisenden werden in tourismuswissenschaftlichen Untersuchungen in der Regel ausgeblendet. **Besucher** hingegen verlassen ihre gewohnte Umgebung für die Dauer von weniger als zwölf Monaten, um aus

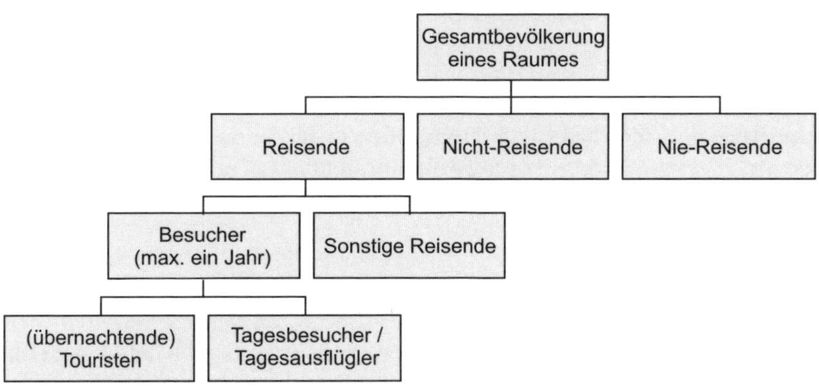

Abb. 1.1: Abgrenzung verschiedener Teilgruppen der Gesamtbevölkerung zur Definition von Touristen und Tagesbesuchern (eigene Darstellung)

irgendeiner Hauptmotivation heraus (persönlich, geschäftlich) an einen anderen Ort zu reisen, wobei der hauptsächliche Reisezweck dabei nicht in einer vom besuchten Ort aus veranlassten Beschäftigung liegt. Damit ist auch der regelmäßige Wechsel zwischen Arbeits- und Wohnort ausgegrenzt. Besucher werden wiederum in **Tagesbesucher** bzw. **Tagesausflügler** und **Touristen** unterschieden, mit dem bereits angedeuteten Unterschied, dass erstgenannte nicht am besuchten Ort übernachten (vgl. Statistisches Bundesamt 2003, o. S.; UNWTO 2008a, S. 114).

1.1.2 Tourismus im Spannungsfeld verschiedener Disziplinen

In der einschlägigen Literatur besteht weitgehend Konsens darüber, dass nicht von einer eigenständigen, theoretisch fundierten Tourismuswissenschaft gesprochen werden kann. Vielmehr gibt es unterschiedliche Disziplinen und Wissenschaftsbereiche, die sich mit dem Tourismus auseinandersetzen und die Interdisziplinarität von Tourismus als Forschungsgegenstand belegen.

Interdisziplinarität der Tourismusforschung

Beteiligt sind insbesondere:

- die **Wirtschaftswissenschaften** (z. B. Betriebswirtschaftslehre, Volkswirtschaftslehre), die sich unter anderem mit der Analyse der touristischen Märkte befassen,
- die **Sozialwissenschaften** (z. B. Soziologie, Psychologie), die sich unter anderem mit der Untersuchung des schichtspezifischen bzw. individuellen Reisebedürfnisses bzw. Reiseverhaltens (vgl. Kap. 2.3) auseinandersetzen,
- die **Politikwissenschaften**, die beispielsweise die Instrumente politischer bzw. staatlicher Einflussnahme auf den Tourismus behandeln,
- die **Rechtswissenschaften**, die sich mit rechtlichen Fragen des Tourismus wie beispielsweise der Rechtssicherheit bei Pauschalreisen befassen, und nicht zuletzt
- die **Umwelt- und Geowissenschaften** (mit ihren Teildisziplinen wie Klimatologie, Geomorphologie, Ökologie, Geographie, darin vor allem die Wirtschaftsgeographie bzw. Tourismusgeographie, vgl. Kap. 1.1.3), die insbesondere die raumprägenden und wechselseitigen Beziehungen zwischen den touristischen Akteuren und ihren Aktivitäten sowie den natürlichen Gegebenheiten und Veränderungen der Umwelt untersuchen.

Innerhalb einzelner beteiligter Disziplinen (z. B. Tourismusgeographie) haben sich verschiedene Richtungen herausgebildet. Zudem ist diese Disziplinvielfalt nicht nur typisch für die Auseinandersetzung der Wissenschaft mit dem Tourismus im deutschsprachigen Raum, sondern trifft auch für den angelsächsischen Raum zu (vgl. Cooper et al. 2005, S. 8).

Schwerpunkte tourismuswissenschaftlicher Forschung

Vor dem Hintergrund räumlicher und zeitlicher Prozesse und dem Zusammenspiel von touristischer Angebots- und Nachfrageseite ergeben sich verschiedene Schwerpunktsetzungen (vgl. Abb. 1.2). Je nach beteiligter Disziplin und dem Untersuchungsziel kann unterschieden werden, ob primär die **Reisenden** – etwa hinsichtlich ihrer persönlichen Merkmale und Motivationen – oder die **touristischen Leistungsträger** und ihre Produkte – z. B.

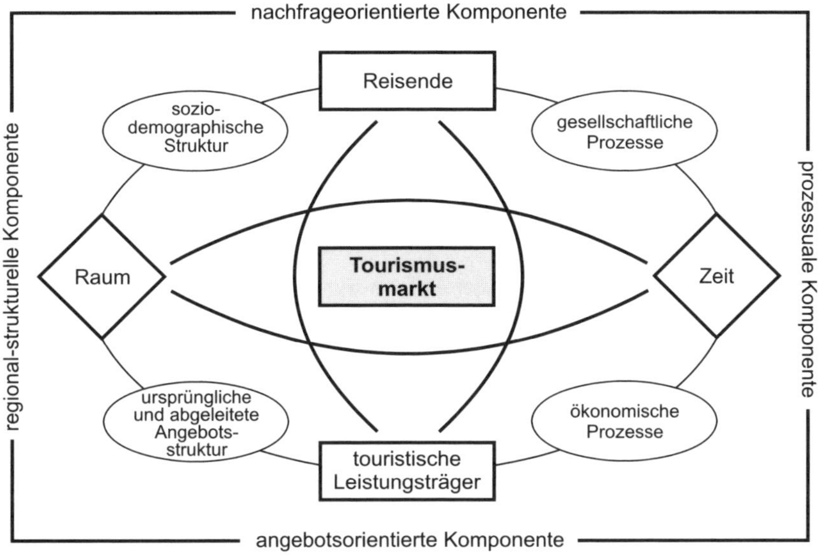

Abb. 1.2: Komponenten der interdisziplinären Tourismusforschung (eigene Darstellung)

hinsichtlich der Reiseorganisationsform – im Mittelpunkt des Interesses stehen. In beiden Fällen erfolgt dann in der Regel mindestens eine weitere Schwerpunktsetzung. Eine erste Möglichkeit ist die **temporal ausgerichtete Betrachtungsweise**, d.h. die Analysen erfolgen unter besonderer Berücksichtigung gesellschaftlicher (z.B. Veränderung des Images von Reisen) und/oder ökonomischer Prozesse (z.B. Erschließung neuer Marktsegmente oder Entwicklung neuer Vertriebswege). Die zweite Möglichkeit berücksichtigt dagegen stärker **raumspezifische Aspekte**. Auch hierbei kann zum einen eine überwiegend nachfrageorientierte Position eingenommen werden (z.B. soziodemographische Struktur der Reisenden), zum anderen ist auch eine stärker angebotsorientierte Ausrichtung denkbar (z.B. Berücksichtigung des ursprünglichen Angebots einer Destination). Selbstverständlich ist auch die Kombination mehrerer Aspekte innerhalb einer Untersuchung möglich. Je nach beteiligten Disziplinen erfahren die Aspekte eine unterschiedliche Gewichtung. Dabei ist zu beobachten, dass die Grenzen zwischen den an der Tourismusforschung beteiligten Disziplinen zunehmend verwischen, doch werden gerade an den Schnittstellen der interdisziplinären Forschung neue Ergebnisse erzielt. Der Raumbezug als übergeordnete Fragestellung macht die Tourismusgeographie mit ihrer speziellen Raum- und Methodenkompetenz zu einer zentralen Disziplin im interdisziplinären Austausch.

1.1.3 Tourismusgeographie

Ausgangspunkt der modernen Tourismusgeographie ist die **Fremdenverkehrsgeographie** (von den 1920er-Jahren bis in die 1960er-Jahre). Es folgt mit dem sozialgeographischen Ansatz der Geographie des Freizeitverhaltens (Münchner Schule der Sozialgeographie) die **Geographie der Freizeit** bzw. die **Freizeitgeographie**. KULINAT und STEINECKE (1984, S. 4) definieren zusammenführend die „Analyse und Erklärung von Raumstrukturen [...], die im Bereich des Freizeit- und Fremdenverkehrs durch sozialräumliche Verhaltensweisen und Umweltbewertungen, durch Standortbildung und (natur)geographische Standortfaktoren, durch Wirkungen der Freizeitnutzung und Standortbildung sowie durch planerische Steuerung entstanden sind bzw. entstehen können (Prognose)" als Geographie des Freizeit- und Fremdenverkehrs.

Etwa parallel dazu und in enger Anlehnung an bzw. in Weiterentwicklung der Fremdenverkehrsgeographie etabliert sich die **Tourismusgeographie**, die fortan zusammen mit der Freizeitgeographie als **Geographie der Freizeit und des Tourismus** bzw. als **Freizeit- und Tourismusgeographie** eine eigenständige Teildisziplin innerhalb der Anthropogeographie bildet. Die Bezeichnung Fremdenverkehrsgeographie ist mittlerweile obsolet (vgl. JURCZEK 2007, S. 25f.; HOPFINGER 2007, S. 1f.).

Entwicklung im Ausland

Während die Freizeit- und Tourismusgeographie in Österreich und der Schweiz im Vergleich zu Deutschland eine längere Tradition aufweist, ist es außerhalb des deutschsprachigen Raumes vor allem die angloamerikanische Freizeit- und Tourismusgeographie, die sich bereits ab den 1930er-Jahren entwickelt und mittlerweile einen integralen Bestandteil der angloamerikanischen Humangeographie darstellt. Dabei wird neben raumanalytischen und verhaltensgeographischen Ansätzen vor allem der Angewandten Geographie ein hoher Stellenwert eingeräumt (vgl. WACHOWIAK 2007, S. 35ff.; HALL/PAGE 2006, S. 8ff.).

Im Folgenden wird lediglich die Tourismusgeographie behandelt. Freizeit und Tourismus unterscheiden sich schon allein darin, dass Freizeit den Tourismus einschließt und somit umfassender verstanden wird (vgl. HOPFINGER 2007, S. 1f.). Während bei der eigentlichen Freizeit, also der ungebundenen „freien Zeit", zwischen Aktivitäten der Feierabend-, der Wochenend-, der Urlaubs- und der Lebens-Freizeit (bei Kindern, Senioren) unterschieden wird (vgl. FREYER 2009, S. 63f.), spielt für die Tourismusgeographie weniger das zeitliche „wann" der Freizeitaktivitäten als vielmehr das räumliche „wo", „wohin" und „warum genau da bzw. dahin" der Tourismusaktivitäten eine Rolle.

Neben der ökonomischen Bedeutung des Tourismus (vgl. Kap. 3.1) beschäftigt sich die Tourismusgeographie – aus einer wirtschaftsgeographischen Perspektive – somit vor allem mit der **räumlichen Dimension** tourismuswirtschaftlicher Aktivitäten und Prozesse. Neben der räumlichen Verortung stellt sich hierbei insbesondere die Frage, warum es zu einer **Gleich- bzw. Ungleichverteilung** von touristischen Aktivitäten kommt. Generell verschärft sich die Konkurrenz zwischen einzelnen vom Tourismus geprägten Räumen bzw. Destinationen. Während beispielsweise 1950 die Top-15-Länder in Bezug auf die Anzahl der internationalen Ankünfte 88% aller internationalen Ankünfte auf sich vereinten, sank der Wert bis zum Jahr 1970 auf 75%. Im Jahr 2005 waren die Top-15-Länder nur noch für 57% aller internationalen Ankünfte verantwortlich. Dies reflektiert unter anderem das Hervortreten neuer Destinationen, von denen zahlreiche in Entwicklungsländern liegen (vgl. UNWTO 2009).

Zentraler Forschungsgegenstand der Tourismusgeographie ist der touristische Aktivitätsraum auf verschiedenen **räumlichen Aggregationsebenen.** Diese sind als zielgerichtete räumliche Zusammenfassung von Raumeinheiten auf der Basis bestimmter Kenngrößen bzw. Merkmalsausprägungen zu verstehen (z. B. Reisegebiete) und können auf verschiedenen **Maßstabsebenen** (lokal, regional, national, international, global) untersucht werden.

Aus theoretischer Perspektive bedient sich die Tourismusgeographie eigener, fachspezifischer Erklärungsansätze, Modelle und Theorien und nimmt zudem solche der anderen beteiligten Disziplinen (vgl. Kap. 1.1.2) auf.

Geographische Ansätze

Geographische Erklärungsansätze sind beispielsweise Yokenos idealtypisches Standortmodell für den internationalen Tourismus (1974), das in Anlehnung an Christallers standorttheoretische Zentrale-Orte-Theorie (1933) und die Thünen'schen Ringe (1826) entstand, oder Gormsens Schema der zeit-räumlichen Entwicklung des internationalen Küstentourismus (1983) (vgl. Kap. 1.4.1). Des Weiteren werden z. B. industriewirtschaftliche Konzepte wie das des Produktlebenszyklus oder die im Bereich der Betriebswirtschaft häufig eingesetzte SWOT-Analyse (vgl. Kapitel 2.2.3) in der tourismuswissenschaftlichen Forschung angewendet, zum Teil in abgeänderter Form (vgl. Hopfinger 2007, S. 2 ff.).

Ziel der Tourismusgeographie

Allgemeines Ziel der Tourismusgeographie ist es letztendlich, auf Grundlage der theoretischen Überlegungen **räumliche Verbreitungs- und Interaktionsmuster**, die sich aus dem ökonomisch, soziokulturell und ökologisch verantwortlichen Denken und Handeln unterschiedlicher Akteure ergeben, zu **erfassen**, zu **beschreiben**, zu **erklären** und zu **interpretieren**. Aus den Interpretationen wiederum gilt es, praktikable **Handlungsempfehlungen** für verschiedene Akteure des Tourismusgeschehens abzuleiten. Voraussetzung hierfür ist eine möglichst exakte Erfassung des Tourismus.

1.2 Methoden und Kennziffern zur Erfassung des Tourismus

Nicht zuletzt aufgrund des interdisziplinären Charakters, der die tourismuswissenschaftliche Diskussion prägt, sowie aufgrund des Querschnittcharakters der Tourismuswirtschaft ist die Erfassung des Tourismus von einem Methodenpluralismus gekennzeichnet. Diese Methodenvielfalt (vgl. Kap. 1.2.1) schlägt sich wiederum in einer Vielzahl von Kennziffern nieder, die zur angebots- (vgl. Kap. 1.2.2) oder nachfrageorientierten (vgl. Kap. 1.2.3) Erfassung des Tourismus zur Anwendung kommen. Erst durch die Anwendung dieser Methoden und Kennziffern kann das Tourismusgeschehen analysiert werden. Dies gilt sowohl für Querschnitt- (z. B. Status Quo-Analyse) als auch für Längsschnittanalysen (z. B. Zeitreihenanalyse) sowie für räumlich differenzierte Untersuchungen.

1.2.1 Methoden zur Erfassung

Herkunft der Daten

Bei der Erfassung des Tourismusgeschehens wird nach Herkunft der Daten zwischen Primär- und Sekundärstatistik differenziert. Während **Sekundär-**

statistiken auf schon vorhandenem Datenmaterial, das ursprünglich für andere Zwecke erhoben wurde, basieren, werden **Primärstatistiken** durch eine speziell für die betreffende Untersuchung entworfene und durchgeführte Erhebung gewonnen.

Anforderungen Primärstatistik

Bei der Erhebung primärer Daten gilt es, die Kriterien der Objektivität, der Validität (Gültigkeit der Messung) und der Reliabilität (Messgenauigkeit) einzuhalten. Als **objektiv** (nicht beeinflusst) ist eine Erhebung zu bewerten, wenn die Ergebnisse nicht durch subjektive Einflüsse des Erhebenden oder andere externe Faktoren verfälscht werden. Zu diesen Verfälschungen kann es bei der Durchführung der Erhebung oder bei der Auswertung und Interpretation der Erhebungsergebnisse kommen. Als **reliabel** (verlässlich) wird eine Untersuchung bezeichnet, wenn sie auch bei wiederholten Erhebungsvorgängen die gleichen Ergebnisse hervorbringt. Es ist also der Grad der formalen Genauigkeit, der ein Erhebungsinstrument mehr oder weniger reliabel macht. Als **valide** (gültig) gilt eine Erhebung, wenn diese exakt das erfasst, was sie gemäß der vorliegenden Fragestellung erfassen soll. Hierbei stellt sich ganz pragmatisch die Frage, ob sich das eigentliche Erhebungsinstrument (z. B. Fragebogen) zur Problemlösung eignet. Objektivität, Validität und Reliabilität bedingen einander. So ist Objektivität Grundvoraussetzung für Reliabilität, Reliabilität wiederum für Validität.

Bei der Verwendung von sekundärstatistischen Daten müssen diese als „gegeben" akzeptiert werden. Dennoch ist es auch in diesem Fall notwendig, die Erhebungsmethode, die Probandenauswahl etc. zu berücksichtigen.

Allgemein werden bei den Erhebungsmethoden qualitative und quantitative Methoden unterschieden.

Qualitative Erhebungsmethoden

Qualitative Erhebungsmethoden in der Tourismusforschung sind beispielsweise Literaturrecherchen bzw. -auswertungen, Expertengespräche, narrative Interviews, Beobachtungen (offen oder verdeckt, teilnehmend oder nichtteilnehmend), soziokulturelle Tragfähigkeitsanalysen, Imageanalysen, Fallstudien, tracking (Besucherverfolgung), mystery shopping (Servicetests), Funktions- und Nutzungskartierungen, räumliche Modellrechnungen mithilfe von GIS sowie Netzwerksanalysen (vgl. Steingrube 2007, S. 141 ff.).

Quantitative Erhebungsmethoden

Als quantitative Erhebungsmethoden für touristische Fragestellungen eignen sich häufig standardisierte Befragungen, Zählungen (z. B. Besucherzahlen, Tourismusströme, „Klicks"), Messungen etc., die anschließend mit uni- und multivariaten Analysemethoden ausgewertet werden.

Räumliche Aspekte

Aus räumlicher Perspektive wird bei der Befragung mit touristischen Fragestellungen je nach Erhebungsstandort zwischen Standort- und Grenzmethode unterschieden. Während bei der **Standortmethode** am jeweiligen Aufenthaltsort erhoben wird (z. B. Beherbergungsstatistik in Deutschland, vgl. Kap. 1.3.1), erfasst die **Grenzmethode** die Touristen beim Grenzübertritt. Die Standortmethode differenziert wiederum nach Quell- und Zielgebietserhebung. Bei **Quellgebietserhebungen** – es wird am Herkunftsort der Touristen erhoben – ist darauf zu achten, dass je nach Fragestellung die Gefahr von Streuverlusten groß und damit eine vergleichsweise niedrige Rücklaufquote zu erwarten ist, während bei **Zielgebietserhebungen** – es wird am Zielort der Touristen erhoben – die Probanden meist nicht rein zufällig ausgewählt werden (z. B. werden nur „erkennbare" Touristen angesprochen), was wiederum zu stichprobenbedingten Verzerrungen führen kann. Die

Entscheidung für ein Erhebungsverfahren steht in engem Zusammenhang mit der jeweiligen Fragestellung. Bei der Analyse der Zufriedenheit von Touristen mit einer touristischen Destination besteht bei Zielgebietserhebungen die Gefahr einer verzerrten Wahrnehmung, da sich die Probanden bereits für das Zielgebiet als Destination entschieden haben und somit voreingenommen sind.

Wird im Quellgebiet befragt, muss die Stichprobe entsprechend groß gewählt werden, damit eine ausreichende Zahl von Probanden erreicht wird, die schon einmal im entsprechenden Zielgebiet waren (alle anderen können ja keine Aussage zur Zufriedenheit bezüglich des Zielgebiets machen). Während bei Zielgebietsbefragungen häufig persönliche Interviews durchgeführt werden, kommen bei Befragungen im Quellgebiet vermehrt Telefoninterviews zur Anwendung (vgl. Klemm et al. 2007, S. 183).

Ökonomische Perspektive

Aus ökonomischer Perspektive wird bei touristischen Erhebungen zwischen der Intensitäts- und der Umsatzmethode unterschieden. Während für die **Umsatzmethode** die durch den Tourismus erzielten Umsätze (angebotsseitig) bzw. die von den Touristen generierten Ausgaben (nachfrageseitig) erhoben werden, schätzt die **Intensitätsmethode** die durch den Tourismus generierte Wertschöpfung auf Grundlage der Tourismusintensität (vgl. Kap. 1.2.3) für einen Raum. Die Wertschöpfung des Tagestourismus bleibt hierbei allerdings unberücksichtigt (vgl. Eisenstein/Rosinski 2007, S. 810f.; Koch 1966, S. 22ff.).

Mit den verschiedenen Erhebungsmethoden kann eine Vielzahl touristischer Kennziffern generiert werden, die – zumindest teilweise – auch durch die amtliche Statistik bereitgestellt werden (vgl. Kap. 1.3.1).

1.2.2 Angebotsseitige Kennziffern

Für die Analyse aktueller Strukturen, zur Untersuchung von Entwicklungen oder zum räumlichen Vergleich des touristischen Geschehens ist es unabdingbar, einheitliche Kennziffern zu verwenden. Mittlerweile haben sich die meisten der folgenden Kenngrößen als Standard in der Tourismusforschung durchgesetzt, was wiederum eine Vergleichbarkeit von Studien unterschiedlicher Forscher bzw. Forschungseinrichtungen ermöglicht. Allgemein wird zwischen angebotsseitigen und nachfrageseitigen Kennziffern zur Erfassung des Tourismus unterschieden. Dabei beschreiben **angebotsseitige Kennziffern** touristische Einrichtungen und Produkte, während **nachfrageseitige Kennziffern** touristische Interessen und Motivationen erfassen. Zudem gibt es Kennziffern, die sowohl nachfrageseitigen als auch angebotsseitigen Einflüssen ausgesetzt sind, z. B. die Auslastung von Einrichtungen (vgl. Kap. 1.2.3). Bei den angebotsseitigen Kennziffern kann prinzipiell jede touristische Einrichtung (Hotels, Skilifte, Museen etc.) bzw. jedes touristische Produkt (organisierte Reisen, thematische Routen etc.) betrachtet werden. Häufig bietet es sich an, den Untersuchungsgegenstand nach **Quantität** (z. B. Anzahl, Größe, Kapazität) und **Qualität** (z. B. Hotelkategorie) zu untersuchen bzw. mit weiteren Untersuchungsgegenständen zu vergleichen. Dabei sind zeitliche und für Geographen vor allem räumliche Entwicklungen von besonderem Interesse. Im Folgenden werden angebotsseitige Kennziffern aufgeführt, die sich auf den übernachtenden Tourismus beziehen:

Wichtigste angebotsseitige Kennziffern

- die **Anzahl der Beherbergungsbetriebe** pro Raumeinheit, wobei häufig Betriebe der Hotellerie und Parahotellerie (vgl. Kap. 2.1.1.) untersucht werden,
- die **Kapazität der Beherbergungsbetriebe** (v. a. Betten-, Zimmerkapazitäten), wobei diese zum Teil nach Größenklassen zusammengefasst werden, sowie
- die **Qualität der Beherbergungsbetriebe**. Hier werden vor allem standardisierte Qualitätsstandards wie die Deutsche Hotelklassifizierung des Deutschen Hotel- und Gaststättenverbandes e. V. (DEHOGA) verwendet. Daneben hat der DEHOGA in Kooperation mit dem Deutschen Tourismusverband e. V. (DTV) die Deutsche Klassifizierung für Gästehäuser, Gasthöfe und Pensionen (G-Klassifizierung) entwickelt, da viele Kriterien der Deutschen Hotelklassifizierung gerade für kleinere Betriebe nicht umsetzbar sind (vgl. DEHOGA 2009b).

1.2.3 Nachfrageseitige Kennziffern

Zur Erfassung der Nachfrage für ein touristisches Angebot – in Bezug auf den übernachtenden Tourismus – lassen sich folgende standardisierte Kennziffern jeweils für bestimmte Raumeinheiten (administrative und nichtadministrative wie z. B. Reisegebiete) und bestimmte Zeiträume (meistens Monate oder Kalenderjahre) berechnen:

Wichtigste nachfrageseitige Kennziffern

- die **Zahl der Ankünfte** (A) in Beherbergungsbetrieben,
- die **Zahl der Übernachtungen** (Ü) in Beherbergungsbetrieben,
- die **durchschnittliche Aufenthaltsdauer** (DA), die dem Quotienten aus der Zahl der Übernachtungen und der Zahl der Ankünfte für einen bestimmten Zeitraum entspricht.

Die Auslastungen der Beherbergungsbetriebe sind sowohl nachfrageseitigen als auch angebotsseitigen Einflüssen ausgesetzt. Im Regelfall kann ab einer Auslastung von etwa 30 % und weniger für eine größere räumliche Einheit (z. B. Landkreis) von einem kritischen Zustand gesprochen werden. Für Einzelbetriebe ist die kritische Auslastung vom jeweiligen Betriebskonzept abhängig. So benötigen beispielsweise Betriebe der Systemhotellerie in der Regel eine höhere Bettenauslastung, um wirtschaftlich erfolgreich zu sein, als ein einzelner inhabergeführter Hotelbetrieb der gehobenen Klasse. Allgemein wird bei der Auslastung wie folgt unterschieden:

- Die **Bettenauslastung** (BA), bzw. die Auslastung der Bettenkapazität, ergibt sich aus dem Quotienten der Übernachtungen (nachfrageseitig) und der Bettentage (angebotsseitig; Zahl der Betten multipliziert mit den betrieblichen Öffnungstagen, in der Regel 365 Tage; je nach Quelle wird die BA auch mit den tatsächlichen betrieblichen Öffnungstagen gerechnet). Die BA wird in Prozent angegeben, der errechnete Wert also mit 100 multipliziert.
- Die **Zimmerauslastung** (ZA), bzw. die Auslastung der Zimmerkapazität, errechnet sich analog zur BA aus dem Quotienten der belegten und der

angebotenen Zimmer für einen bestimmten Zeitraum. Auch die ZA wird in Prozent angegeben.

Weiterhin eignen sich folgende Kennziffern zur nachfrageseitigen Erfassung und Analyse des Tourismus:

- Die **Saisonalität** (S) berechnet sich aus dem Quotienten der Zahl der Übernachtungen des übernachtungsstärksten Monats eines Jahres und der Zahl der Übernachtungen des übernachtungsschwächsten Monats desselben Jahres. Es ist zu beachten, dass die Saisonalität weder über den Zeitpunkt der „extremen" Monate (Maximum, Minimum) noch über weitere relative Maxima bzw. Minima im Jahresverlauf Auskunft gibt. Die Saisonalität gibt keinen Hinweis auf den Zeitraum der Haupt- bzw. Nebensaison. Somit eignet sich die Berechnung der Saisonalität lediglich für die Untersuchung zeitlicher Entwicklungen einer Raumeinheit (z. B. zunehmende bzw. abnehmende zeitliche Konzentration) bzw. zum Vergleich zweier oder mehrerer vergleichbarer Räume (z. B. skitouristische Destinationen).
- Die **Tourismusintensität** (TI) berechnet sich aus den Übernachtungen pro 1.000 Einwohner. Die TI liefert Hinweise auf den Beitrag der Tourismuswirtschaft zur gesamten Wertschöpfung und somit zur ökonomischen Bedeutung des Tourismus für einen bestimmten Raum. Ab einem Wert von mehr als 5.000 Übernachtungen je 1.000 Einwohner wird von einer Situation der wirtschaftlichen Abhängigkeit vom Tourismus gesprochen (vgl. Neumann 2005, S. 46). Hierbei wird allerdings nur der übernachtende Tourismus berücksichtigt. Durch Umrechnung der Tagesreisen in Übernachtungsäquivalente anhand der Tagesausgaben kann analog zur TI die Intensität des Tagestourismus berechnet werden (vgl. Schmude/Heumann 2009a, S. 339). Durch Addition beider Intensitätswerte ergibt sich die Gesamtintensität des Tourismus (vgl. für Deutschland Abb. 1.3). Die TI eignet sich als relatives Maß sowohl für Zeitreihenanalysen (z. B. zum Nachweis der Zu-/Abnahme der Bedeutung des Tourismus) als auch zum Vergleich räumlicher Einheiten gleicher Aggregationsstufen (z. B. Landkreis A im Vergleich zu Landkreis B).
- Die **Reiseintensität** (RI) misst den Anteil der Bevölkerung, die in einem bestimmten Zeitraum, meistens innerhalb eines Kalenderjahres, mindestens eine Reise unternommen hat. Die RI beinhaltet auch die Geschäftsreisen. Werden nur Urlaubsreisen berücksichtigt, handelt es sich um die Urlaubsreiseintensität (URI).
- Die **Reisehäufigkeit** (RH) gibt die Anzahl der Reisen pro Reisendem für einen bestimmten Zeitraum an, meistens für ein Kalenderjahr. Bei der RH werden auch Geschäftsreisen berücksichtigt. Fließen nur die Urlaubsreisen in die Berechnung ein, handelt es sich um die Urlaubsreisehäufigkeit (URH).
- Mit den **regelmäßig Reisenden** (RR) wird der Anteil an der Bevölkerung erfasst, die in einem definierten Zeitraum (z. B. drei Jahre) jährlich mindestens eine Urlaubsreise getätigt haben.

Tabelle 1.1 fasst im Überblick ausgewählte Kennziffern zusammen, zeigt deren Berechnung und führt jeweils ein aktuelles Beispiel aus Deutschland

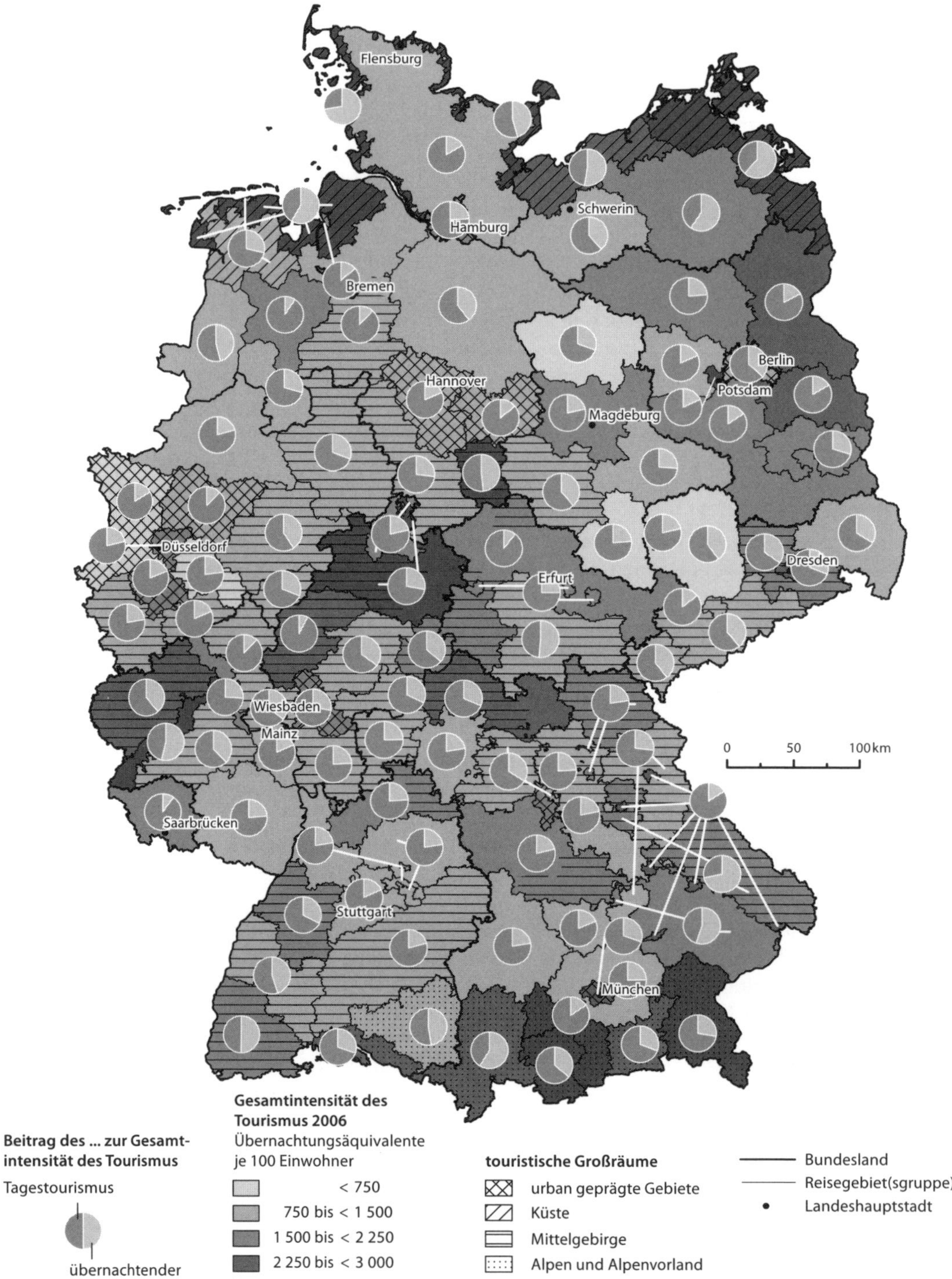

Abb. 1.3: Tourismusintensität nach Reisegebieten in Deutschland 2006 (SCHMUDE/HEUMANN 2009a, S. 340)

bzw. für die deutsche Bevölkerung an. Zweck der Beispiele ist es, die Größenordnung und Einheiten der entsprechenden Kennziffer zu veranschaulichen. Einzelne Kennziffern variieren je nach Quelle, da sie unterschiedliche Berichtskreise verwenden bzw. mit unterschiedlichen Abschneidegrenzen operieren (vgl. Kap. 1.3.1). So werden beispielsweise in der amtlichen Statistik nur Beherbergungsbetriebe mit acht und mehr Betten erfasst. Bei der Statistik der F.U.R (Forschungsgemeinschaft Urlaub und Reisen e. V.) werden nur Reisen ab fünf Tagen Dauer der Bevölkerung ab 14 Jahren berücksichtigt.

Tab. 1.1: Ausgewählte touristische Kennziffern, deren Berechnung und Beispiele (nach STATISTISCHES BUNDESAMT 2008 für Angaben 2007 bzw. F.U.R 2009a für Angaben 2008)

Kennziffer (a = angebotsseitig) (n = nachfrageseitig)	**Berechnung**	**Angaben für Deutschland** (Jahr)
Anzahl der Beherbergungsbetriebe (a)	Absolute Angabe	**52.168** (2007)
Bettenkapazität der Beherbergungsbetriebe (a)	Absolute Angabe	**2.549.527** (2007)
Ankünfte (A) (n)	Absolute Angabe	**129.864.000** (2007)
Übernachtungen (Ü) (n)	Absolute Angabe	**361.840.000** (2007)
Durchschnittliche Aufenthaltsdauer (DA) (n)	$\frac{\text{Übernachtungen}}{\text{Ankünfte}}$	**2,8 Tage** (2007)
Bettenauslastung (BA) (a, n)	$\frac{\text{Übernachtungen}}{\text{Bettentage}} \times 100$	**38 %** (2007)
Saisonalität (S) (n)	$\frac{\text{Übernachtungen ‚stärkster‘ Monat}}{\text{Übernachtungen ‚schwächster‘ Monat}}$	**2,4** (2007)
Tourismusintensität (TI) (n)	$\frac{\text{Übernachtungen}}{\text{Einwohner}} \times 1.000$	**4.396** (2007)
Urlaubsreiseintensität (URI) (n)	$\frac{\text{Reisende Bevölkerung (Urlaubsreise)}}{\text{Gesamtbevölkerung}} \times 100$	**76,2 %** (2008)
Urlaubsreisehäufigkeit (URH) (n)	Durchschnittliche Anzahl der Urlaubsreisen pro Urlaubsreisender	**1,3** (2008)
Regelmäßig Reisende (RR) (n)	$\frac{\text{Regelmäßig Reisende}}{\text{Gesamtbevölkerung}} \times 100$	**60 %** (2008)

1.3 Statistische Erfassung des Tourismus

Die statistische Erfassung des Tourismus ist insbesondere aus ökonomischen, aber auch aus ökologischen und soziokulturellen Gründen von Bedeutung (vgl. Kap. 3).

Ziele der Erfassung

Grundsätzlich ist die Beobachtung des Tourismusgeschehens anhand von Statistiken wichtig, um

- die **Prozesse** des touristischen Marktgeschehens zu analysieren,
- **Informationen** für Entscheidungen touristischer Leistungsträger zu gewinnen und
- neue **Entwicklungen** sowie gegebenenfalls Chancen und Probleme frühzeitig zu erkennen.

Dabei besteht insbesondere auf der Angebotsseite und ihrer am Tourismusgeschehen beteiligten Akteure (vgl. Kap. 2.1) permanenter Informationsbedarf. Ein Kernproblem ist die statistische Erfassung des Tourismus nach unterschiedlichen Erhebungskonzepten.

Probleme der Sekundärstatistik

Der Rückgriff auf sekundärstatistische Quellen ist häufig problematisch, da sowohl die nationalen amtlichen (vgl. Kap. 1.3.1) und nichtamtlichen (vgl. Kap. 1.3.2) als auch die internationalen (vgl. Kap. 1.3.3) Tourismusstatistiken vielfach mit unterschiedlichen Abgrenzungen operieren, meist nicht aufeinander abgestimmt sind und in der Regel das Tourismusgeschehen nicht vollständig erfassen bzw. von unterschiedlichen Definitionen ausgehen. Zudem muss beachtet werden, dass tourismusrelevante Informationen, Daten und Fakten nicht nur durch hierfür speziell angelegte Statistiken erfasst werden. Ursache hierfür ist der Querschnittcharakter der Tourismuswirtschaft. Entsprechend müssen – je nach Fragestellung – auch für andere Bereiche angelegte Statistiken (z. B. Handels- und Gaststättenzählung) berücksichtigt werden. Allerdings besteht bei diesen weiteren Quellen häufig das Problem, dass es kaum bzw. lediglich durch Schätzungen möglich ist, den touristischen Anteil (Touristen vs. Nichttouristen bzw. touristische vs. nichttouristische Leistungsträger) an der erfassten Information zu quantifizieren. Grundsätzlich kann zwischen amtlichen und nichtamtlichen Statistiken unterschieden werden.

1.3.1 Amtliche Statistik in Deutschland

Grundlagen amtlicher Statistik

Die „verordnete" Erhebung, Aufbereitung und Veröffentlichung amtlicher Statistiken durch staatliche Behörden (z. B. Statistisches Bundesamt) auf der Basis von Gesetzen (z. B. Gesetz zur Neuordnung der Statistik über die Beherbergung) wird als **ausgelöste Statistik** bezeichnet. Dagegen werden die im Rahmen der Arbeit staatlicher Behörden (z. B. Agentur für Arbeit) generierten Statistiken (z. B. Arbeitslosenstatistik) als **nichtausgelöste Statistik** bezeichnet.

Säulen der amtlichen Statistik

Die amtliche Statistik zum Tourismus wird in der Bundesrepublik Deutschland durch das Statistische Bundesamt in Wiesbaden bereitgestellt und basiert auf zwei Säulen:

- der **Monatserhebung im Tourismus** (Beherbergungsstatistik) und
- der **Statistik über die touristische Nachfrage**.

Für beide Quellen gilt, dass sie **ausschließlich** den **übernachtenden Tourismus** erfassen, der Tagestourismus wird nicht berücksichtigt (vgl. Kap. 2.3.6). Wesentliche Ergebnisse beider Statistiken werden – zusammen mit weiteren Informationen zum Tourismus – vom Statistischen Bundesamt in der seit 1988 jährlich erscheinenden Veröffentlichung „Tourismus in Zahlen" (vgl. Statistisches Bundesamt 2008) sowie in Beiträgen in den Zeitschriften und Reihen des Statistischen Bundesamtes (z. B. „Wirtschaft und Statistik") publiziert.

Monatserhebung im Tourismus

Die Monatserhebung im Tourismus enthält sowohl Informationen zum touristischen Angebot als auch zur touristischen Nachfrage. Kern der Statistik bildet die **Erfassung der Beherbergungsbetriebe**. Erfasst werden nur Beherbergungsbetriebe, die mehr als acht Betten anbieten (bei Campingplätzen ab drei Stellplätzen). Dies wird häufig als gravierende Schwäche dieser Statistik bemängelt, denn gerade in kleinbetrieblich strukturierten Regionen kommt es durch die untere Abschneidegrenze zur Untererfassung der Beherbergungskapazitäten sowie weiterer Informationen (z. B. Herkunftsland der Gäste). Die Beherbergungsbetriebe werden nach der Betriebsart (z. B. Hotels oder Hotels garnis) differenziert ausgewiesen (vgl. Tab. 1.2). Die Beherbergungsbetriebe mit mehr als acht Betten melden ihre Angaben an die Statistischen Landesämter, die die Ergebnisse für die Bundesländer aufbereiten und veröffentlichen. Das Statistische Bundesamt fasst die Länderergebnisse zusammen und veröffentlicht sie als Bundesergebnis. Folgende Informationen werden für die Beherbergungsbetriebe erfasst:

Erhebungsmerkmale

- die **Beherbergungsbetriebe** nach Betriebsart und Betriebsgrößenklassen,
- die **Zahl der Betten** (bzw. Stellplätze bei Campingplätzen),
- die **Zahl der Gästeankünfte**,
- die **Zahl der Gästeübernachtungen**,
- das **Herkunftsland der Gäste**.

Mehr als die Hälfte der Ankünfte im Jahr 2007 entfällt dabei auf die Hotellerie, während der Anteil an den Übernachtungen lediglich 39 % erreicht. Hieraus resultiert die im Vergleich zum Bundesergebnis (2,8 Tage) unterdurchschnittliche Aufenthaltsdauer von 2,0 Tagen (vgl. Tab. 1.2).

Nicht mehr erfasst werden seit dem Jahr 2005 die Zahl der angebotenen Gästezimmer und ihre Auslastung (diese Erfassung wurde erst im Jahr 2002 auf der Basis des Gesetzes zur Neuordnung der Statistik über die Beherbergung im Reiseverkehr eingeführt), die in anderen nationalen Statistiken (z. B. in Frankreich) erhoben werden. Lediglich für den Bereich der Hotellerie wird die Zahl der Zimmer jeweils zum 31. Juli eines Jahres erhoben.

Aus den erfassten Angaben lassen sich weitere Informationen berechnen, die ebenfalls monatlich veröffentlicht werden. Dabei handelt es sich um

- die **durchschnittliche Aufenthaltsdauer** (DA) und
- die **durchschnittliche Bettenauslastung** (BA).

Räumliche Erfassung

Diese wenigen Erhebungsmerkmale sind für verschiedene regionale Einheiten und Merkmale verfügbar. Auf regionaler Ebene werden die Informationen sowohl nach **administrativen Einheiten** (Bundesländer, Stadt- und Landkreise, Gemeinden) als auch nach **nichtadministrativen Abgrenzungen** (Reisegebiete) aufbereitet. Bei den Reisegebieten handelt es sich um Raumeinheiten, die sich weitgehend an den Zuständigkeitsbereichen der regionalen Tourismusverbände orientieren (vgl. auch Kap. 1.2.3, Abb. 1.3).

Die Daten der Beherbergungsstatistik werden sowohl nach **Betriebsart** als auch nach **Gemeindegruppen** bereitgestellt. Die Gemeindegruppen werden aus prädikatisierten Heilbädern (Mineral- und Moorbäder, Heilklimatische Kurorte, Kneippkurorte) sowie Seebädern, Luftkurorten, Erholungsorten und sonstigen Gemeinden gebildet (vgl. Tab. 1.2). Hinsichtlich der Betriebsarten und Gemeindegruppen zeigen sich deutliche Konzentrationen bezüglich der Ankünfte und Übernachtungen der Touristen in Deutschland. Die Anteilsunterschiede an Ankünften und Übernachtungen schlagen sich in unter- bzw. überdurchschnittlichen Aufenthaltsdauern nieder. Ein methodisches Problem kann bei der Umrechnung statistischer Informationen aus anderen Quellen auf die nichtadministrativen Einheiten oder Kategorien zur Ermittlung von Bezugsgrößen auftreten.

Tab. 1.2: Ankünfte, Übernachtungen und durchschnittliche Aufenthaltsdauer nach Betriebsarten und Gemeindegruppen in Deutschland 2007 (nach STATISTISCHES BUNDESAMT 2008)

Erhebungsmerkmal	**Ankünfte (A)**	**Übernachtungen (Ü)**	**Durchschnittliche Aufenthaltsdauer (DA)**
	129.864.000	**361.840.000**	**2,8 Tage**
Anteile nach Betriebsart			
Hotels	53,1 %	39,0 %	2,0 Tage
Hotels garnis	14,8 %	11,7 %	2,2 Tage
Gasthöfe	6,6 %	5,1 %	2,2 Tage
Pensionen	3,0 %	3,5 %	3,2 Tage
Jugendherbergen/Hütten	4,8 %	4,3 %	2,5 Tage
Campingplätze	4,5 %	6,1 %	3,8 Tage
Erholungs-, Ferien-, Schulungsheime	6,0 %	6,9 %	3,2 Tage
Boardinghouses	0,2 %	0,3 %	3,8 Tage
Ferienzentren	1,6 %	2,6 %	4,4 Tage
Ferienhäuser, -wohnungen	3,6 %	8,3 %	6,4 Tage
Vorsorge- und Rehabilitationskliniken	1,8 %	12,2 %	20,3 Tage
gesamt	100,0 %	100,0 %	2,8 Tage

Anteile nach Gemeindegruppe	**Ankünfte (A)**	**Über-nachtungen (Ü)**	**Durchschnittliche Aufenthaltsdauer (DA)**
Mineral- und Moorbäder	5,7 %	11,4 %	5,6 Tage
Heilklimatische Kurorte	2,7 %	4,4 %	4,5 Tage
Kneippkurorte	1,7 %	2,8 %	4,7 Tage
Seebäder	5,5 %	11,3 %	5,7 Tage
Luftkurorte	5,2 %	6,9 %	3,7 Tage
Erholungsorte	8,7 %	10,3 %	3,3 Tage
sonstige Gemeinden	70,5 %	52,9 %	2,1 Tage
gesamt	100,0 %	100,0 %	2,8 Tage

Statistik über die touristische Nachfrage

Die Statistik über die touristische Nachfrage erfasst das **touristische Reiseverhalten** und konzentriert sich daher auf die reisenden Personen des nationalen Tourismus (vgl. Kap. 1.4.2). Sie wird seit dem Jahr 1999 als Stichprobenerhebung durchgeführt und umfasst jährlich vier Erhebungswellen mit je 2.500 Haushalten. Diese Erhebung dient insbesondere dazu, die Statistiklieferverpflichtungen Deutschlands gegenüber der EU zu erfüllen (vgl. STATISTISCHES BUNDESAMT 2008). Hierbei werden folgende Angaben für alle Reisen mit mindestens einer Übernachtung erfasst:

Erhebungsmerkmale

- der **Monat des Beginns der Reise**,
- die **Anzahl der Übernachtungen**,
- das **Ziel der Reise** (Inland: Bundesland; Ausland: Staat),
- die **Veranstaltung der Reise** (nur für längere Privatreisen),
- das **hauptsächlich benutzte Verkehrsmittel**,
- die **Hauptunterkunftsart**,
- die **Reiseausgaben**,
- die **Personen des Haushalts**, die an der Reise teilgenommen haben,
- die **prozentuale Aufteilung der Kosten** auf die beteiligten Personen.

Kapazitätserhebung

Als überwiegend angebotsorientierte Statistik wurde bis zum Jahr 1999 die Kapazitätserhebung im sechsjährigen Rhythmus durchgeführt, dann jedoch eingestellt, da ein Bedarf an qualitativen Daten zur Ausstattung der Beherbergungsbetriebe nach Ansicht der damaligen Bundesregierung nicht mehr in ausreichendem Maße bestand (vgl. DEUTSCHER BUNDESTAG 2003, S. 3).

Tourismusstichprobe

Als Basis für die Dokumentation und Analyse der Unterschiede zwischen den alten und neuen Bundesländern wurde im Jahr 1992 als einmalige Erhebung die Tourismusstichprobe durchgeführt.

Allen amtlichen Statistiken ist gemein, dass sie retrospektiv quantitative Informationen erheben. Es fehlen also die von Unternehmen der Tourismuswirtschaft häufig benötigten qualitativen und zukunftsorientierten Daten (z. B. zu Motiven, Einstellungen oder Reiseabsichten). Diese Informationen werden vornehmlich durch die nichtamtliche Statistik bereitgestellt.

1.3.2 Nichtamtliche Statistik in Deutschland

Problematik nichtamtlicher Statistik

Der Bereich der nichtamtlichen Statistik für den Tourismus ist nahezu unüberschaubar. Nichtamtliche Statistiken werden zum einen für die Marktteilnehmer (z. B. touristische Leistungsträger) zum Zweck der Marktbeobachtung und -analyse erstellt, zum anderen werden sie zu Forschungszwekken generiert. Dabei muss berücksichtigt werden, dass die Vielzahl der angebotenen Informationen auf sehr **unterschiedlichen Erhebungskonzepten und Berichtskreisen** beruhen. So werden in manchen Statistiken Reisen bereits ab einer Übernachtung gezählt, in anderen jedoch erst ab vier oder fünf Tagen. Es ist daher unabdingbar, immer auch die Quelle und das dahinterstehende Erhebungskonzept bei der Verwendung sekundärstatistischer Daten zu berücksichtigen. Teilweise kommen die Statistiken hierdurch zu abweichenden oder zu sich widersprechenden Ergebnissen. Nachfolgend werden zwei der am häufigsten verwendeten nichtamtlichen Statistiken zum Tourismus vorgestellt:

- die **Reiseanalyse** (RA) sowie
- die **Deutsche Tourismusanalyse** (TA).

Reiseanalyse (RA)

Die jährlich durchgeführte, im Jahr 2009 zum 39. Mal vorgelegte Reiseanalyse basiert auf einer bevölkerungsrepräsentativen Befragung zum Urlaubs- und Reiseverhalten der Deutschen sowie ihrer Urlaubsmotive und -interessen. Die RA widmet sich vor allem Urlaubsreisen ab fünf Tagen Dauer, berücksichtigt aber auch Kurzreisen von zwei bis vier Tagen (vgl. Aderhold 2008, Anhang). Träger der RA ist seit dem Jahr 1994 die **Forschungsgemeinschaft Urlaub und Reisen e. V. (F.U.R)**, eine neutrale Interessengemeinschaft der in- und ausländischen Nutzer von Tourismusforschung in Deutschland (von 1970 bis 1994 wurde die RA vom Studienkreis für Tourismus durchgeführt). Die RA liefert Informationen zu folgenden Themenfeldern:

Inhalt

- **Entwicklung und Dimension des Urlaubsreisemarktes** (z. B. Urlaubsreiseintensität, Zahl der Kurzurlaubsreisen oder Reiseabsichten für das jeweils folgende Jahr),
- **Durchführung der Urlaubsreise** (z. B. Reisebegleitung und -ziele, Organisationsform oder Reiseausgaben),
- **qualitative Aussagen zum Reiseverhalten** (z. B. allgemeine Urlaubsmotive, Erfahrung mit und Interesse an ausgewählten Urlaubsformen oder Aktivitäten während des Urlaubs).

Die Ergebnisse der Reiseanalyse werden alljährlich auf der Internationalen Tourismus-Börse (ITB) im Frühjahr in Berlin vorgestellt und sowohl in Form einer Kurzfassung als auch in der vollständigen Version mit Zugang zu allen Daten aus dem Grundfragenprogramm durch die F.U.R angeboten (www.reiseanalyse.de). Zu einigen ausgewählten Themen werden aus der RA auch gesonderte Veröffentlichungen angeboten (z. B. „Urlaubsreisetrends 2020“ oder „Seniorenreisen mit Zukunft – Aktuelle Daten und Trends zum Urlaubsmarkt der Best Ager“).

Die ebenfalls als jährliche Erhebung angelegte Deutsche Tourismusanalyse (TA) wird von der **BAT Stiftung für Zukunftsfragen** (1979 bis 2007 BAT Freizeit-Forschungsinstitut) unter der Leitung von Prof. Dr. Horst Opaschowski durchgeführt. Im Rahmen dieser Statistik werden jeweils im Januar eines Jahres 4.000 Personen (ab 14 Jahren) zu ihrem Reiseverhalten im vergangenen Jahr und ihren Reiseabsichten im gerade begonnenen Jahr befragt. Die TA enthält standardmäßig unter anderem Informationen zu folgenden Themen:

Deutsche Tourismusanalyse (TA)

- **Reiseziele** in Inland und Ausland,
- **Reiseverkehrsmittel**,
- **Reisehäufigkeit und -ausgaben**,
- **geplante Reisen und Aktivitäten**.

Inhalt

Neben dem Standardprogramm enthält die TA jedes Jahr auch so genannte Schwerpunktthemen (z. B. im Jahr 2009: Urlaubskosten, Reiseverkehrsmittel und Aktivurlaub). Die Ergebnisse der TA werden immer im Frühjahr in Hamburg kurz vor der ITB vorgestellt und von der BAT Stiftung für Zukunftsfragen auch zum Kauf angeboten (www.stiftungfuerzukunftsfragen.de).

Die Reiseanalyse der F.U.R und die Deutsche Tourismusanalyse der BAT Stiftung für Zukunftsfragen weisen inhaltlich deutliche Überschneidungen auf. Sie kommen trotz unterschiedlicher Stichproben in der Regel auch zu ähnlichen Ergebnissen (vgl. Tab. 1.3). So sind bei RA und TA die ersten vier Rangplätze der beliebtesten ausländischen Reiseländer der Deutschen identisch.

Tab. 1.3. Beliebteste ausländische Reiseziele nach Anteil der Urlaubsreisen der Deutschen nach Reiseanalyse (RA) und Deutscher Tourismusanalyse (TA) 2008 (nach F.U.R 2009a, o. S. und STIFTUNG FÜR ZUKUNFTSFRAGEN 2009b, S. 12)

Rang	Land	RA	Land	TA
1	Spanien	12,9 %	Spanien	12,3 %
2	Italien	7,2 %	Italien	7,2 %
3	Türkei	7,0 %	Türkei	6,3 %
4	Österreich	6,2 %	Österreich	4,9 %
5	Frankreich	2,8 %	Marokko/Tunesien/Ägypten	4,0 %

Bei den Schwerpunktthemen ergänzen sich beide Quellen auf sinnvolle Weise. Beim Vergleich der beiden Analysen, aber auch beim Vergleich mit der amtlichen Statistik muss jedoch berücksichtigt werden, dass den einzelnen Erhebungen zum Teil eigene (Mindest-)Voraussetzungen (z. B. Dauer und Motivation einer Reise) zugrunde liegen. Zudem werden Ländergruppen (z. B. in der TA „Marokko/Tunesien/Ägypten") unterschiedlich zusammengefasst. Beim Vergleich von Angaben der unterschiedlichen Quellen ist also immer die Erhebungsgrundlage zu berücksichtigen.

Weitere nichtamtliche Statistiken

Neben der RA und TA werden insbesondere von zahlreichen Marktforschungsunternehmen, Interessenverbänden oder Instituten weitere einschlägige Erhebungen durchgeführt, von denen lediglich Überblicksergebnisse allgemein zugänglich sind. In der Regel stehen die Detailinformationen nur den Kunden dieser Unternehmen bzw. den Mitgliedern zur Verfügung oder können teilweise käuflich erworben werden. Beispiele aus der Vielzahl der Erhebungen sind:

- **TravelScope** (GfK),
- **Deutscher Reisemonitor** (IPK International),
- **Reisemonitor** (ADAC),
- **Reise-Panel** (ODC Services),
- **Bäderstatistik** (Deutscher Heilbäderverband),
- **Tagesreisen der Deutschen** (DWIF).

Zusammenfassend kann festgestellt werden, dass die nichtamtliche Tourismusstatistik in Deutschland umfangreicher, vielfältiger und detaillierter ist als die amtliche Statistik. Auch für die nichtamtliche Statistik gilt, dass sie nach verschiedenen Erhebungskonzepten und für unterschiedliche Berichtskreise mit zum Teil variierender Periodizität durchgeführt wird.

1.3.3 Internationale Tourismusstatistik

Die direkte Vergleichbarkeit nationaler Tourismusstatistiken ist aufgrund der unterschiedlichen nationalen Erhebungskonzepte nur sehr beschränkt gegeben. Dennoch werden die nationalen Erhebungsergebnisse häufig zu internationalen Tourismusstatistiken zusammengeführt.

Europäische Statistiken

Für den Tourismus in Europa führt **Eurostat**, das Statistische Amt der EU, die nationalen Statistiken zusammen und bemüht sich um eine Homogenisierung der durch die nationalen Statistikbehörden erhobenen Informationen und Kategorien (vgl. EUROSTAT 2007). Den Publikationen von Eurostat liegen also keine eigenen Erhebungen zugrunde. Wesentliche, regelmäßig erscheinende Veröffentlichungen von Eurostat im Bereich Tourismus sind:

- **Panorama on Tourism** – Hauptthemen sind die Merkmale der Tourismusbranche in Europa, die Struktur und Entwicklung des Beherbergungsgewerbes und die Reisegewohnheiten der europäischen Touristen.
- **Tourism Statistics** – Diese Quelle bietet ein breites Spektrum an Informationen, z. B. Angebot an Beherbergungsbetrieben nach Kapazitäten, Nachfrage und Reiseverhalten der Europäer auf In- und Auslandsreisen, Länderprofile.

In beiden Publikationen beschränkt sich die regionale Gliederung der Information auf Nationalstaaten. Daneben veröffentlicht Eurostat zahlreiche Kurzbeiträge mit statistischen Informationen zu verschiedenen Themen wie Sommer- bzw. Wintertourismus, Erwerbstätigkeit von Frauen im Beherbergungsgewerbe oder Nachhaltigkeit und Tourismus. Neben diesen amtlichen Statistiken gibt es einige wenige nichtamtliche Quellen zum Tourismus in Europa (z. B. „European Travel Monitor" von IPK International).

Weltweite Statistiken

Auf globaler Ebene stellen die **World Tourism Organization der Vereinten Nationen (UNWTO)** sowie die **Organisation for Economic Co-operation and Development (OECD)** die nationalen Statistiken zusammen. Auch für diese Publikationen werden keine eigenen Erhebungen durchgeführt, son-

dern es erfolgt ein Rückgriff auf nationale Statistiken. Die wichtigsten regelmäßigen Veröffentlichungen von UNWTO und OECD sind:
- **Yearbook of Tourism Statistics** (UNWTO),
- **Tourism Highlights** (UNWTO),
- **Report of International Forum on Tourism Statistics** (OECD).

Neben diesen regelmäßigen Veröffentlichungen publizieren beide Organisationen auch Berichte mit Statistiken zu ausgewählten Themen in eigenen Zeitschriften oder Veröffentlichungen (z. B. von der UNWTO „The Russian Outbound Travel Market with Spezial Insight into the Image of Europe as a Destination"; z. B. von der OECD „Wildlife and Nature-based Tourism for Pro-Poor Growth"). Auch auf globaler Ebene existieren einige wenige nichtamtliche Erhebungen zum Tourismus (z. B. „World Travel Monitor" von IPK International).

1.4 Räumliche Erfassung des Tourismus

Das Auftreten und die Ausbreitung des Tourismus müssen im zeit-räumlichen Kontext betrachtet werden. Ausgehend von der Quellregion kann das Phänomen des Reisens vom erstmaligen Auftreten bis hin zum Massenphänomen als Innovations- und Diffusionsprozess verstanden werden (vgl. Kap. 1.4.1), durch den sukzessive verschiedene Destinationen erschlossen werden. Durch das Reisen zwischen Quell- und Zielgebiet entstehen die Reiseverkehrsströme (synonym: Tourismusströme). Häufig werden Reiseverkehrsströme zwischen Kontinenten, Staaten und Regionen betrachtet. Die Berücksichtigung verschiedener räumlicher Aggregationsebenen findet Niederschlag in den Bezeichnungen der Tourismusströme (vgl. Kap. 1.4.2). Aufgrund der großen ökonomischen Bedeutung des Tourismus werden Tourismusströme auf verschiedenen Maßstabsebenen bis hin zu den weltweiten Tourismusströmen (vgl. Kap. 1.4.3) betrachtet.

1.4.1 Zeit-räumliche Ausbreitung von Tourismusströmen

Die Analyse des Auftretens und der Verbreitung des modernen Tourismus zeigt sowohl auf der nationalen als auch auf der internationalen Ebene seit Mitte des 19. Jahrhunderts einen **zeit-räumlichen Veränderungsprozess**.

Modell nach Gormsen

Gormsen (1983, S. 608 ff.) weist dies beispielhaft für die Entwicklung des internationalen Küstentourismus anhand von **vier Zonen der Tourismusentwicklung** nach (vgl. Abb. 1.4).

Zonen der Tourismusentwicklung

Ausgehend von den Reisen der britischen Aristokratie, die ab Mitte des 18. Jahrhunderts an den Küsten von Nord- und Ostsee (Zone I) erste Sommerresidenzen errichtet, wird der Aktionsraum der Touristen kontinuierlich erweitert. Im Zuge der Industrialisierung des 19. Jahrhunderts partizipiert das Großbürgertum am Tourismus, was sich in der Errichtung von Hotels für einen gehobenen Badetourismus niederschlägt. Anschließend erreicht der internationale Tourismus – begünstigt durch die Erfindung der Eisenbahn – zunächst den europäischen Mittelmeerraum (Zone II). Ursache sind neben den neuen Möglichkeiten der Mobilität insbesondere die steigenden Einkommen und der erstmals gesetzlich geregelte Urlaubsanspruch. Es folgt ein Überspringen des Tourismus auf die nordafrikanische Mittelmeerküste (Zone III) ca. ab den 1960er-Jahren. Kurz darauf werden durch die Entwicklung von Langstreckenflugzeugen und dem zunehmenden Wunsch nach Exotik vermehrt Fernreiseziele (Zone IV) nachgefragt, und die Dritte Welt wird Ziel des internationalen Tourismus.

Bei diesem räumlichen Ausbreitungsprozess ist es stets die **Oberschicht**, die die **Pionierfunktion** bei der Erschließung neuer Zonen des Tourismus übernimmt. Mit dem Nachzug weiterer sozialer Schichten (zunächst der Mittelstand, später auch die Unterschicht) geht die Änderung der Beherbergungsinfrastruktur einher. Zu den ursprünglich dominierenden Hotels und Zweitwohnsitzen treten als Quartiere der Mittel- und Unterschicht verstärkt Pensionen, Privatzimmer und Campingplätze auf (vgl. Abb. 1.4). Dieser sich in den verschiedenen räumlichen Zonen wiederholende Prozess zeigt die Diffusion des Phänomens Reisen innerhalb der Gesellschaft (von der Ober- bis zur Unterschicht, vgl. Säule B) und des Raumes (von der britischen Südküste bis zu den Fernreisezielen). Parallel dazu ändert sich auch die

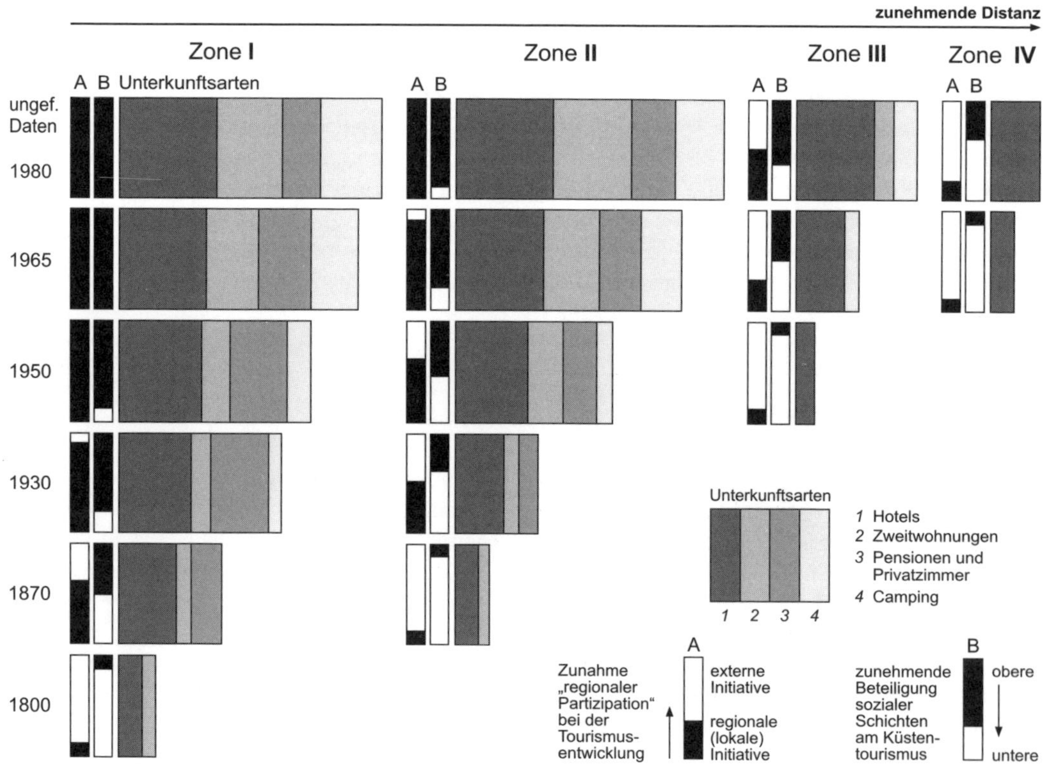

Abb. 1.4: Schema der zeit-räumlichen Entwicklung des internationalen Küstentourismus (nach GORMSEN 1983, S. 613)

Struktur der **Partizipation der Akteure** an der Tourismusentwicklung (Säule A): in der Initialphase dominieren lokale und regionale Akteure (z. B. Hoteliers), mit der zunehmenden Erschließung der einzelnen Zone treten verstärkt auch externe Akteure auf (z. B. internationale Hotelketten oder Reisekonzerne). Schließlich existiert in Zone IV in den 1980er-Jahren nahezu die gleiche strukturelle Situation wie in der ersten Hälfte des 19. Jahrhunderts zu Beginn des internationalen Tourismus.

Die von GORMSEN (1983, S. 608 ff.) am Beispiel von Großbritannien entwickelte Analyse des zeit-räumlichen Innovations- und Diffusionsprozesses konzentriert sich auf die Reisenden eines Quellgebiets sowie die Reichweite ihrer touristischen Aktivitäten und ist auch auf andere Quellgebiete übertragbar. Es ist jedoch auch möglich, die „Austauschbeziehungen" von Quell- und Zielgebieten im Sinne von Tourismusströmen insgesamt zu untersuchen.

1.4.2 Tourismusströme und ihre Grundformen

Für die Bezeichnung der verschiedenen Tourismusströme ist einerseits von Bedeutung, ob Quellregion und Zielregion identisch sind. Andererseits muss die Richtung der Reiseverkehrsströme (nach außen oder innen) berücksichtigt werden. Der räumliche Bezug ist für die Terminologie also von grundlegender Bedeutung. Es lassen sich drei Arten der Reiseverkehrsströme unterscheiden (vgl. STATISTISCHES BUNDESAMT 2007, o. S. sowie Abb. 1.5):

Arten der Reiseverkehrsströme

- Als **Ausreiseverkehr (Outbound Tourism)** werden alle Reisen bezeichnet, die von der Bevölkerung eines Staates in einen anderen Staat durchgeführt werden. Es handelt sich also um einen nach außen gerichteten, grenzüberschreitenden, internationalen Reiseverkehr. Werden kleinere regionale Einheiten betrachtet (z. B. ein Bundesland oder ein Landkreis), handelt es sich nicht mehr um internationale Reiseströme. Diese ebenfalls nach außen gerichteten Reiseströme werden als **Outgoing-Tourismus** bezeichnet.
- Der **Einreiseverkehr (Inbound Tourism)** subsumiert alle Reisen, die von der Bevölkerung außerhalb eines betrachteten Staates in diesen Staat durchgeführt werden. Dieser Reisestrom ist demnach ein nach innen, auf den betrachteten Staat gerichteter, grenzüberschreitender, internationaler Reiseverkehr. Werden kleinere regionale Einheiten betrachtet (z. B. ein Bundesland oder ein Landkreis), handelt es sich nicht mehr um internationale Reiseströme. Diese ebenfalls nach innen gerichteten Reiseströme werden als **Incoming-Tourismus** bezeichnet.
- Zum **Binnenreiseverkehr (Domestic Tourism)** werden alle Reisen gezählt, die von der Bevölkerung einer regionalen Einheit innerhalb dieser regionalen Einheit durchgeführt werden. Von Binnenreiseverkehr wird also sowohl auf nationaler Ebene als auch bei kleineren regionalen Einheiten gesprochen. Charakteristisch für den Binnenreiseverkehr ist, dass die Grenzen der betrachteten regionalen Einheit nicht überschritten werden.

In der einschlägigen Literatur und im allgemeinen Sprachgebrauch wird oft lediglich von Outgoing- und Incoming-Tourismus gesprochen, auch wenn es sich um grenzüberschreitenden Reiseverkehr handelt.

Anhand der absoluten Zahl der Reisen(-den) kann für die betrachteten räumlichen Einheiten durch Vergleich von Einreise- und Ausreiseverkehrsströmen (bzw. Incoming- und Outgoing-Tourismus) ein Einreiseüberschuss oder -defizit festgestellt werden. Aus der Kombination der drei Reiseverkehrsströme lassen sich drei Grundformen des Tourismus unterscheiden (vgl. STATISTISCHES BUNDESAMT 2007, o. S. sowie Abb. 1.5):

Kombination der Reiseverkehrsströme

- Die Kombination aus dem Binnenreiseverkehr und dem Einreiseverkehr wird als **Inlandstourismus (Internal Tourism)** bezeichnet.
- Der **Nationale Tourismus (National Tourism)** setzt sich aus dem Binnenreiseverkehr und dem Ausreiseverkehr zusammen.
- Der grenzüberschreitende Reiseverkehr (Ein- und Ausreiseverkehr) wird als **Internationaler Tourismus (International Tourism)** bezeichnet.

Die Analyse der Reiseverkehrsströme ist eine rein quantitative Betrachtung, je nach nationaler Statistik werden Zahl der Reisen, Ankünfte oder Grenzübertritte gezählt. Qualitative Aspekte (z. B. die Motivation der Reisenden) finden hierbei keine Berücksichtigung. Für die Berechnung der aus den Reiseverkehrsströmen resultierenden ökonomischen Effekte (vgl. Kap 3.1) müssen weitere Parameter (wie z. B. die Aufenthaltsdauer oder die durchschnittlichen Tagesausgaben) einbezogen werden.

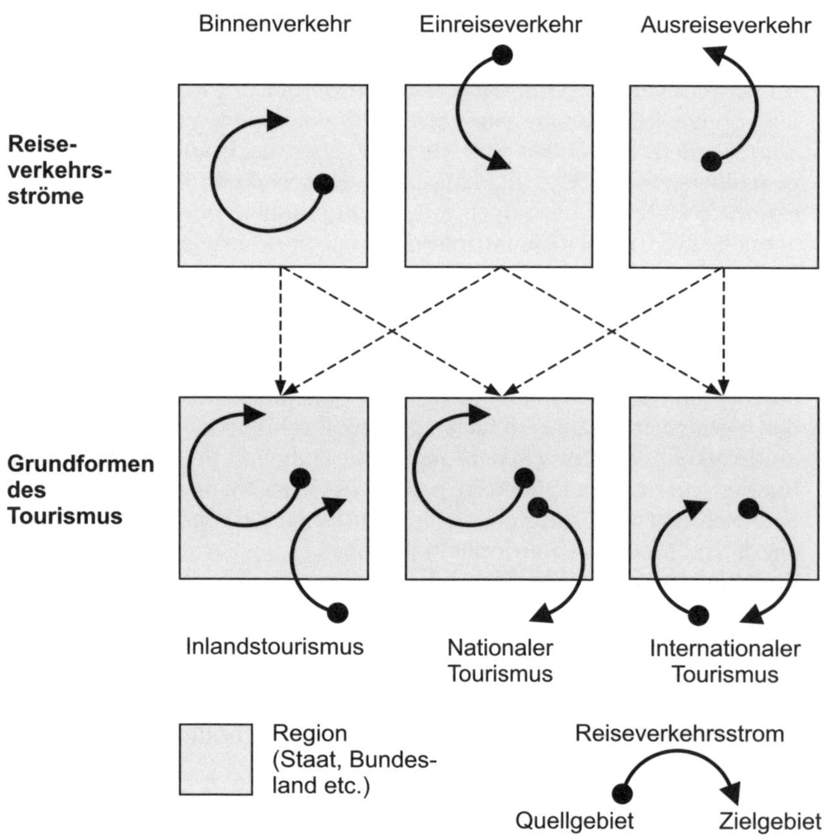

Abb. 1.5: Reiseverkehrsströme und Grundformen des Tourismus (eigene Darstellung)

1.4.3 Nationale und internationale Tourismusströme

Einen ersten Überblick über die nationalen und internationalen Reiseverkehrsströme und der daraus resultierenden drei Grundformen des Tourismus in Deutschland liefern sowohl die amtliche als auch die nichtamtliche Statistik.

Nationale Tourismusströme

So können in Deutschland im Bereich der amtlichen Statistik Informationen zum Binnen- und Einreiseverkehr der Beherbergungsstatistik entnommen werden, für den Binnen- und Ausreiseverkehr kann auf die Statistik der touristischen Nachfrage zurückgegriffen werden (vgl. Kap. 1.2.3). Die hieraus resultierenden wichtigsten Reiseströme (vgl. Tab. 1.4) berücksichtigen alle Reisen (inkl. Geschäftsreisen) und unterscheiden sich daher oft von den veröffentlichten Ranglisten der beliebtesten Urlaubsziele der Deutschen (vgl. auch Kap. 1.3.2, Tab. 1.3).

Tab. 1.4: Wichtigste Binnen-, Ausreise- und Einreiseverkehrsströme für Deutschland 2007 für Reisen mit mindestens einer Übernachtung (nach STATISTISCHES BUNDESAMT 2008)

Rang	**Binnenreiseverkehr**	**Ankünfte (in Mio.)**	**Ausreiseverkehr**	**Ankünfte (in Mio.)**	**Einreiseverkehr**	**Ankünfte (in Mio.)**
1	Bayern	20,2	Österreich	13,3	Niederlande	3,36
2	Nordrhein-Westfalen	10,8	Italien	11,7	USA	2,12
3	Baden-Württemberg	10,2	Spanien	11,4	UK	2,06
4	Niedersachsen	8,9	Frankreich	5,6	Schweiz	1,73
5	Mecklenburg-Vorpommern	7,3	Türkei	5,1	Italien	1,43

Internationale Tourismusströme

Der Bedeutungszuwachs des Tourismus in globaler Sicht wird in der Regel mit dem Anstieg der internationalen Tourismusströme belegt. Hierbei erfolgt ein Rückgriff auf die internationalen Tourismusstatistiken von UNWTO und OECD (vgl. Kap. 1.3.3). Danach zeigt die Zahl der weltweiten Ankünfte ausländischer Touristen seit Jahrzehnten ein **nahezu ungebrochenes Wachstum**. So ist die Zahl der Ankünfte im internationalen Reiseverkehr von 1960 mit rund 69 Millionen Ankünften auf 908 Millionen Ankünfte im Jahr 2007 angestiegen. Hierbei sind die Ankünfte des nationalen Reiseverkehrs nicht eingeschlossen. Allerdings muss berücksichtigt werden, dass nach Angaben der UNWTO im Jahr 2008 lediglich rund sieben Prozent der Weltbevölkerung am internationalen Tourismus teilgenommen haben (vgl. FREYER 2009, S. 433; G+J 2009, S. 3).

Zielgebiete

Die Verteilung der Reiseverkehrsströme – gemessen an den Ankünften ausländischer Touristen (Einreiseverkehr) – zeigt allerdings bereits auf hohem räumlichem Aggregationsniveau große Unterschiede und ist stark von den Industrieländern dominiert. Traditionell weisen **Europa** und die **USA** die höchsten Anteile einreisender Touristen auf, allerdings bei leicht rückläufiger Tendenz. Im Gegensatz dazu hat **China** als Zielgebiet im internationalen Tourismus an Bedeutung gewonnen und zählt mittlerweile zu den fünf wichtigsten Empfängerländern (vgl. Tab. 1.5). Aufgrund des abweichenden nationalen Erhebungskonzepts können z.B. die Angaben für Deutschland und Österreich nicht direkt mit den wichtigsten Zielländern des internationalen Tourismus verglichen werden (für beide werden ausschließlich die Ankünfte in Beherbergungsbetrieben gezählt). Deutschland lag im weltweiten Vergleich im Jahr 2007 mit 24,4 Millionen Ankünften (in Beherbergungsbetrieben mit neun und mehr Betten) auf Rang sieben.

Bei der Betrachtung der internationalen Tourismusströme ist zu beachten, dass sie keinen Aufschluss über die touristische Bedeutung einzelner Regio-

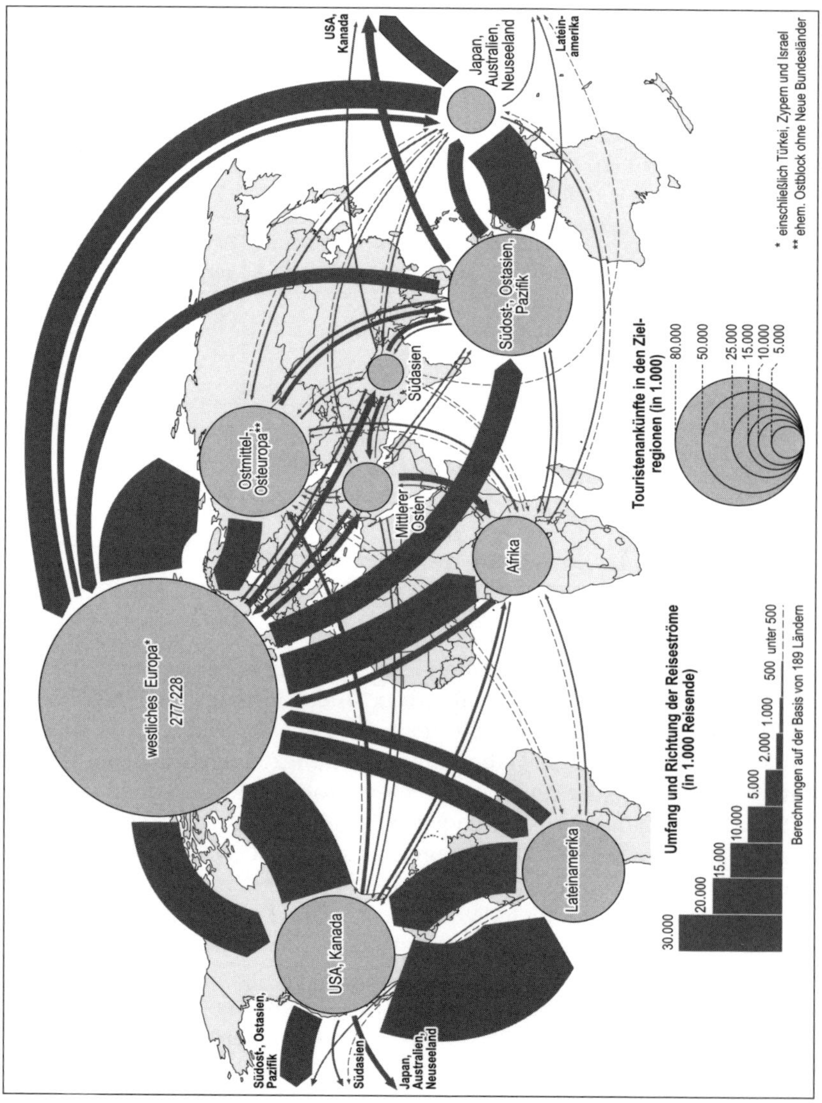

Abb. 1.6: Weltweite Tourismusströme 1999 (nach VORLAUFER 2003, S. 5)

nen geben. So ist es denkbar, dass einzelne Regionen, die vergleichsweise hohe Touristenzahlen aufweisen, im gesamtstaatlichen Ergebnis „nivelliert" werden, wenn der Tourismus in diesem Staat insgesamt keine bedeutende Rolle spielt.

Tab. 1.5: Ankünfte* ausländischer Touristen nach der Rangfolge der Zielländer 2004 bis 2007 (*Grenzankünfte von nichtinländischen Touristen ohne Tagesbesucher; nach UNWTO 2004, 2005, 2006 und 2007)

Rang	Land	Ankünfte ausländischer Touristen (in Mio.)			
		2004	2005	2006	2007
1	Frankreich	75,1	75,9	79,1	81,9
2	Spanien	52,4	55,9	58,5	59,0
3	USA	46,1	49,2	51,5	56,0
4	China	41,8	46,8	49,6	54,7
5	Italien	37,1	36,5	41,1	43,7

Auch als Quellgebiete des internationalen Tourismus sind **Europa** und die **USA** von überragender Bedeutung, wobei die stärksten Touristenströme von Nordamerika nach Europa und umgekehrt fließen (vgl. Abb. 1.6). Der Saldo beider Reiseverkehrsströme zeigt ein deutliches Übergewicht zugunsten der von Nordamerika nach Europa führenden Reisen. Im Gegensatz dazu spielen insbesondere der südamerikanische und afrikanische Kontinent als Quell- und Zielgebiete des internationalen Tourismus eine untergeordnete Rolle (vgl. WTO 2000). Quellgebiete

Tab. 1.6: Kategorisierung der EU-27-Länder nach der Bedeutung von Einreise- und Ausreiseverkehr (EUROSTAT 2008a, S. 44)

Überwiegend Quellland	Quell- und Zielland	Überwiegend Zielland
Dänemark	Belgien	Bulgarien
Deutschland	Frankreich	Tschechien
Niederlande	Irland	Estland
Rumänien	Italien	Griechenland
Finnland	Lettland	Spanien
Schweden	Litauen	Zypern
	Polen	Luxemburg
	Slowakei	Ungarn
	Großbritannien	Malta
		Österreich
		Portugal
		Slowenien

Grundsätzlich sind alle Staaten sowohl Quell- als auch Zielgebiete des internationalen Tourismus. Jedoch kann zwischen Staaten unterschieden werden, die überwiegend Quellgebiete (Ausreiseverkehr > Einreiseverkehr), und Staaten, die überwiegend Zielgebiete (Einreiseverkehr > Ausreiseverkehr) der internationalen Tourismusströme sind. So fungieren in der EU-27 insgesamt sechs Staaten überwiegend als Quellgebiete, während zwölf Staaten überwiegend Zielländer der internationalen Tourismusströme sind. In neun Staaten herrscht ein in etwa ausgeglichenes Verhältnis von Einreise- und Ausreiseverkehr (vgl. Tab. 1.6).

2 Angebot und Nachfrage im Tourismus

Ökonomisches Grundmodell des Tourismus

Einem einfachen ökonomischen Grundmodell folgend, treffen auf dem touristischen Markt die **Angebots- und Nachfrageseite** aufeinander (vgl. Abb. 2.1). Während auf der Angebotsseite die touristischen Leistungsträger agieren (z. B. Reiseveranstalter oder Beherbergungsbetriebe), setzt sich die Nachfrageseite durch die unterschiedlichen Konsumenten (Reisende) zusammen. In Deutschland treffen Angebot und Nachfrage auf einem touristischen Markt aufeinander, der sich nach dem Zweiten Weltkrieg von einem **Produzenten-** oder **Verkäufermarkt** (die Nachfrage ist größer als das Angebot) hin zu einem **Konsumenten-** oder **Käufermarkt** (das Angebot ist größer als die Nachfrage) entwickelt hat. Als dritte wesentliche Komponente des ökonomischen Grundmodells können Angebots- und Nachfrageseite schließlich durch die **(Tourismus-)Politik** beeinflusst werden. So wird etwa durch die staatlich festgelegten Ferienregelungen eine zeitliche Konzentration oder Entzerrung der Nachfrage bewirkt oder durch Reisebeschränkungen (z. B. Visa) oder Reiseerleichterungen direkt auf die Nachfrage Einfluss genommen. Auf die Anbieterseite kann beispielsweise durch staatliche Förderprogramme (z. B. für Modernisierungen) oder Abgabenregelungen (z. B. Höhe der Mehrwertsteuer) Einfluss genommen werden.

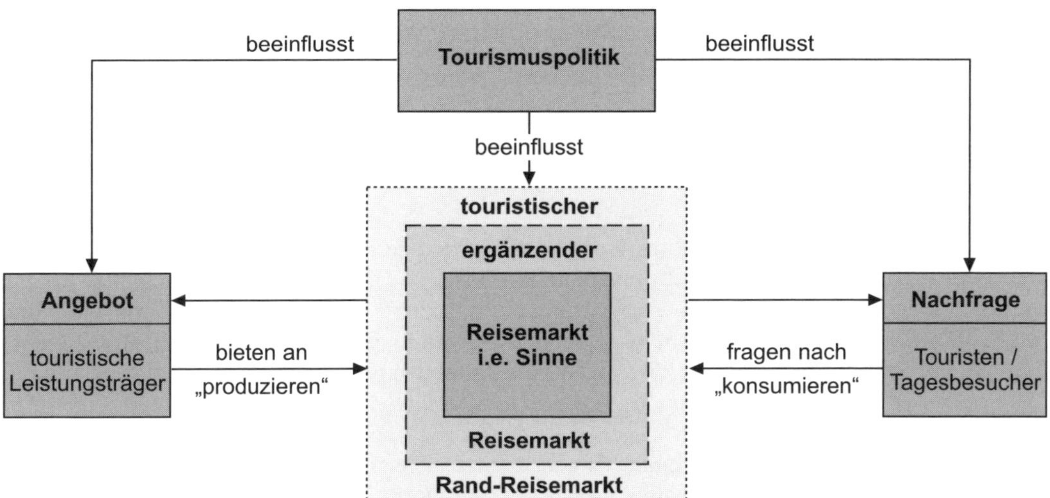

Abb. 2.1: Ökonomisches Grundmodell des Tourismus (eigene Darstellung)

Differenzierung des Reisemarktes

Der touristische Reisemarkt lässt sich danach differenzieren, inwieweit Produkte und Dienstleistungen der Tourismuswirtschaft zugerechnet werden können.

Neben dem **Reisemarkt im engeren Sinne** (z. B. Beherbergungswesen, Reiseveranstalter und Reisemittler, touristisches Transport- und Verkehrsgewerbe) existieren ein ergänzender Reisemarkt und ein Rand-Reisemarkt.

Zum **ergänzenden Reisemarkt** gehören z. B. die Souvenir-Industrie, die Reiseausrüsterunternehmen, das Reiseverkehrsmittelgewerbe oder die Verlagsproduktion, während der **touristische Rand-Reisemarkt** unter anderem die Gastronomie, die Sportartikelhersteller, die Bekleidungs- und Fotoindustrie einschließt (vgl. FREYER 2009, S. 307).

Externe Einflüsse

Grundsätzlich ist festzuhalten, dass es neben internen Einflüssen allgemeine externe Einflussfaktoren gibt, die sowohl für die touristische Angebotsseite als auch für die Nachfrageseite relevant sind. Hierzu gehören unter anderem:

- die **konjunkturelle Situation** (z. B. Arbeitsmarktsituation oder Preisentwicklung),
- die **gesellschaftlichen Entwicklungen** (z. B. Wertvorstellungen oder Freizeitverhalten),
- die **Umwelteinflüsse** (z. B. Bedeutung von Umweltbelastungen oder des Klimawandels) und
- die **staatlichen Eingriffe** (z. B. Einreisevorschriften oder Abgabenregelungen).

Nachfolgend wird zunächst die Angebotsseite behandelt, wobei der Schwerpunkt auf der Darstellung der Struktur und Entwicklung der Akteure (z. B. im Beherbergungswesen) liegt (vgl. Kap. 2.1). Zur Analyse der Angebotsseite werden ausgewählte Methoden vorgestellt (z. B. Produktlebenszyklus; vgl. Kap. 2.2), bevor auf die Nachfrageseite eingegangen wird (vgl. Kap. 2.3). Die Wirkungen der touristischen Angebots- und Nachfrageseite bzw. ihrer Akteure werden separat im dritten Kapitel behandelt.

2.1 Touristisches Angebot und seine Akteure

Ursprüngliches Angebot

Auf der Angebotsseite kann zwischen dem ursprünglichen und dem abgeleiteten Angebot unterschieden werden. Das ursprüngliche Angebot umfasst die **natürliche Ausstattung** eines Raumes (z. B. Landschaft, Klima, Flora und Fauna), das **soziokulturelle Angebot** (z. B. Brauchtum, Sprache und Denkmäler) sowie die **allgemeine Infrastruktur**, die auch durch den Tourismus genutzt wird (z. B. Ver- und Entsorgungs-, Kommunikations- oder Verkehrsinfrastruktur).

Abgeleitetes Angebot

Das abgeleitete Angebot setzt sich aus der **touristischen Infrastruktur** (z. B. touristisches Transportwesen, Reiseberatung oder Tourismusorganisationen), der **touristischen Suprastruktur** (Beherbergung und Verpflegung), der **Freizeitinfrastruktur** (z. B. Sport- oder Kultureinrichtungen bzw. -veranstaltungen, Wander- und Radwege) sowie **speziellen touristischen Angeboten** (z. B. Einrichtungen des Kur- und Bäderwesens, Tagungen oder Events) zusammen. Während das ursprüngliche Angebot als „gegeben" angesehen und akzeptiert werden muss, ist im Bereich des abgeleiteten Angebots erheblicher Gestaltungsspielraum für die verschiedenen Akteure, die auch als touristische Leistungsträger oder Produzenten des abgeleiteten touristischen Angebots bezeichnet werden.

Akteure der Angebotsseite

Hierzu zählen insbesondere die Akteure des **Beherbergungswesens** (z. B. Hotels oder Campingplätze; vgl. Kap. 2.1.1), die **Reiseveranstalter und -mittler** (z. B. Reiseveranstalter oder Reisebüros; vgl. Kap. 2.1.2) sowie das **Transportgewerbe** (z. B. Fluggesellschaften oder Busunternehmen; vgl. Kap. 2.1.3), aber auch die **touristischen Destinationen** selbst (vgl. Kap. 2.1.4). Die auf der Angebotsseite agierenden Akteure bieten dem Verbraucher die touristischen Produkte direkt (z. B. die Übernachtungsleistung durch ein Hotel) oder indirekt (z. B. die Pauschalreise über einen Reisemittler) an. Die verschiedenen Bereiche der touristischen Leistungserstellung sind insgesamt durch einen verstärkten Konkurrenz- und Kostendruck einerseits und technische Innovationen andererseits gekennzeichnet, dessen Folgen sich unter anderem in Produktinnovationen (z. B. All-Inclusive-Angebote), veränderten Organisationsformen (z. B. vertikale Integration) oder Konzentrationsprozessen (z. B. Allianzen und Fusionen) sowie in der Entwicklung neuer Marktstrategien (z. B. Kundenbindungsinstrumente) oder Vertriebsformen (z. B. Internet) niederschlagen.

2.1.1 Beherbergungswesen

Als zentraler **Akteur des übernachtenden Tourismus** agiert das Beherbergungsgewerbe. Kernleistung sind verschiedene Angebotsformen der kostenpflichtigen Beherbergung und Bewirtung, die auch unter dem Begriff des Gastgewerbes zusammengefasst werden.

Arten der Beherbergung

Grundsätzlich lässt sich das Beherbergungsgewerbe nach Betrieben der **Hotellerie** und der **Parahotellerie** einteilen (vgl. Abb. 2.2). Hierbei werden die Erscheinungsformen der Hotellerie als Betriebe zur Beherbergung und der vollen oder teilweisen Verpflegung von Reisenden verstanden. Die Parahotellerie ergänzt die klassische Hotellerie, bietet jedoch keine oder nur sehr eingeschränkte Bewirtungsleistungen an. Zudem werden insbesondere im Bereich der Parahotellerie viele Betriebe als Saison- und/oder Nebenerwerbsbetriebe geführt. Eine Sonderform zwischen Hotellerie und Parahotellerie sind Aparthotels und Boardinghäuser (vgl. Henschel 2008, S. 4 ff.).

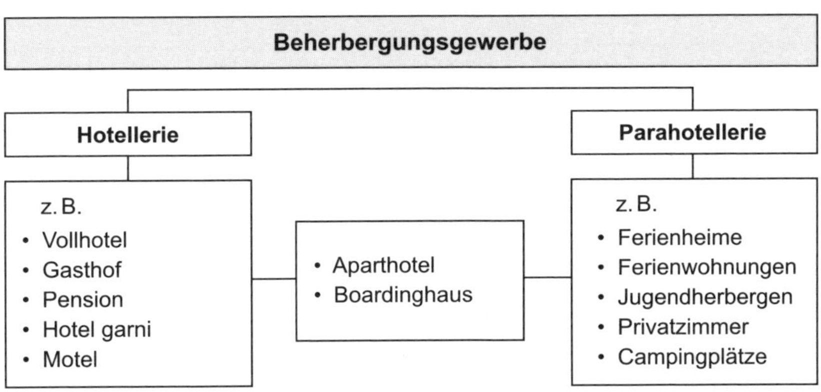

Abb. 2.2: Differenzierung des Beherbergungsgewerbes nach Hotellerie und Parahotellerie (Fuchs 2009, S. 3)

Charakteristika des Kernprodukts

Das Kernprodukt des Beherbergungswesens, die Übernachtung, ist einerseits durch seinen **hohen Festkostenanteil** charakterisiert, andererseits ist es **nicht lagerfähig**. Zudem sieht sich das Beherbergungswesen oft mit einer zeitlich stark **schwankenden Nachfrage** konfrontiert. In der Konsequenz ergibt sich für das Beherbergungswesen, wie für andere Akteure im Tourismus auch, ein relativ hoher Grad an Unsicherheit. Dem versucht die Branche zunehmend durch Professionalisierung und Standardisierung zu begegnen, etwa durch eine für den Verbraucher transparente Kategorisierung der angebotenen Leistung.

Hotelklassifizierung

Allerdings besteht zur Bewertung von Beherbergungsbetrieben in Deutschland kein verbindlicher, allgemein anerkannter Bewertungsmaßstab, wenngleich sich der **Deutsche Hotel- und Gaststättenverband (DEHOGA)** seit 1996 um ein einheitliches Bewertungsmodell bemüht. Dabei werden **fünf Qualitätsstufen** unterschieden und mit der entsprechenden Anzahl von Sternen klassifiziert. Angewendet werden ausschließlich objektiv überprüfbare Kriterien wie die Mindestgrößenangaben für Zimmer (vgl. Tab. 2.1), die Zimmerausstattung und das Dienstleistungsangebot. Während etwa ein Hotel der Kategorie „Tourist" (1 Stern) lediglich ein Faxgerät am Empfang bereitstellen muss, ist in einem „Komfort"-Hotel (3 Sterne) bereits ein Internetzugang obligatorisch und von einem „Luxus"-Hotel (5 Sterne) werden ein internetfähiger PC auf dem Zimmer sowie ein qualifizierter IT-Supportservice erwartet (vgl. DEHOGA 2007, S. 91 f.). Die Klassifizierung der Betriebe erfolgt freiwillig und wird vom DEHOGA bundesweit nach einheitlichen Kriterien und für Vollhotels, Hotels garnis und Motels durchgeführt (für Gasthöfe und Pensionen gelten andere Kriterien). Ab dem Jahr 2010 gelten in Deutschland und Österreich gemeinsame Standards; eine Harmonisierung mit der Schweiz ist bereits in Planung (DEHOGA 2009a). Sonst ist es auf internationaler Ebene bisher nicht gelungen, eine vergleichbare Kategorisierung einzuführen. Teilweise wird die Kategorisierung – wie in Deutschland – von Verbänden vorgenommen (z. B. in der Schweiz), teilweise ist sie staatlich geregelt (z. B. in Frankreich).

Tab. 2.1: Ausgewählte Kriterien der Hotelkategorien des Deutschen Hotel- und Gaststättenverbandes (nach DEHOGA 2007, S. 91 f.)

	Kategorie				
Kriterium	**Tourist**	**Standard**	**Komfort**	**First Class**	**Luxus**
Sterne	1	2	3	4	5
für … Ansprüche	einfache	mittlere	gehobene	hohe	höchste
EZ-Größe (min.)	8 m^2	12 m^2	14 m^2	16 m^2	18 m^2
DZ-Größe (min.)	12 m^2	16 m^2	18 m^2	22 m^2	26 m^2

Konzentrationsprozess im Hotelmarkt

Das Beherbergungsgewerbe ist durch einen stark gestiegenen (Verdrängungs-)Wettbewerb gekennzeichnet. Dies schlägt sich teilweise in einem Strukturwandel nieder, da durch das vermehrte Auftreten von (inter-)nationalen **Hotelketten und -gruppen** ein Konzentrationsprozess stattfindet. Hotelketten fungieren dabei häufig nur als Betreiber oder Franchise-Geber und versuchen, ihre Marke und ihr Image, ihre (inter-)nationale Marktpräsenz und Vertriebsorganisation sowie Synergieeffekte zur Kostenreduzierung in den Bereichen Marketing, Personal und Verwaltung sowie beim Einkauf als Wettbewerbsvorteile gegenüber den unabhängigen Beherbergungsbetrieben zu nutzen. Dabei kommen verschiedene **Markenstrategien** von der Einzelmarke (z. B. Hilton) bis zur Dachmarke (z. B. Accor mit verschiedenen Submarken wie Sofitel oder Ibis) zum Einsatz. Die international größten Hotelgruppen verfügen über mehrere Tausend Hotels und insgesamt über eine halbe Million Zimmer (vgl. Tab. 2.2). Deutsche Hotelketten spielen im internationalen Vergleich eine untergeordnete Rolle. Die Maritim Hotels (2007: 50 Hotels mit ca. 14.700 Zimmern) und die Steigenberger Hotels (2007: 82 Hotels mit rund 14.300 Zimmern) als größte deutsche Hotelketten nehmen im Ranking der größten Hotelketten einen Rang um Platz 50 ein (vgl. FVW 2008b, S. 8).

Tab. 2.2: Weltweit größte Hotelgruppen 2008 nach Zahl der Hotels und Zimmeranzahl (FVW 2008b, S. 8)

Hotelgruppe	Marken (z. T. Auswahl)	Hotels	Zimmer
International Hotel Group	Intercontinental, Holiday Inn, Crown Plaza etc.	3.949	585.094
Wyndham Worldwide	Ramada, Travel Lodge, Super 8 etc.	6.544	550.094
Marriott International	Marriott, Courtyard, Ritz-Carlton etc.	2.901	517.909
Hilton Hotels	Hilton, Hampton Inn, Conrad etc.	2.959	497.365
Accor	Sofitel, Mercure, Novotel, Ibis etc.	3.857	459.494
Choice International	Comfort Inn, Clarion, Sleep Inn etc.	5.516	445.254
Best Western	Best Western	4.035	308.636
Starwood	Sheraton, Le Meridian, St. Regis etc.	897	274.535
Carlson Hospitality	Radisson, Park Inn, Park Plaza etc.	971	148.551
Global Hyatt	Grand Hyatt, Park Hyatt, Hyatt Regency etc.	720	138.503

Kooperationen im Hotelmarkt

Die unabhängigen Beherbergungsbetriebe haben auf die verstärkte Marktpräsenz der Hotelketten mit der Bildung von **Marketing- und Vertriebskooperationen** reagiert (z. B. Ring Hotels). Diese Kooperationen übernehmen etwa die Aufgabe eines gemeinsamen Marketings, die Beherbergungsbetriebe bleiben jedoch unabhängige, selbstständige Unternehmen. Teilweise werden diese Kooperationen auch vor dem Hintergrund einer zunehmenden Spezialisierung zur gemeinsamen Zielgruppenansprache gebildet (z. B. 50plus-Hotels). Die **Spezialisierung** im Beherbergungswesen ist als Strategie zur Konzentration auf bestimmte Zielgruppen und zur Herausbildung eines **Alleinstellungsmerkmals** (USP, Unique Selling Proposition) zu verstehen. Hierbei ist eine immer stärkere Differenzierung der Bezeichnungen z. B. als Baby-, Kinder-, Golf-, Sport-, Tagungs-, Kongress- oder Clubhotel zu beobachten.

Standorte von Hotels

Neben der Branchenstruktur und den Entwicklungen im Beherbergungsgewerbe insgesamt spielen auch einzelbetriebliche Aspekte eine wesentliche Rolle. Hierzu gehört beispielsweise die **Standortentscheidung** für einen Beherbergungsbetrieb. Die Wahl des Standorts ist zwar eine einzelbetriebliche Entscheidung, sie ist aber auch von generellen externen Faktoren abhängig. Je nach Ausrichtung und Zielgruppe des Betriebs gehören hierzu (mit unterschiedlicher Gewichtung):

- die **Attraktivität** des Mikro- und Makrostandorts (z.B. infrastrukturelle Ausstattung oder klimatische Bedingungen),
- die **Erreichbarkeit** des Standorts (z.B. Anbindung an Straße, Schiene, ÖPNV),
- die **ökonomische Situation** in der Standortregion (z.B. Konkurrenzsituation oder Lohnniveau) und den wichtigsten Quellgebieten (z.B. konjunkturelle Situation),
- die **politische Stabilität** und **allgemeine Sicherheit** in der Standortregion (z.B. politische Krisen oder Kriminalitätsrate),
- die **Gesetzgebung** des Standortlandes (z.B. Umweltschutzauflagen oder Steuergesetzgebung).

Verfahren zur Standortbewertung

Wie für alle Unternehmensgründungen ist die **Standortentscheidung** für Hotels eine sehr gravierende Festlegung, da der Standort eine hohe Persistenz aufweist und damit im Planungsprozess besondere Beachtung verdient. Für die Standortplanung von Hotels gibt es verschiedene Planungsverfahren, die bei der Bewertung möglicher Hotelstandorte eingesetzt werden können. Bei den **Einfachverfahren** werden die in Frage kommenden Standorte anhand zuvor festgelegter, betriebsspezifischer Mindestanforderungen überprüft. Kriterien sind etwa die Erreichbarkeit oder die Sichtbarkeit, wobei die zu erfüllenden Vorgaben mit steigender Hotelkategorie anspruchsvoller werden und lediglich der Tatbestand der Erfüllung überprüft wird. Bei diesem Verfahren werden im Widerspruch zum theoretischen Konzept in der Praxis nicht alle Kriterien gleich gewichtet und können teilweise sogar substituiert werden (etwa eine schlechte Anbindung an den ÖPNV durch eine besonders gute Erreichbarkeit durch den Individualverkehr), was die Subjektivität des Verfahrens unterstreicht. Dagegen werden in **Punktebewertungsverfahren** Checklisten mit verschiedenen Kriterien zusammengestellt und mit Punktwerten (z.B. von 1 bis 10) versehen. Durch die Addition der Punkte über alle Kriterien lässt sich der beste Standort der zu prüfenden Alternativen ermitteln. Allerdings hat auch dieses Verfahren durch die Auswahl der Kriterien und ihrer Bewertung ein hohes Maß an Subjektivität. Im Dienstleistungsbereich wird in der Praxis aufgrund ihrer leichten Verständlichkeit und Anwendbarkeit häufig auf Punktebewertungsverfahren zurückgegriffen. In **Analogverfahren** wird der Vergleich eines potenziellen Standorts mit einem bereits existierenden, möglichst ähnlichen Standort vorgenommen. Hierbei werden sowohl externe Standortfaktoren (z.B. Konkurrenzsituation) als auch unternehmensinterne Aspekte (z.B. Gästestruktur) überprüft. In der Praxis erweist es sich als schwierig, ähnliche Vergleichsbetriebe zu geplanten Hotels bzw. Hotelstandorten zu finden. Unterschiede werden gegebenenfalls durch Zu- bzw. Abschläge bei der Bewertung berücksichtigt. Durch die Wahl mehr oder weniger geeigneter

Tab. 2.3: Anforderungen an Hotelstandorte der Accor-Gruppe (nach ACCOR HOSPITALITY o. J.)

Hotelbezeichnung	Kategorie	Lage	Sichtbarkeit	Anbindung
Sofitel Luxury Hotels	5 Sterne	1a-Lagen in den Zentren der größten Städte Deutschlands; ggf. an intern. Flughäfen	ausgezeichnete Sichtbarkeit des Objekts	
Pullmann Hotels und Resort	4 bis 5 Sterne	absolute Top-Zentrallagen in intern. Hauptstädten; Top-Business-Standorte; Top-Meeting-Destinationen; Standorte an intern. Flughäfen	gute Sichtbarkeit des Objekts	ideale Anbindung an den ÖPNV
Novotel Hotels	4 Sterne	absolute Top-Zentrallagen in Städten mit hervorragender Infrastruktur; an intern. Flughäfen und großen Messestandorten	gute Sichtbarkeit des Objekts	ideale Anbindung an den ÖPNV
Mercure	Mittel-klasse	vorzugsweise Zentrumslage in Städten ab 50.000 Einwohnern; nahe eines Messegeländes oder Flughafens		gute Anbindung an den ÖPNV
All Season Hotels	3 Sterne plus	Innenstadtlagen; Stadtteilzentren; Bahnhofsnähe (wenn möglich)		gute Verkehrsanbindung
Suite Hotels	3 Sterne	ausschließlich Zentrumslagen in Städten ab 50.000 Einwohnern mit sehr guter Wirtschaftsstruktur	gute Sichtbarkeit des Objekts	gute Anbindung an den Individualverkehr und ÖPNV
Ibis Hotels	2 Sterne	Top-Lagen im Zentrum und Stadtteilzentrum; in Städten ab ca. 100.000 Einwohnern; überdurchschn. Wirtschaftsentwicklung des Gebietes	gute Sichtbarkeit des Objekts	gute Anbindung an den Individualverkehr und ÖPNV
Etap Hotels	1 Stern	primär City-Lagen von größeren Städten (ab 100.000 Einwohnern) mit guter Infrastruktur; Gastronomie in unmittelbarer Umgebung	gute Sichtbarkeit des Objekts	gute Anbindung an den Individualverkehr und ÖPNV

Analogbetriebe sowie durch die Bewertung des Grads der Abweichung weisen auch Analogverfahren ein hohes Maß an Subjektivität auf. In der Praxis erweisen sich alle drei vorgestellten Verfahren nur bedingt tauglich und werden in der Regel allenfalls zur Entscheidungsunterstützung verwendet (vgl. BIENERT 1996, S. 142 ff.). Häufig existieren bei den großen Hotelketten Anforderungslisten im Sinne der Einfachverfahren (vgl. Tab. 2.3), die nach Hotelkategorie differenziert sind.

Optimale Nutzung des Standorts

In der Praxis sind Immobilien und Grundstücke für Hotelbauten an sehr guten Standorten äußerst begehrt. Bei der Entscheidung, einen Standort für ein Hotel zu nutzen, wird mit diesem eine im Vergleich zu alternativen Nutzungen (z. B. Wohn- oder gewerbliche Nutzung) höhere Rendite angestrebt. Hotelketten mit mehreren Marken müssen zusätzlich entscheiden, welche ihrer Marken an diesem Standort positioniert werden soll, was unter anderem von der angestrebten Zielgruppe an diesem Standort abhängt.

2.1.2 Reiseveranstalter und Reisemittler

Bedeutung der Veranstalterreise

Ebenfalls wesentliche Akteure auf der Angebotsseite sind die Reiseveranstalter und Reisemittler, da sie einen erheblichen Anteil des Reisemarktes in Deutschland organisieren bzw. vermitteln. Nach der Reiseanalyse 2008 werden in Deutschland rund 47 % aller getätigten Reisen als organisierte Veranstalterreisen durchgeführt, bei 43 % handelt es sich um Pauschalreisen und bei weiteren 4 % um so genannte Baustein- bzw. Modulreisen (vgl. ADERHOLD 2008, S. 69).

Reiseveranstalter und -mittler sind seit den Anfängen organisierter Veranstalterreisen eng miteinander verwoben bzw. treten teilweise in „Personalunion" auf. Deshalb ist eine strikte Trennung zwischen Reiseveranstalter- und Reisemittlertätigkeit oft schwierig. Zudem haben Entwicklungen auf dem Reiseveranstaltermarkt auch unmittelbare Konsequenzen für die Reisemittler.

Begriffsklärung

Reiseveranstalter sind der Großhandel der Tourismuswirtschaft und kombinieren die Leistungen verschiedener Leistungsanbieter aus Beherbergung, Transport oder auch Verpflegung zu einem Produkt, d. h. aus mehreren Teilleistungen wird ein Gesamtangebot erstellt (z. B. eine Pauschalreise). Reiseveranstalter bieten diese Produkte unter eigenem Namen und auf eigenes Risiko an. Vertreiben sie ihre Produkte selbst (z. B. über eigene Reisebüros), sind sie auch Reisemittler. Beim Verkauf an den Endkunden (Touristen) haben **Reisemittler** (z. B. Reisebüros) also die Funktion eines Zwischenhändlers. Zu dieser Vermittlungsleistung gehört auch die Beratung des Kunden. Darüber hinaus bieten die Reisemittler ihren Kunden häufig ergänzende Produkte an (z. B. Reiseversicherungen, Mietwagen, Eintrittskarten). Durch diese Zusatzverkäufe (Cross-Selling), die im Reisemittlerbereich immer mehr an Bedeutung gewinnen, kann die Erlösrendite erheblich erhöht werden (vgl. Tab. 2.4 und LANZ 2009b, S. 24 ff.).

Entwicklung des Reiseveranstaltermarktes

Als Pionier der Reiseveranstalter gilt **Thomas Cook**, der im Jahr 1841 seine erste Veranstalterreise von Leicester nach Loughborough organisierte. 1865 gründete er sein erstes Reisebüro in London und trat in der Folgezeit auch als Reisemittler auf. In dieser Zeit entstanden eine Vielzahl von Reiseagentu-

Tab. 2.4: Renditevergleich bei einer Pauschalreisebuchung mit und ohne Mietwagen (Modellrechnung; nach LANZ 2009b, S. 26)

	Pauschalreise ohne Mietwagen	**Pauschalreise mit Mietwagen**
A) Umsatz je Buchung	1.500,00 €	1.750,00 €
B) Durchschnittsprovision	11,0 %	11,6 %
C) Provisionserlös (A*B)	165,00 €	203 €
D) eigener Kostenanteil für den Reisemittler am Geschäftsvorgang (z. B. Büromiete)	155,00 €	170,00 €
E) Deckungsbeitrag (C–D)	10,00 €	33 €
F) Umsatzrendite (E/A)	0,7 %	1,9 %
G) Erlösrendite (E/C)	6,1 %	16,3 %

ren, die vor allem Bahn- und Schiffsreisen verkauften. In Deutschland waren vor allem Johannes Romminger (Stuttgart), Carl Stangen (Berlin) sowie Friedrich Gustav Adolf Hessel (Dresden) die Vorreiter der organisierten Veranstalterreisen (vgl. STEINECKE 2006, S. 86 f.), wobei sie ebenfalls sowohl als Reiseveranstalter als auch als Reisemittler auftraten. Mit der Expansion des Tourismus in Deutschland nach dem Zweiten Weltkrieg erfuhr auch der Reiseveranstaltermarkt seine stärkste Expansion. So entstanden beispielsweise in den 1950er-Jahren in kurzer Folge die Touristikunternehmen Touropa (1951), Scharnow (1953) und Hummel (1953). In den 1960er-Jahren traten mit Quelle, Neckarmann oder Kaufhof in der Phase des so genannten **Kaufhaustourismus** neue, branchenfremde Akteure auf und es kam zu ersten Fusionen, z. B. 1968 durch den Zusammenschluss von Touropa, Scharnow, Dr. Tigges Reisen und Hummel zur Touristik Union International (TUI). Dieser **Konzentrationsprozess** führte ab den 1990er-Jahren zunächst zu einer verstärkten **Lagerbildung** und nachfolgend zur Entwicklung so genannter integrierter Reisekonzerne. Die beiden Marktführer TUI (bis 1998 Preussag AG) und Thomas Cook AG (bis 2000 C&N Touristik AG) bilden jeweils den Kern des durch Aufkäufe, Fusionen und Beteiligungen entstandenen roten bzw. gelben Lagers (die Bezeichnungen lehnen sich an die jeweiligen Unternehmensfarben an). Durch die Implementierung verschiedener Wertschöpfungsstufen (z. B. Reisemittler, Flug, Beherbergung oder Zielgebietsagenturen) entwickeln sich die großen Reiseveranstalter zunehmend zu vertikal integrierten Reisekonzernen. Mit der **vertikalen Integration** verfolgen die Reiseveranstalter insbesondere das Ziel,

- an den verschiedenen Stufen der Wertschöpfungskette zu partizipieren,
- einen direkten Zugriff auf Angebotskapazitäten zu erhalten,
- ein durchgängiges Qualitätsmanagement für alle Teilleistungen sicherzustellen und
- Synergieeffekte beim Einkauf und der Administration zu realisieren.

Die Gesamtzahl der in Deutschland agierenden Reiseveranstalter ist trotz dieser Konzentrationstendenzen bei den Großveranstaltern seit den 1960er-Jahren von wenigen Hundert Unternehmen auf ca. 1.500 angestiegen, da den Marktführern eine wachsende Zahl kleiner und zum Teil hoch spezialisierter Anbieter gegenübersteht. In Bezug auf die Umsatzverteilung ist der Reiseveranstaltermarkt durch eine fortschreitende Konzentration (auch durch weitere Zukäufe und Fusionen) gekennzeichnet. Diese Entwicklung geht mit einer zunehmenden **Internationalisierung** insbesondere auf dem europäischen Reiseveranstaltermarkt einher, von einer Globalisierung kann in diesem Zusammenhang (noch) nicht gesprochen werden (vgl. STEINECKE 2006, S. 91).

Struktur des Reiseveranstaltermarktes

Da die Reiseveranstalter als separate Branche nicht von der amtlichen Statistik erfasst werden, muss zur Abschätzung ihrer Zahl, der durch sie veranstalteten Reisen und der durch sie generierten Umsätze auf bracheninterne Sondererhebungen zurückgegriffen werden, wie sie etwa von der Zeitschrift Fremdenverkehrswirtschaft International (fvw) jedes Jahr vorgenommen werden. Die Erhebung der fvw deckt nahezu 80 % des gesamten Reiseveranstaltermarktes ab. Die Struktur des Reiseveranstaltermarktes in Deutschland ist sehr heterogen: Einer geringen Zahl großer Veranstalter stehen eine Vielzahl mittelständischer und kleiner Unternehmen gegenüber. Außerdem können die Reiseveranstalter unter anderem unterschieden werden nach (vgl. POMPL 1997, S. 37):

- ihrer **Größe** (Groß- bis Klein- oder Gelegenheitsveranstalter),
- der **räumlichen Reichweite ihrer Angebote** (lokal bis multinational),
- der **Breite der von ihnen angebotenen Programme** (Generalisten bis Spezialisten) oder
- ihrem **juristischen Status** (kommerzielle Reiseveranstalter bis „Schwarzveranstalter“ wie Vereine oder Pfarreien).

Der Reiseveranstaltermarkt in Deutschland kann in drei Gruppen unterteilt werden. Die erste Gruppe bilden die drei großen **integrierten Konzerne** TUI Deutschland, Thomas Cook sowie die Touristik der Rewe Group, die zusammen einen Marktanteil von rund 60 % des Gesamtumsatzes im Reisejahr 2007/2008 (d.h. zwischen 1. Oktober 2007 und 30. September 2008) auf sich vereinen (vgl. Tab. 2.5). Als zweite Gruppe agieren die **konzernunabhängigen Großveranstalter** Alltours, FTI und die Öger-Gruppe, die jeweils einen Anteil von mehr als vier Prozent am Umsatz des Reiseveranstaltermarktes erreichen. Schließlich bildet eine Vielzahl von **kleinen und mittleren Reiseveranstaltern** (Unternehmen mit einem Marktanteil von weniger als vier Prozent) die dritte Gruppe. Es wird allgemein davon ausgegangen, dass der Reiseveranstaltermarkt in Deutschland und Europa auch zukünftig von einer weiteren Internationalisierung und Polarisierung gekennzeichnet sein wird (STEINECKE 2006, S. 91): Drei bis vier große Reisekonzerne werden den Markt mit weitgehend standardisierten Produkten beherrschen, viele kleine Unternehmen mit stark spezialisierten Produkten werden Marktnischen abdecken und dabei wirtschaftlich durchaus erfolgreich sein.

Umsatzentwicklung und Anzahl der Reisen

Das **Marktvolumen** der 61 von der FVW (2008a) erfassten Unternehmen beläuft sich bei rund 39,3 Millionen Teilnehmern im Reisejahr 2007/2008 auf einen Umsatz von ca. 17,2 Mrd. €, das Umsatzvolumen des gesamten

Tab. 2.5: Die zehn größten Reiseveranstalter in Deutschland nach Umsatz und Marktanteil sowie deren Teilnehmer 2007/2008 (nach FVW 2008a, S. 5)

Reiseveranstalter	Umsatz (in Mio. €)	Marktanteil	Teilnehmer
TUI Deutschland	4.772,9	27,39 %	12.928.538
Thomas Cook	2.840,0	16,47 %	5.460.000
Touristik der REWE Group	2.822,0	16,36 %	5.662.000
Alltours	1.300,0	7,54 %	1.650.000
FTI	878,9	5,10 %	1.436.000
Öger-Gruppe	773,0	4,48 %	1.499.230
Aida-Cruises	566,1	3,28 %	336.000
Schauinsland	303,0	1,76 %	457.000
Phoenix	296,4	1,72 %	186.000
GTI Travel	246,0	1,43 %	483.606

Veranstaltermarktes wird auf 21,4 Mrd. € geschätzt. Damit setzt sich der Trend eines **leichten Marktwachstums** seit 2003 (17,8 Mrd. €) fort, nachdem als Folge der Anschläge des 11. September 2001 ein kurzfristiger Umsatzrückgang der Reiseveranstalter zu beobachten war (vgl. Abb. 2.3). Gegenüber dem Vorjahr ist im Reisejahr 2007/2008 ein Umsatzanstieg von 5,5 % festzustellen. Die Zahl der verkauften Reisen stagniert dagegen auf hohem Niveau. Dies bedeutet, dass erstmals seit dem Jahr 2002 der Umsatz je verkaufter Reise wieder angestiegen ist.

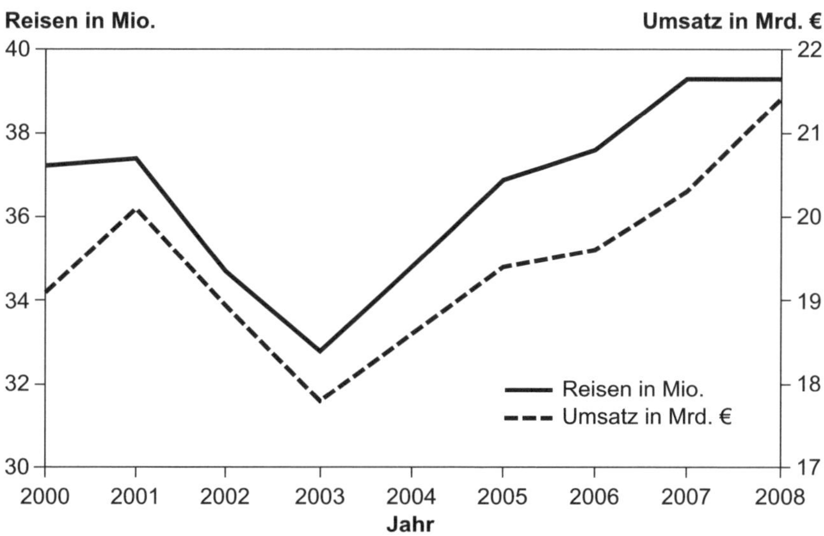

Abb. 2.3: Die Entwicklung der Reisenanzahl und des Umsatzes auf dem Reiseveranstaltermarkt in Deutschland 2000 bis 2008 (nach FVW 2008a, S. 6)

Da die kleinen, mittelständischen Reiseveranstalter im Jahr 2007/2008 überproportional hohe Zuwachsraten beim Umsatz verzeichnen (11,4% gegenüber dem Vorjahr), hat sich die Konzentration des deutschen Reiseveranstaltermarktes nicht weiter verstärkt. Dabei erzielen die mittelständischen Unternehmen und kleinen Spezialisten die höchsten Umsätze je Reise (vgl. Tab. 2.6). Beim umsatzstärksten und größten Reiseveranstalter TUI Deutschland werden „lediglich" 365 € Umsatz je Reise erzielt, dagegen generiert Hapag-Lloyd Kreuzfahrten einen Umsatz von 7.416 € je verkaufter Reise.

Tab. 2.6: Top-10 der Reiseveranstalter nach Umsatz je Teilnehmer und Marktanteil am Gesamtumsatz des Reiseveranstaltermarktes 2007/2008 (nach FVW 2008a, S. 5 u. 7)

Reiseveranstalter	**Umsatz je Teilnehmer**	**Umsatzanteil am gesamten Reiseveranstaltermarkt**
Hapag-Lloyd Kreuzfahrten	7.416 €	1,16%
Windrose	4.174 €	0,15%
Lernidee	3.396 €	0,16%
Kiwi Tours	3.093 €	0,06%
Chamäleon	3.045 €	0,08%
Ikarus	2.957 €	0,27%
Hurtigruten	2.851 €	0,63%
Peter Deilmann Reederei	2.494 €	0,59%
Studiosus	2.301 €	1,36%
Hauser Exkursionen	2.011 €	0,11%

Markt- und Geschäftsstrategien

Diese unterschiedlichen Umsätze je verkaufter Reise sind auch das Ergebnis unterschiedlicher **Markt- und Geschäftsstrategien**. Während die Großkonzerne mit einem hohen Standardisierungsgrad der Produkte und aufgrund hoher Stückzahlen Skaleneffekte (economies of scale) ausnutzen, weichen die kleineren Reiseveranstalter dem Kosten- und Wettbewerbsdruck häufig durch die gezielte Bearbeitung hochpreisiger Nischenmärkte aus (vgl. FVW 2008a, S. 5ff.).

Produkt Pauschalreise

Das klassische Kernprodukt der Reiseveranstalter ist die Pauschalreise. Sie weist wie viele touristische Produkte eine große Heterogenität auf. Dennoch können ihr eine Reihe typischer Merkmale zugeschrieben werden.

- **Leistungsbündelung:** Bei Pauschalreisen werden vom Reiseveranstalter Leistungen mehrerer Produzenten gebündelt und als ein Produkt unter eigener Verantwortung an die Kunden verkauft (ggf. über Reisemittler). Wichtige Hauptleistungen der Pauschalreise sind Transport und Übernachtung, die durch Nebenleistungen wie Verpflegung, Reiseleitung, Animation oder ein Rahmenprogramm (Sport, Kultur etc.) ergänzt werden können. Nach § 651a BGB wird eine Organisation als Reiseveranstalter behandelt, die mindestens zwei Reiseprodukte bündelt.

- **Uno-Actu-Prinzip:** Die Bereitstellung und der Konsum der Pauschalreise fallen räumlich und zeitlich zusammen (z.B. Übernachtung im Zielgebiet). Das Produkt ist als solches nicht lagerfähig und wie eine Dienstleistung zu bewerten.
- **Immaterialität:** Da es sich bei Pauschalreisen um Produkte handelt, die nicht lagerfähig sind, wird dem Kunden quasi ein Versprechen gegeben, d.h. die Qualität des Produkts kann a priori nicht überprüft werden. Als Hilfe zur Überprüfbarkeit werden oft Qualitätskategorien (z.B. Hotelklassifikation; vgl. auch Kap. 2.1.1, Tab. 2.1) oder Gütesiegel verwendet.
- **Potenzialorientierung:** Da Pauschalreisen nicht lagerfähig sind, besteht für die Anbieter eine starke Abhängigkeit von der tatsächlichen Nachfrage. Die Anbieter versuchen einerseits aufgrund ihrer Erfahrungen, die zukünftige Nachfrage abzuschätzen. Andererseits unterstützen sie den Absatz mit gezielten Maßnahmen wie Frühbucherrabatten oder dem Last-Minute-Verkauf, um die ungenutzten Kapazitäten so gering wie möglich zu halten bzw. eine höhere Auslastungsquote zu erreichen.

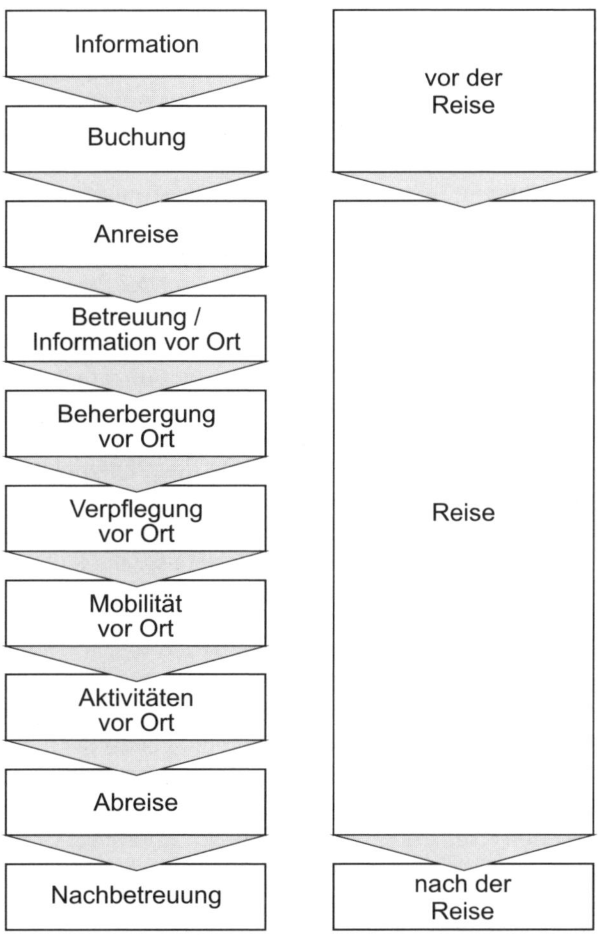

Abb. 2.4: Bestandteile der touristischen Leistungskette (eigene Darstellung)

Allgemein werden bei der Pauschalreise verschiedene Leistungen entlang der touristischen Leistungskette (vgl. Abb. 2.4) vom Reiseveranstalter zusammengestellt und zu einem Gesamtpreis unter eigenem Namen verkauft.

Arten der Pauschalreise

Je nachdem, welche bzw. wie viele Teilleistungen kombiniert werden, lassen sich verschiedene Arten der Pauschalreise unterscheiden: Bei der **Vollpauschalreise** werden in der Regel Transport, Beherbergung, Verpflegung, Reiseleitung und Reiseversicherung gebündelt. Als Sonderform gilt die **All-Inclusive-Pauschalreise**, bei der weitere Nebenleistungen bereits im Preis inkludiert sind (z. B. Getränke). Bei der **Teilpauschalreise** wird nur eine der Hauptleistungen (z. B. Beherbergung ohne Transport) – gegebenenfalls kombiniert mit weiteren Teilleistungen – angeboten. Schließlich kann bei der **Individualpauschalreise** nach dem Baukastenprinzip die Zusammenstellung der Leistungen durch den Kunden vorgenommen werden, so dass auf Kundenseite zumindest der Eindruck einer individuellen Reise entsteht.

Pauschalreisen sind in der Regel ein Massenprodukt, bei dem Kostenvorteile durch Skaleneffekte (economies of scale) realisiert werden. Sie haben zur „Demokratisierung" des Reisens beigetragen, da es durch kostengünstige Pauschalreisen immer größeren Bevölkerungsanteilen möglich ist, am Tourismusgeschehen zu partizipieren.

Zukunft der Pauschalreise

Entgegen mancher pessimistischer Einschätzung haben sich Pauschalreisen auf dem Tourismusmarkt behauptet. Nach der Reiseanalyse waren im Jahr 2007 rund 47 % aller getätigten Reisen der Bevölkerung in Deutschland Pauschalreisen (vgl. ADERHOLD 2008, S. 69), und die Reiseveranstalter rechnen auch für die nächsten Jahre mit einem **moderaten Wachstum** des Marktes (vgl. QUANDT 2008, S. 8).

Aktuell erweisen sich neben Pauschalreisen vor allem **Kreuzfahrten** als ein Wachstumsmotor des Veranstaltermarktes, denn die Zahl der Passagiere im deutschen Kreuzfahrtmarkt zeigt seit mehr als zehn Jahren ein ungebrochenes Wachstum und erreichte im Jahr 2007 mit rund 762.753 Passagieren eine neue Rekordmarke (DRV 2008, S. 11). Allerdings wird durch den Ausbau der Kreuzfahrtflotten und der daraus resultierenden Kapazitätserhöhung auf der Angebotsseite zukünftig mit einer erheblichen Zunahme des Wettbewerbdrucks gerechnet. Im Bereich der Flusskreuzfahrt ist diese Entwicklung bereits im Jahr 2009 durch erste Insolvenzen zu erkennen.

Entwicklung Reisemittlermarkt

Wie die Reiseveranstalter sind auch die Reisemittler einem **erhöhten Wettbewerbsdruck** ausgesetzt. Die Gesamtzahl der Reisebüros in Deutschland sinkt seit vielen Jahren: Gab es 1999 noch rund 15.000 Reisebüros, waren es im Jahr 2007 nur noch 11.404 Vertriebsstellen. Allein im Jahr 2007 sind rund 900 Reisebüros aus dem Markt ausgetreten, denen etwa 400 Neueröffnungen gegenüberstehen. Auch im Jahr 2008 hat sich dieser Trend fortgesetzt (11.046 Reisebüros). Doch trotz dieser rückläufigen Tendenz verfügt Deutschland im internationalen Vergleich nach wie vor über eines der dichtesten Standortnetze (12,7 Reisebüros je 100.000 Einwohner; vgl. LANZ 2008, S. 4f. und LANZ 2009a, S. 4). Außerdem steigt der Umsatz trotz rückläufiger Anzahl der Reisebüros seit 2006 wieder leicht an. Allerdings ist für 2009 mit einem durch die Finanzkrise bedingten Rückgang zu rechnen.

Die Struktur der Reisebüros ist zudem durch einen **Konzentrationsprozess** zugunsten von **Reisebüroketten** und **Franchise-Systemen** sowie Kooperationen zu beobachten. Unter den umsatzstärksten Reisebüroketten bzw.

Franchise-Systemen sind die großen Reiseveranstalter vertreten (vgl. Tab. 2.7), was die enge Verzahnung von Reiseveranstalter- und Reisemittlermarkt unterstreicht. Neben den Reisebüroketten und Franchise-Systemen spielen die **Reisebürokooperationen** eine wichtige Rolle, die als Zusammenschluss selbstständiger Agenturen durch die Bündelung ihrer Umsätze Einkaufsvorteile und bessere Konditionen bei den Leistungsträgern aushandeln. Die wichtigsten Kooperationen sind die Quality in Travel Alliance (QTA), die Touristik Multi Channel Vertriebsorganisation (TMCV) und die Reisebüro Service GmbH (RSG), die jeweils mehrere Mitglieder und Beteiligungen aufweisen (vgl. FVW 2009, S. 18 ff.). Deutlicher Verlierer dieses Konzentrationsprozesses sind die **ungebundenen Reisebüros**: Ihr Anteil von knapp 80 % im Jahr 1990 ist auf rund drei Prozent im Jahr 2008 gesunken (vgl. FREYER 2009, S. 251).

Tab. 2.7: Deutsche Reisebüroketten und Franchise-Systeme 2008 nach Umsatz und Vertriebsstellen (nach FVW 2009, S. 7 ff.)

Reisbüroketten bzw. Franchise-Systeme	Umsatz 2008 (in Mio. €)	Vertriebsstellen 2008	Umsatz pro Vertriebsstelle 2008 (in Mio. €)
Touristik Rewe Group gesamt	4.357,3	2.533	1,72
TUI Leisure Travel gesamt	3.010,0	1.483	2,03
Lufthansa City Center	2.060,0	484	4,26
BCD Travel	1.851,9	117	15,83
Thomas Cook Partner Group gesamt	1.525,0	1.390	1,10
Carlson Wagonlit Travel	1.020,0	58	17,59
OFT gesamt	881,1	422	2,09
TVG gesamt	312,7	266	1,18
Alltours Reisecenter	224,0	211	1,06
STA Travel	83,0	30	2,77
Unglobe Travel	22,5	18	1,25

Auffällig ist zudem die hohe Streuung der Umsätze pro Vertriebsstelle, die unter anderem von den verkauften Reiseprodukten, dem erzielten Reisepreis, der Beratungsintensität sowie der Größe der Vertriebsstelle (nach Mitarbeiterzahl) beeinflusst wird.

Entwicklung Online-Reisemittlermarkt

Ein Grund für die rückläufige Entwicklung der Reisebürovertriebsstellen ist unter anderem durch die **Einführung neuer Vertriebswege** (z. B. Call-Center oder Internet) motiviert. Als neue Konkurrenten der traditionellen Reisebüros treten durch das Internet verstärkt **virtuelle Reisemittler** auf (z. B. Expedia.de oder Opodo.de). Wurde das Internet zunächst vorrangig als Informationsmedium von den Verbrauchern genutzt, werden nunmehr auch verstärkt Buchungen bei den Online-Reisemittlern vorgenommen. Im Jahr 2001 suchten sich rund 15,2 % der Bevölkerung ihr Reiseziel online aus, aber lediglich 4,1 % der Bevölkerung nahmen auch eine Online-Buchung vor (vgl. Kap. 2.3.3). Nach der Reiseanalyse 2008 nutzten im Jahr 2008 bereits 45,1 % der Bevölkerung das Internet zur Reiseinformation, jedoch fiel der Anteil der Reisebucher mit 23,5 % nach wie vor deutlich geringer aus (vgl. ADERHOLD 2008, S. 80). Entsprechend der verstärkten Nutzung des Internets sind auch die Online-Umsätze deutlich angestiegen, wenngleich sie mit rund 4,3 Mrd. € im Jahr 2008 noch deutlich niedriger lagen als im stationären Vertrieb (2008: 22,0 Mrd. €; vgl. LANZ 2009a, S. 4) und auch nicht alle Portale ein weiteres Wachstum aufweisen. Vielmehr wird auch im E-Business des Reisemittlermarktes in Zukunft mit einem **Auslese- und Konzentrationsprozess** gerechnet (vgl. ROGL 2009, S. 14).

Reaktion der stationären Reisebüros

Allerdings haben auch die stationären Reisebüros (und Reiseveranstalter) auf die neue Konkurrenz im Internet reagiert und verfolgen eine **Multi-Channel-Strategie,** d. h. neben dem stationären Vertrieb bieten sie ihre Produkte verstärkt auch online an. So finden sich unter den umsatzstärksten Online-Reisebüros (vgl. Tab. 2.8) mittlerweile auch eine Reihe „traditioneller" Reisemittler bzw. Reiseveranstalter. Nicht zuletzt aus diesem Grund wird die Zukunft von Reisebüros durchaus positiv eingeschätzt, zumal ihre Umsätze nach längerer Talfahrt im Jahr 2007 gegenüber dem Vorjahr wieder um 3,0 % und 2008 nochmals um 2,1 % gestiegen sind (vgl. LANZ 2008, S. 4 und LANZ 2009a, S. 4).

Tab. 2.8: Deutsche Online-Reisebüros 2008 nach Umsatz und Portalen (nach FVW 2009, S. 15)

Unternehmen	Umsatz 2008 (in Mio. €)	Wichtige Portale (z. T. Auswahl)
DB Vertrieb	1.005,2	bahn.de; start.de
Expedia	510,0	expedia.de
Opodo	370,0	opodo.de
Unister	330,0	ab-in-den-urlaub.de; fluege.de etc.
Schmetterling	311,2	schmetterling24.de; buche24.de etc.
HolidayCheck	190,0	holidaycheck.de; urlaub.com etc.
Travelocity Europe	185,0	lastminute.de; holidayautos.de etc.
RTK-Gruppe	171,5	merson.de; mein-reisespezialist.de etc.
Comvel	150,0	weg.de; payback-reisen.de etc.
Thomas Cook/Arcandor	140,0	thomascook.de; karstadt-reisen.de etc.
ebookers Deutschland	125,0	ebookers.de
Otto Freizeit und Touristik	118,2	travelchannel.de; reiseland.de etc.
Cheaptickets	100,0	cheaptickets.de
TSS Group	70,1	onelineweg.de
TUI Travel	65,0	tui-reisecenter.de; lturfly.de etc.

Neben den Reisebüros treten auch Fremdenverkehrsämter, Vereine oder Reisestellen von Unternehmen sowie weitere Akteure (z. B. Gemeinden) als Reisemittler auf. Sie können aus quantitativer Sicht (Umsatz, Zahl der Reisen etc.) aufgrund ihrer geringen Bedeutung für den touristischen Markt jedoch vernachlässigt werden.

2.1.3 Touristisches Transport- und Verkehrsgewerbe

Durch den mit dem Tourismus verbundenen Ortswechsel – sowohl bei Tagesreisen als auch beim übernachtenden Tourismus – spielen die Transport- und Verkehrswirtschaft bzw. ihre Akteure für den Tourismus ebenfalls eine wichtige Rolle, da ein nicht unerheblicher Anteil der touristischen Umsätze auf das Transport- und Verkehrsgewerbe entfällt. Die für den Tourismus erbrachten Transport- und Verkehrsleistungen stellen dabei oftmals nur einen Teil der Gesamtleistung der beteiligten Anbieter dar (z. B. Busunternehmen), da ein weiterer Anteil der Umsätze durch nichttouristische Beförderungsleistungen (z. B. im ÖPNV) generiert wird. Grundsätzlich kann zwischen **erdgebundenen Verkehrsträgern** (z. B. Straßen-, Schienenverkehr) und **nichterdgebundenen Verkehrsträgern** (Luftverkehr) unterschieden werden. Die Teilbereiche setzen sich wie folgt zusammen:

Teilbereiche der Transport- und Verkehrswirtschaft

Zum **touristischen Straßenverkehr** zählen der private touristische Individualverkehr (z. B. mit Pkw, Motorrad, Fahrrad), der gewerbliche touristische Straßenverkehr (z. B. mit Reisebus, Mietfahrzeug, Taxi) sowie teilweise der ÖPNV (z. B. mit Bus, Straßenbahn, U-Bahn).

- Der **touristische Wasser- oder Schiffsverkehr** umfasst einerseits die Linienschifffahrt (z. B. Fährverkehr) und andererseits die Bedarfsschifffahrt (z. B. Kreuzfahrt), die auch als Charterschiffsverkehr bezeichnet wird.
- Zum **touristischen Schienenverkehr** leisten sowohl Nah- als auch Fernverkehrszüge einen Beitrag sowie spezielle Bahnangebote (z. B. Autoreisezug). Als Sonderformen des touristischen Schienenverkehrs gelten Berg- und Seilbahnen bzw. Skilifte (vgl. Freyer 2009, S. 200 f.).
- Zum **touristischen Luftverkehr** wird vor allem der Charterflugverkehr gezählt, der insbesondere im Bereich der Pauschalreisen von Bedeutung ist. Charterflüge fallen unter den gewerblichen Luftverkehr, allerdings ohne die für Linienflüge typischen Kennzeichen der Bindung an bestimmte Linien bzw. Strecken, der Öffentlichkeit (Zugang für jeden zu gleichen Konditionen) und der Regelmäßigkeit (Tarifzwang, Beförderungs- und Flugplanpflicht). Allerdings wird auch ein Teil des touristischen Luftverkehrs über Linienflüge abgewickelt (insbesondere Geschäftsreiseverkehr). Im Zuge der Liberalisierung des Luftverkehrsmarktes und insbesondere mit dem Markteintritt von Billigfluglinien verschwimmen die Grenzen zwischen Linien-, Charter- und Billigfluglinien (z. B. Air Berlin).

Knotenpunkte im Verkehrswesen

Der Wasser-, Schienen- und Luftverkehr ist zudem dadurch charakterisiert, dass eine **räumliche Konzentration der Aktivitäten am Start- und Zielort bzw. an Umsteigeorten** (Transitverkehr) stattfindet. Dabei übernehmen die entsprechenden Einrichtungen nicht mehr ausschließlich verkehrliche Funktionen. So spielen **Häfen** nicht nur als Liege-, Ein-, Aus- oder Umstiegsplatz beim touristischen Schiffsverkehr eine Rolle, sie werden zunehmend selbst auch zu touristischen Zielen entwickelt (z. B. durch die Einrichtung von Museen). Ähnliches gilt auch für **Bahnhöfe** und **Flughäfen**, die durch zusätzliche Ausstattungen als Erweiterung ihrer verkehrlichen Funktion (z. B. im Bereich Einzelhandel oder Freizeit) eine deutliche Aufwertung erfahren haben.

Entwicklung der Verkehrsmittelwahl

Die **Wahl des Verkehrsmittels** ist unter anderem abhängig vom Reisemotiv (vgl. Kap. 2.3.2), von der zu überwindenden Entfernung oder der Dauer der Reise. Nach dem Zweiten Weltkrieg ist in Deutschland eine deutliche **Verschiebung der Präferenzen** für einzelne Verkehrsträger zu beobachten gewesen: Dominierten im ersten Nachkriegsjahrzehnt vor allem der Schienenverkehr (rund 60 %) und wurden Pkw und Bus nahezu gleich häufig (beide jeweils etwa 20 %) für Urlaubsreisen genutzt, so hat sich die touristische Verkehrsmittelwahl vor allem zugunsten des motorisierten Individualverkehrs (Pkw 2007: 47 %) und des Flugverkehrs (2007: 36 %) entwickelt. Bus (2007: 9 %) und Bahn (2007: 5 %) spielen nur noch eine untergeordnete Rolle (vgl. Aderhold 2008, S. 62). Entsprechend wird in Zusammenhang mit der Entwicklung des modernen Tourismus (nach dem Zweiten Weltkrieg) zunächst von der Bahn- und nachfolgend von der Pkw-Epoche gesprochen.

Luftverkehrsbranche

Den größten Einfluss auf die Entwicklung des modernen internationalen Tourismus wird jedoch dem Luftverkehr zugeschrieben. Durch die **technischen Entwicklungen** der Flugzeuge und die **gesunkenen Preise je Flugkilometer** werden nicht nur touristische Fernziele attraktiver, da sie schneller und kostengünstiger erreichbar sind, sondern auch bisher mit dem Pkw oder der Bahn erreichte Ziele werden zunehmend durch den touristischen Luftverkehr bedient. Aus diesem Grund und da die Luftverkehrsbranche von grundlegenden Veränderungen gekennzeichnet ist, wird auf diesen Akteur im Folgenden näher eingegangen.

Veränderungen und Strategien

Auslöser für die dynamische Entwicklung des Luftverkehrs sind einerseits die **Abschaffung einiger wettbewerbshemmender Bestimmungen** (vom Airline Deregulation Act 1978 bis zum Open-Sky-Abkommen 2008) und der aus der Liberalisierung resultierende **erhöhte Wettbewerbsdruck**. Andererseits bauen die Airlines ihre Kapazitäten erheblich aus und versuchen, durch strategische Maßnahmen ihre Wettbewerbsposition zu verbessern. Eine der wichtigsten Maßnahmen ist die Ende der 1990er-Jahre vorgenommene Schaffung von **strategischen Allianzen**, die auch als Indiz für die Globalisierung des Flugverkehrs interpretiert werden kann. Durch die strategischen Allianzen wird eine Reihe von Vorteilen realisiert, z. B. durch

Vorteile strategischer Allianzen

- den **leichteren Marktzugang** durch Nutzung von Rechten der Partner-Airlines,
- die **Vergrößerung des Streckennetzes**,
- die **Sicherstellung einheitlicher Qualitätsstandards**,
- die **Generierung von Kostenvorteilen** durch gemeinsame Flotten- und Ersatzteilbestellung,
- die **stärkere Marktpräsenz bzw. -durchdringung**,
- die Möglichkeit einer **gemeinsamen Betreuung** (z. B. in Lounges) **und Abfertigung** der Passagiere,
- das Angebot **attraktiver Kundenbindungsprogramme**.

Größte strategische Allianzen

Die drei wichtigsten und größten Allianzen sind **Star Alliance**, **Skyteam** und **Oneworld** (vgl. Tab. 2.9), die zusammen einen Marktanteil von knapp 80 % der Sitzplatzkilometer auf sich vereinen (vgl. JEGMINAT 2009, S. 63). Weitere Fluggesellschaften bemühen sich um die Aufnahme in eine der Allianzen (z. B. Air India bei der Star Alliance oder Malaysia Airlines bei Skyteam), um die oben genannten Vorteile nutzen zu können. Darüber hinaus wechseln auch Fluggesellschaften zwischen den Allianzen (z. B. beabsichtigt Continental Ende 2009 vom Skyteam zur Star Alliance zu wechseln).

Tab. 2.9: Ausgesuchte Merkmale der strategischen Allianzen Star Alliance, Skyteam und Oneworld im Jahr 2009 (nach ONEWORLD 2009, SKYTEAM 2009, STAR ALLIANCE 2009)

Merkmal	Star Alliance	Skyteam	Oneworld
Gründungsjahr	1997	2000	1999
Zahl der Mitglieder	21	13	12
Mitglieder (Auswahl)	Lufthansa, Air Canada, United Airlines, US Airways, Air China etc.	Air France, KLM, Delta Airlines, Continental, China Southern etc.	British Airways, American Airlines, Cathay Pacific, Qantas, Japan Airlines etc.
Zahl der Flugzeuge	3.325	2.496	2.500
Zahl der Passagiere	499,9 Mio.	462,0 Mio.	330,0 Mio.
Zahl täglicher Flüge	18.117	16.700	8.500
Flugziele (insgesamt)	916	905	750
angeflogene Länder	160	169	150
Zahl der Beschäftigten	393.559	356.998	300.000
Sitzplatzkilometer (am Gesamtmarkt)	31,7 %	25,8 %	22,0 %
Passagierkilometer (am Gesamtmarkt)	30,8 %	25,7 %	21,5 %

Anfälligkeit des Luftverkehrsmarktes

Neben der verstärkten internen Konkurrenz erweist sich gerade der Luftverkehrsmarkt allgemein als sehr verwundbar gegenüber externen Krisen. So hat das Flugaufkommen bei **wirtschaftlichen oder politischen Krisen** (z. B. Finanzkrise 2009 oder Irakkrieg 2003), in der Folge von **Terroranschlägen** (z. B. New York 2001 oder Bali 2002) oder **anderen Krisen** (z. B. Pandemien wie SARS 2003, Vogelgrippe 2005/2006, Schweinegrippe 2009) stets deutlich rückläufige Buchungszahlen zu verzeichnen (vgl. Kap. 4.2). Diese Einbrüche sind auf eine gesunkene touristische Nachfrage zurückzuführen, insbesondere durch Rückgänge im Bereich des Geschäftsreisetourismus. Dies zeigt sich beispielsweise durch die starken Rückgänge im Bereich der First- und Business-Class-Buchungen um weltweit 21,1 % im Februar 2009 im

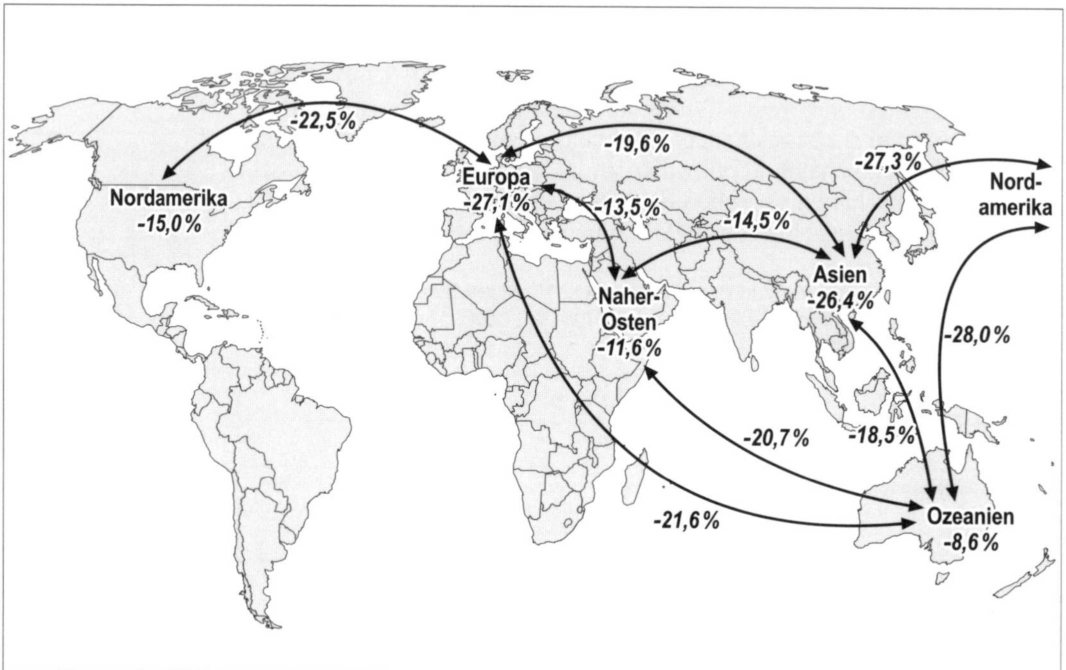

Abb. 2.5: Weltweite Rückgänge der Passagierzahlen im Premium-Segment im Februar 2009 in Vergleich zum Vorjahresmonat (nach KOENEN 2009b, S. 12)

Vergleich zum Vorjahr (vgl. Abb. 2.5) als Folge der Finanzkrise (vgl. KOENEN 2009b, S. 12).

Low-Cost-Carrier (LCC)

Ein weiteres Kennzeichen der verstärkten Konkurrenz im Luftverkehrsmarkt ist auch das Auftreten so genannter Low-Cost-Carrier (LCC), die auch als Billigfluggesellschaft, Billig-Airline, No-frills-Airline oder Budget-Airline bezeichnet werden. Es wird versucht, **Kostenvorteile** zu realisieren durch

- eine **höhere Produktivität** (z. B. kürzere Standzeiten der Flugzeuge am Boden, weniger Personal),
- ein **effizientes Streckenangebot** (z. B. Punkt-zu-Punkt-Verkehr zwischen Sekundär- und Tertiärflughäfen),
- einen **direkten Vertrieb** (z. B. über das Internet und Call-Center) sowie
- durch **Einsparungen am Produkt** selbst (z. B. geringerer Sitzabstand).

Die LCC etablieren sich insbesondere seit den 1990er-Jahren nach dem Vorbild der Southwest Airline, die diese Strategie bereits in den 1970er-Jahren in den USA entwickelte, auch auf dem deutschen und europäischen Luftverkehrsmarkt.

Flughäfen der LCC

Durch die Nutzung von **Regionalflughäfen** (z. B. Friedrichshafen, Lübeck) und ehemaligen **Militärflughäfen** (z. B. Memmingen, Weeze) durch die LCC profitieren nicht nur die großen Flughäfen von der Expansion des Flugverkehrsaufkommens. Von den **regionalwirtschaftlichen Effekten** (insbesondere auf dem Arbeitsmarkt) profitieren so auch eher peripher gelegen Standorte (z. B. Hahn im Hunsrück durch Ryanair). Schließlich hat auch der Städtetourismus in den durch die LCC angeflogenen Städten erheblich durch die kostengünstige Erreichbarkeit profitiert (z. B. Nürnberg durch Air Berlin).

Wettbewerb unter den LCC

Allerdings herrscht auch im Bereich der LCC ein starker **Wettbewerbsdruck**, der zu Fusionen, Verkäufen sowie Aufgaben von LCC führt und eine permanente Veränderung der LCC-Landschaft zur Folge hat. Darüber hinaus modifizieren die LCC auch das von ihnen angebotene Produkt beziehungsweise ihre Preispolitik: So erheben sie neben den Flughafengebühren und -steuern zahlreiche weitere Zuschläge wie z. B. für die Kreditkartenzahlung, die Platzreservierung bzw. bevorzugtes Einsteigen, die Gepäckaufgabe oder die Buchung im Internet (vgl. TATJE 2009, S. 24). Auf dem deutschen Markt traten im Jahr 2008 insgesamt 23 LCC aktiv in Erscheinung, wobei die sieben größten LCC einen Anteil von insgesamt 94 % des Billigflugsektors auf sich vereinten (vgl. Tab. 2.10). Auf dem europäischen Markt sind Ryanair, Easyjet und Air Berlin die größten LCC (vgl. DLR/ADV 2008, S. 2 ff.).

Tab. 2.10: Top-10 der Low-Cost-Carrier im deutschen Luftverkehrsmarkt 2008 nach Anzahl der Flüge (Angaben für eine Woche im Juli 2008; nach DLR/ADV 2008, S. 6 f.)

LCC	Flüge	Strecken	Flugzeuge
Air Berlin	2.179	152	109
Germanwings	929	138	29
TUIfly	657	127	46
Ryanair	613	112	166
easyJet	371	47	145
InterSky	160	22	4
Flybe	102	11	74
airBaltic	61	9	25
Wizz Air	59	12	16
Aer Lingus	55	7	33

Zukünftig wird mit einem weiteren Verdrängungswettbewerb unter den LCC gerechnet, der zu einer Marktbereinigung führen und sich in einer sinkenden Zahl von LCC niederschlagen wird. Diese streben wiederum eine weitere Effizienzsteigerung an. Erste Tendenzen dieser Entwicklung sind bereits im Jahr 2009 erkennbar: Die Zahl der von LCC angebotenen Strecken sinkt erstmals, gleichzeitig werden mehr Sitze pro Flug angeboten (2009: durchschnittlich 158), d. h. es kommen vermehrt größere Flugzeuge zum Einsatz (vgl. KOENEN 2009a, S. 10).

2.1.4 Touristische Destinationen

Destinationen sind in mehrfacher Hinsicht als touristische Akteure aufzufassen. So können sie beispielsweise verschiedene Angebotskomponenten bündeln und diese vergleichbar einer Pauschalreise anbieten, vermarkten und verkaufen (entspricht Reiseveranstalter- und Reisemittlertätigkeit, vgl. Kap. 2.1.2).

Definition Destination

Grundsätzlich wird unter einer Destination ein geographischer Raum verstanden, „den der jeweilige Gast (oder ein Gästesegment) als Reiseziel auswählt. Sie enthält sämtliche für einen Aufenthalt notwendigen Einrichtungen für Beherbergung, Verpflegung, Unterhaltung/Beschäftigung. Sie ist damit die Wettbewerbseinheit im Incoming-Tourismus, die als strategische Geschäftseinheit geführt werden muss" (BIEGER 2007, S. 56).

Destination als touristisches Produkt

Im Sinne eines **Leistungsbündels** von Attraktionspunkten sowie von touristischen Produkten und Dienstleistungen stellen Destinationen selbst ein touristisches Produkt dar, wenngleich eine Destination für verschiedene Nachfragegruppen **unterschiedliche Kernprodukte und Nutzen**, wie z. B. die entsprechende Infrastruktur in einem Skigebiet oder das Hotel- und Gaststättengewerbe, anbietet. Dabei differenziert der Tourist häufig nicht nach einzelnen Elementen des Leistungsbündels – beispielweise Beherbergung, Verpflegung oder Transport –, sondern schreibt einzelne Leistungen bzw. deren Qualität der ganzen Destination zu. Das entsprechende Leistungsbündel wird also von Seiten der Nachfrage als Ganzes wahrgenommen und beurteilt (vgl. FUCHS et al. 2008, S. 180 ff.).

Größe und Grenzen einer Destination

Die Größe einer Destination kann aus Sicht der Nachfrageseite je nach individueller Betrachtung von einem einzelnen **Attraktionspunkt** (z. B. Resort) über einen **Ort** (z. B. Gemeinde, Stadt), eine **Region** (z. B. Skigebiet, Reisegebiet, Bundesland) oder ein **Land** bis hin zum **Kontinent** reichen. Die Größe einer Destination ist dabei abhängig vom Reisezweck und der Distanz zum Quellgebiet (vgl. Abb. 2.6). So ist der Aktivitätsraum eines Touristen, in dem er sich während seines Aufenthalts bewegt, umso kleiner, je fokussierter der Reisezweck ist, und umso größer, je weiter entfernt eine Destination vom Quellgebiet liegt. Für einen Musicaltouristen stellt beispielsweise ein einzelnes Musicaltheater die Destination dar, während Fernreisende häufig die Spitzenattraktionen eines ganzen Kontinents in wenigen Tagen besuchen (z. B. „Europe in ten days"). Destinationen im Sinne von eigenständigen Reisezielen sind hierbei nicht an historisch gewachsene oder administrative Grenzen gebunden (vgl. BIEGER 2007, S. 55 ff.). Wesent-

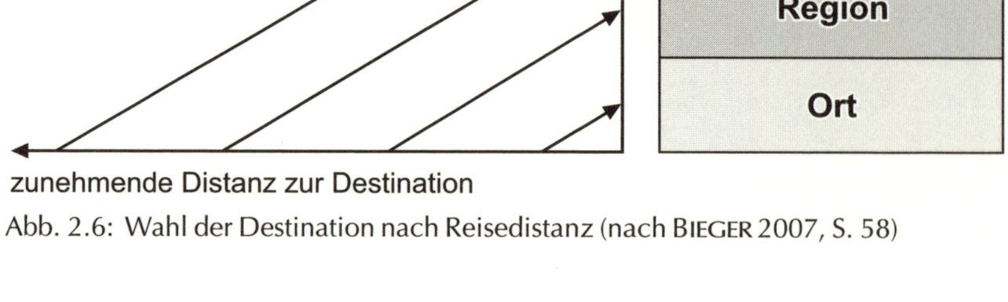

Abb. 2.6: Wahl der Destination nach Reisedistanz (nach BIEGER 2007, S. 58)

lich für den Touristen ist, dass seine Bedürfnisse und Erwartungen von der durch ihn gewählten Destination befriedigt werden. Weiter kann festgestellt werden, dass die durch Touristen wahrgenommenen Destinationen bedingt durch die gestiegene Mobilität vor Ort und das größere Spektrum an ausgeübten Aktivitäten während eines (Urlaubs-)Aufenthalts deutlich an Größe gewonnen haben.

Arten einer Destination

Auf der Basis der **räumlichen Ausstattung** lassen sich folgende Arten von Destinationen unterscheiden: **Städte, Industrieregionen, ländliche Räume, Küstenregionen, Inseln, Mittel- und Hochgebirgsregionen** sowie **extreme Räume** wie die Polregionen oder Wüsten. Die unterschiedliche räumliche Ausstattung (vgl. ursprüngliches und abgeleitetes Angebot, Kap. 2.1) prädestiniert – zumindest teilweise – die verschiedenen Arten von Destinationen für einzelne touristische Marktsegmente (z. B. Gebirgsregionen für Skitourismus, Wüsten für Expeditionstourismus). Innerhalb dieser Räume können als weitere besondere Formen von Destinationen auftreten:

- **Nationalparks** (z. B. Nationalpark Bayerischer Wald),
- **Erlebniswelten** bzw. **Freizeitparks** (z. B. Europa-Park in Rust),
- **Konsumwelten** bzw. **Urban Entertainment Center** (z. B. CentrO in Oberhausen),
- **Edutainmentwelten** (z. B. Sea Life in München) sowie
- **Brandlands** (z. B. Legoland Deutschland in Günzburg) oder
- **Veranstaltungsorte von Events** (z. B. Salzburger Festspiele).

Da eine Destination den Aktivitätsraum der Touristen darstellt, kann sie sowohl **flächenhaft** (z. B. Tegernseer Tal) als auch **linear** (z. B. „road trip" oder Flusskreuzfahrt) ausgebildet sein.

Anforderungen an Destinationen

Wenngleich der Tourist unterschiedliche Vorstellungen und Wahrnehmungen bezüglich der Größe und Ausstattung von Destinationen hat, muss sich eine Destination als Akteur der touristischen Angebotsseite deutlich von ihren Wettbewerbern abgrenzen. Ziel muss es sein, eine aus Sicht der Touristen sinnvolle Abgrenzung der Destination zu wählen. Dabei erweist sich die Größe von Destinationen oftmals als problematisch: Einerseits ist eine kritische Größe der Destination vonnöten, um das erforderliche Marketingbudget aufzubringen. Andererseits muss verhindert werden, dass durch die Größe der Destination das touristische Angebot zu heterogen wird. Als weitere Aspekte für die Schaffung funktionsfähiger Destinationen gelten (vgl. Fuchs et al. 2008, S. 180 f.):

- die Unabhängigkeit von administrativen Grenzen (z. B. Reisegebiet),
- die Bereitstellung der aus Sicht der Nachfrageseite notwendigen Einrichtungen und Dienstleistungen (z. B. Unterkunft, Transport),
- das Angebot einer oder mehrerer Attraktionen (z. B. überregional bekannte Sehenswürdigkeiten) sowie
- das Führen einer eigenständigen Dachmarke (z. B. Tegernseer Tal für Bad Wiessee).

Das Management von Destinationen stellt hohe Anforderungen an die Verantwortlichen, da Destinationen ein **offenes System** einzelner Elemente eines Leistungsbündels darstellen, innerhalb dessen klare Weisungsbefugnisse und auch die Möglichkeit einer objektiven Erfolgskontrolle fehlen.

Destinationen bedürfen einer **koordinierten Kooperation**, um „Servicelücken“, bei denen der Tourist selbstständig einzelne Elemente des Leistungsbündels verbinden muss (z. B. Transport zwischen Liftstation und Hotel), zu minimieren. Die Touristen treten allerdings mit den einzelnen touristischen Leistungsträgern einer Destination direkt in Kontakt, was wiederum das Management des „Unternehmens Destination“ erschwert (z. B. durch „Kirchturmdenken“ einzelner Kommunen einer Destinationen oder durch Besitzstandsdenken einzelner Akteure einer Dachmarke; vgl. FUCHS et al. 2008, 183 f.).

Vermarktung von Destinationen

Das Markenmanagement einer Destination muss die Markensysteme der unterschiedlichen touristischen Leistungsträger unter einer **Dachmarke** der Destination zusammenführen. Die Führung und der Auftritt einer Region als Marke (Branding) können zur Profilierung bzw. Profilschärfung einer Destination sowie aller in ihr ansässigen touristischen Leistungsträger dienen. Das Branding ist dabei häufig an ein **Alleinstellungsmerkmal** (USP, Unique Selling Proposition) gekoppelt (z. B. das Skigebiet mit den meisten Liften, längsten Abfahrten etc.), was vor dem Hintergrund des zunehmenden Wettbewerbs von hoher Bedeutung ist.

Daneben sind bei der Vermarktung von Destinationen **zahlreiche sich überlagernde Ebenen** zu berücksichtigen, wobei eine Kooperation zwischen den verschiedenen Ebenen unter anderem im Marketing anzustreben ist. Dies gilt beispielsweise für Verbände und Interessenvertretungen, die räumlich unterschiedliche Zuständigkeitsbereiche haben. So sind Kooperationen von der lokalen bis zur nationalen Ebene denkbar, beispielsweise

- auf **lokaler Ebene** die Regensburg Tourismus GmbH (www.tourismus.regensburg.de)
- auf **regionaler Ebene** der Tourismusverband Ostbayern e. V. (www.ostbayern-tourismus.de) und die Bayern Tourismus Marketing GmbH (www.bayern.by) sowie
- auf **nationaler Ebene** die Deutsche Zentrale für Tourismus e. V. (DZT; www.deutschland-tourismus.de).

Des Weiteren treten innerhalb einer Destination eine **Vielzahl von Akteuren** auf, die entsprechend der Ausrichtung ihres touristischen Angebots **spezielle Zielgruppen** ansprechen. Dementsprechend ist die scheinbar mehrfache Vermarktung einer Destination durchaus sinnvoll (vgl. BIEGER 2007, S. 56 f.). Ein Skigebiet bzw. eine Skiregion vermarktet sich beispielsweise direkt, während die der Region zugehörigen Gemeinden z. B. durch lokale Tourismusvereine vermarktet werden. Hotels, Bergbahnen, Freizeiteinrichtungen wie Erlebnisbäder etc. wiederum betreiben ihr eigenes zielgruppenspezifisches Marketing und/oder beteiligen sich an einschlägigen Vermarktungskooperationen wie z. B. „50plus Hotels“.

Destinationen und Relevant Set

Ziel von Destinationen muss es sein, durch ihre Profilierungsstrategie in den Relevant Set der (potenziellen) Touristen zu gelangen, um in deren Reiseentscheidungsprozess eine „Chance“ zu haben. Hierzu muss dem Touristen die Destination überhaupt bekannt sein, d. h. sie muss Eingang in seinen **Awareness Set** finden. Von den Reisezielen im Awareness Set wird nur ein geringer Teil ernsthaft als Reiseziel in Erwägung gezogen. Diese bilden den **Consideration Set**, aus dem jedoch weitere Destinationen ausscheiden, da sie dem Touristen ungeeignet **(Inept Set)** erscheinen (z. B. zu teuer) oder da der Tourist ihnen – aus welchen Gründen auch immer – indifferent **(Inert Set)** gegenübersteht. Der so verbliebene **Relevant Set** umfasst somit die tatsächlich entscheidungsrelevante Alternativmenge (vgl. MUNDT 2006, S. 50ff.). Der Relevant Set eines Touristen differiert dabei nach Reisemotiven. So sind München, Berlin, Hamburg, Köln und Düsseldorf am stärksten im Relevant Set für Shoppingreisen der deutschen Bevölkerung vertreten, während der Relevant Set für Musicalreisen insbesondere durch Hamburg und mit deutlichem Abstand von Stuttgart, Berlin und Bochum dominiert wird (vgl. THEUNISSEN 2007, S. 46ff.).

Beurteilung der Qualität von Destinationen

Bei der Beurteilung der Qualität einer Destination können qualitative wie quantitative Aspekte bewertet werden. **Qualitativ** kann beispielsweise mithilfe einer Befragung von Touristen die Güte folgender Aspekte beurteilt werden (vgl. KOZAK 2004, S. 48):

- das Beherbergungs- und Gaststättengewerbe (z. B. Sauberkeit, Service),
- die touristische Infrastruktur (z. B. Vorhandensein von Toiletten am Strand, behindertengerechte touristische Einrichtungen),
- die Verkehrsinfrastruktur (z. B. Anbindung an einen Flughafen, ÖPNV in der Destination),
- die Attraktionspunkte (z. B. Spektrum der Sehenswürdigkeiten, Preis-Leistungs-Verhältnis),
- die Touristeninformation (z. B. Nutzen der Information, Fremdsprachenkompetenz),
- die Einkaufsmöglichkeiten (z. B. Branchenmix, Erlebniseinkauf),
- die allgemeine Sauberkeit (z. B. der Strände, der öffentlichen Plätze),
- die Gastfreundschaft (z. B. der lokalen Bevölkerung, der touristischen Leistungsträger).

Daneben können anhand **quantitativer Kennziffern** wie z. B. der Zahl der Übernachtungen und/oder der Ankünfte, der durchschnittlichen Aufenthaltsdauer, Auslastungsquoten (z. B. Bettenauslastung) oder die monetären Größen (z. B. Umsatz) erste Rückschlüsse auf die Qualität einer Destination gezogen werden. Diese Informationen müssen dann allerdings stets mit weiteren Fakten (z. B. qualitativer Art) ergänzt werden. Bei der Beurteilung der Qualität können als Untersuchungsgegenstand einzelne oder mehrere Destinationen – jeweils auch im zeitlichen Verlauf – analysiert werden. Bei der Gegenüberstellung verschiedener Destinationen ist jedoch stets zu beachten, dass lediglich vergleichbare Destinationen (z. B. Städte mit annähernd gleich großer Einwohnerstärke, Skigebiete mit annähernd gleich großen Liftkapazitäten) verwendet werden.

2.2 Analysemethoden für das touristische Angebot

Übersicht

Die Mehrzahl der Analysen des touristischen Marktes sind als **Nachfrageanalysen** angelegt (z. B. die Reiseanalyse oder die Deutsche Tourismusanalyse; vgl. Kap. 1.3.2). Gleichwohl gibt es durchaus Methoden, die eine **angebotsorientierte Analyse** des Tourismusmarktes insgesamt oder einzelner touristischer Dienstleistungen, Produkte oder Destinationen erlauben und sich nicht ausschließlich in komparativen Untersuchungen (z. B. Konkurrenzanalysen) erschöpfen. Die Analyse der Entwicklung oder der Chancen und Risiken auf dem Markt kann sowohl für touristische Produkte (z. B. im Bereich Wintertourismus), für das Angebot touristischer Leistungsträger (z. B. eines Reiseveranstalters) oder für Destinationen (z. B. eine Insel) erfolgen. So durchlaufen die auf dem Markt angebotenen touristischen Dienstleistungen, Produkte oder Destinationen einen **Lebenszyklus** und können nach verschiedenen Kriterien bewertet und systematisiert werden (vgl. Kap. 2.2.1), um z. B. ihren aktuellen und zukünftigen „Marktwert" abschätzen zu können. Das Angebot eines touristischen Leistungsträgers oder einer Destination kann sich aus Leistungen in unterschiedlichen Marktsegmenten zusammensetzen, etwa um unterschiedliche Zielgruppen anzusprechen. Diese Marktsegmente bilden das **Portfolio** (vgl. Kap. 2.2.2) des Leistungsträgers oder der Destination und können wiederum nach unterschiedlichen Kriterien qualitativ und quantitativ bewertet werden, etwa um eine Steuerung zur Nutzung zukünftiger Potenziale zu realisieren. Schließlich können Stärken und Schwächen bzw. Chancen und Risiken eines touristischen Leistungsträgers oder einer Destination im Rahmen der **SWOT-Analyse** (vgl. Kap. 2.2.3) abgeschätzt werden. Für die Anwendung dieser Methoden gilt allgemein, dass eine exakte Kenntnis des betreffenden Marktes unerlässlich ist. Hierzu sind vielfältige Informationen notwendig, wobei einerseits auf Sekundärdaten zurückgegriffen werden kann, andererseits sind oft auch Primärerhebungen notwendig (vgl. Kap. 1.2.1).

2.2.1 Lebenszyklusanalyse

Die Lebenszyklusanalyse ist „klassisch" als Produktlebenszyklusanalyse angelegt und kann somit für touristische **Produkte und Dienstleistungen** sowie auch für ganze touristische **Marktsegmente** angewendet werden. So kann z. B. die Entwicklung des Musicalmarktes in Deutschland anhand des Modells des Produktlebenszyklus erklärt werden (vgl. SCHMUDE 2003, S. 29 ff.). BUTLER (1980, S. 5 f.) hat das Modell erstmals auf touristische Destinationen übertragen, so dass nachfolgend neben touristischen Produkten, Dienstleistungen und Marktsegmenten auch **Destinationen** behandelt werden.

Modell des Produktlebenszyklus

Das Modell geht davon aus, dass jedes Produkt einen phasenhaften Alterungsprozess durchläuft. Dabei weist jede Phase im Modell charakteristische Merkmale bezüglich der Wettbewerbs- und Marktsituation auf (vgl. HAAS/NEUMAIR 2007, S. 55), was von den Anbietern der Produkte in jeder Phase ein unterschiedliches Verhalten erfordert. Je nach Produkt können die Phasen von einigen Wochen bis zu einigen Jahren dauern. Die Einordnung in das **Phasenmodell** erfolgt in der Regel über die Betrachtung des Umsatzes oder der Rendite. Allgemein wird von einem S-förmigen Verlauf ausgegangen, d. h. auf einen zunächst steigenden folgt später ein relativ sinkender Umsatz je Zeiteinheit.

In der einschlägigen Literatur gibt es verschiedene Modellvarianten mit drei bis fünf Phasen, das hier vorgestellte Grundmodell (vgl. Abb. 2.7) unterscheidet vier Phasen sowie eine abschließende Relaunchphase.

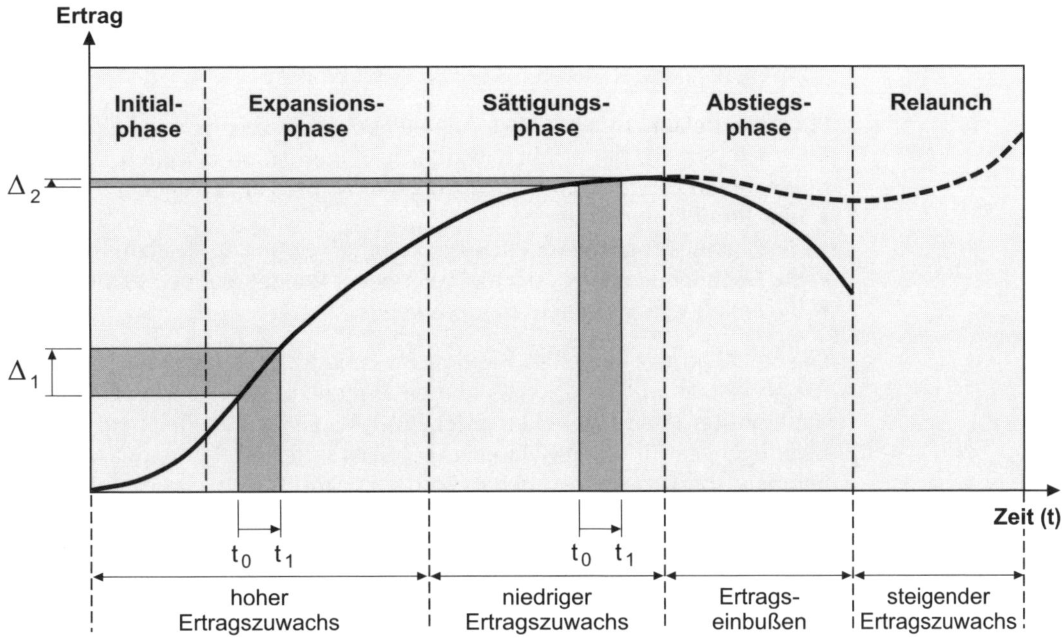

Abb. 2.7: Modell des (Produkt-)Lebenszyklus (eigene Darstellung)

- **Inventions-/Initialphase:** In dieser Einführungsphase wird ein neues Produkt entwickelt und erstmals auf dem Markt platziert. Entsprechend fallen die Produktionskosten (noch) sehr hoch aus, und auch für die Markteinführung sind erhebliche finanzielle Aufwendungen notwendig (z. B. für das Marketing). Der geringen Standardisierung und dem hohen Koordinationsbedarf steht in dieser Phase jedoch oftmals eine Monopolstellung auf dem Markt gegenüber, die es erlaubt, einen relativ hohen Preis für das Produkt durchzusetzen.
- **Expansionsphase:** Wird das Produkt durch die Nachfrager angenommen und eine entsprechende Stückzahl nachgefragt, kann die Produktion zunehmend standardisiert werden, so dass die Produktionskosten sinken. Allerdings treten die ersten Nachahmer auf, die ein vergleichbares oder ähnliches Produkt anbieten. Der first-mover advantage geht verloren und aufgrund der zunehmenden Konkurrenz und der sich verschärfenden Konkurrenzsituation lässt sich der ursprüngliche Preis am Markt nicht mehr durchsetzen, d. h. der Ertrag je Produkt verringert sich.
- **Sättigungsphase:** Die Nachfrage nach dem Produkt nimmt zwar (noch) weiter zu, allerdings verlangsamt sich die Expansion. Der Markt gilt als nahezu gesättigt und die Anbieter müssen nach Möglichkeiten zur Kosteneinsparung suchen. Zwischen den Marktteilnehmern herrscht ein hoher Preiswettbewerb, der durch einen erheblichen Mitteleinsatz für Marketingaktivitäten geprägt ist.
- **Schrumpfungs-/Abstiegsphase:** Schließlich schwächt sich die Nachfrage nach dem Produkt ab, und die Erträge reichen langfristig nicht mehr aus, um die Kosten für Produktion, Vertrieb, Marketing etc. zu decken. Das

Produkt ist in seiner ursprünglichen Form nicht mehr „lebensfähig“ und muss vom Markt genommen werden, oder es wird ein Relaunch angestrebt, der den Lebenszyklus des Produkts erneut beginnen lässt.

Für einen **Relaunch** stehen dem Anbieter des Produkts mehrere Möglichkeiten zur Auswahl, die er einzeln oder in Kombination ergreifen kann. Als Maßnahmen können somit einzeln oder kombiniert angewendet werden:

- eine Produktmodifikation,
- die Erschließung eines oder mehrerer neuer regionaler Absatzmärkte,
- die Erschließung einer oder mehrerer neuer Kundengruppen sowie
- die Nutzung eines neuen Vertriebsweges.

Entsprechend der aktuellen Position im Lebenszyklus lassen sich von der Angebotsseite frühzeitig Maßnahmen ergreifen, um auf die zukünftige Marktposition und Entwicklung des Produkts Einfluss zu nehmen. So sind Überlegungen für einen Relaunch nicht erst in der Sättigungsphase vorzunehmen, sondern müssen bereits in der Expansionsphase vorbereitet werden.

Übertragung auf touristische Destinationen

Bei der Übertragung des Modells auf ein touristisches Zielgebiet beginnt dessen Lebenszyklus damit, dass es noch unbekannt und gegebenenfalls auch schlecht erreichbar ist. Die (touristische) Infrastruktur ist noch unzureichend und die Destination wird nur von wenigen Touristen aufgesucht. Durch den Ausbau der (touristischen) Infrastruktur und durch Marketingaktivitäten wird der Bekanntheitsgrad der Destination gesteigert, so dass in der Folge auch die Gästezahlen steigen. Wenn in ökologischer und/oder sozialer Hinsicht die Grenzen der Belastbarkeit erreicht werden, z. B. durch Bodenverknappung, Wasser- und Luftverschmutzung oder die Ressentiments der einheimischen Bevölkerung, sinken zunächst die Zuwachsraten und später auch die absoluten Zahlen (vgl. Butler 1980, S. 6). In der empirischen Tourismusforschung erfolgt die Analyse der Entwicklung sowie der aktuellen Position im Lebenszyklus von Destinationen häufig anhand von Übernachtungs- oder Besucherzahlen, da diese meist besser verfügbar sind als monetäre Größen (z. B. Umsatz oder Gewinn).

Kritik am Modell

Allerdings wird am Modell des Produkt- bzw. Destinationslebenszyklus häufig kritisiert, dass

- die theoretische Fundierung für das Modell fehlt,
- die Abgrenzung der einzelnen Phasen bzw. ihre empirische Validierung häufig nicht eindeutig ist,
- die empirisch ermittelten Kurven zum Teil deutlich vom Modellverlauf abweichen,
- die Festlegung des räumlichen Analyseniveaus für Destinationen oft willkürlich bzw. nach Datenverfügbarkeit vorgenommen wird,
- der Einfluss von Wettbewerbsaktivitäten anderer Marktteilnehmer unberücksichtigt bleibt.

Gleichwohl liefert das Modell des Produkt- bzw. Destinationslebenszyklus deutliche Hinweise auf die bisherige und aktuelle Entwicklung bzw. Position der Untersuchungseinheit im Lebenszyklus. Es empfiehlt sich daher, das Modell nicht als isoliertes Instrument, sondern in Kombination mit anderen Analysemethoden (z. B. Stärken-Schwächen-Analyse) einzusetzen.

2.2.2 Portfolio-Analyse

Die Portfolio-Analyse eignet sich insbesondere für Unternehmen bzw. Destinationen mit einer diversifizierten Produktpalette (z. B. für verschiedene Altersgruppen) bzw. diversifiziertem touristischem Angebot (z. B. verschiedene Tourismusarten) und wird zur **Beurteilung der aktuellen Marktsituation** und zur **Visualisierung der relativen Wettbewerbsposition** des zu beurteilenden „Gegenstandes" (z. B. touristische Leistungsträger, Produkte oder Destinationen) angewendet.

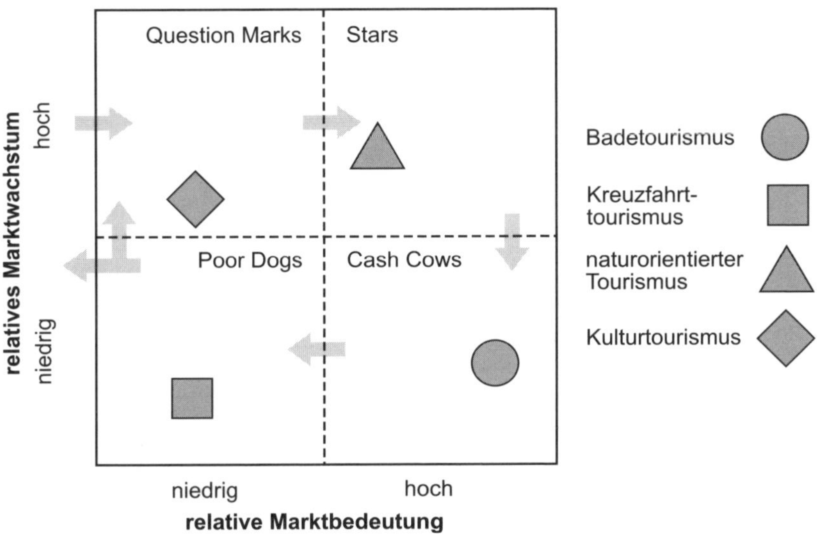

Abb. 2.8: Portfolio-Matrix touristischer Marktsegmente auf Guadeloupe 2009 (eigene Darstellung)

Portfolio-Matrix

Hierzu wird eine Portfolio-Matrix erstellt, auf deren Achsen markt-, unternehmens-, destinations- oder produktbezogene Größen (insbesondere Marktwachstum und -anteil) in Form von Extremwerten (z. B. hoch vs. niedrig) bzw. unter- und überdurchschnittlichen Werten abgetragen werden, so dass eine **Vierfeldermatrix** entsteht. Da dieses Verfahren von der Boston Consulting Group (BCG) entwickelt wurde, wird diese Portfolio-Matrix auch als BCG-Matrix bezeichnet. Durch Gegenüberstellung des relativen Marktanteils und des Marktwachstums entstehen die vier Felder der Matrix (vgl. Abb. 2.8). Jedem der vier Felder wird eine Charakterisierung zugeschrieben. Hieraus resultiert eine allgemein verwendete Benennung der Felder, wobei eine mehr oder weniger exakte Zuordnung von Feldern der Portfolio-Matrix zu den Phasen im Lebenszyklus (vgl. Kap. 2.2.1) der Produkte oder Destinationen vorgenommen werden kann.

- **Question Marks:** Die in diesem Feld platzierten touristischen Produkte, Leistungsträger oder Destinationen zeichnen sich durch einen relativ geringen Marktanteil aus, haben aber gute Wachstumsaussichten (weil z. B.

aufgrund der demographischen Entwicklung die Zahl der potenziellen zukünftigen Nachfrager steigen wird). Häufig befinden sich die betrachteten Untersuchungsobjekte in der Inventions- oder zu Beginn der Expansionsphase ihres Lebenszyklus.

- **Stars:** Dieses Feld enthält die touristischen Produkte, Leistungsträger oder Destinationen, die bereits einen relativ hohen Marktanteil erreicht haben und sich in einem Markt(-segment) befinden, das in Zukunft voraussichtlich expandieren wird. Hierbei handelt es sich oft um touristische Produkte, Leistungsträger oder Destinationen, die die Inventionsphase erfolgreich durchlaufen haben.
- **Cash Cows:** In diesem Feld liegen Produkte, Leistungsträger oder Destinationen, die bereits einen hohen Marktanteil erreicht haben. Sie befinden sich somit in einem erfolgreichen Marktsegment, das aber keine weitere Expansion mehr erwarten lässt. In dieser relativ stabilen Position findet der Übertritt in die Reife- und Sättigungsphase statt.
- **Poor Dogs:** In diesem Feld befinden sich touristische Produkte, Leistungsträger oder Destinationen, die sowohl durch einen niedrigen Marktanteil als auch durch geringe Wachstumsaussichten gekennzeichnet sind. Typisch ist dies in der Schrumpfungsphase des Lebenszyklus, trifft aber auch dann zu, wenn der Markteintritt zu spät erfolgt ist oder das Produkt sich als nicht marktfähig erweist. In diesem Fall wird das Produkt unter Umständen schon in der Inventionsphase zu einem Poor Dog.

Interpretation der Matrix

Wesentlich für die Interpretation ist, dass **relative Positionen** der touristischen Produkte, Leistungsträger oder Destinationen abgebildet werden. Die Methode eignet sich daher insbesondere für **komparative Analysen** (z. B. verschiedener Produkte, Leistungsträger oder Destinationen) oder **zeitliche Vergleiche** (z. B. Einordnung eines Produkts in die Portfolio-Matrix zum Zeitpunkt A im Vergleich zum Zeitpunkt B).

Größter Vorteil der Portfolio-Matrix ist ihr **hoher Kommunikationswert**, der allerdings nur durch eine **starke Komplexitätsreduzierung** erreicht wird. Für die beteiligten Akteure können aus der Einordnung in die Portfolio-Matrix für ihre touristischen Produkte, den Leistungsträger oder die Destination unterschiedliche Strategien abgeleitet werden, wobei zur endgültigen Festlegung der Strategie weitere Informationen und Rahmenbedingungen notwendig sind, um z. B. die durch die Portfolio-Matrix nicht erkennbaren Abhängigkeiten und Verbundeffekte zwischen verschiedenen Akteuren und/oder Produkten zu berücksichtigen. Am häufigsten werden folgende Strategien angewendet:

Abgeleitete Strategien

Die **Investitionsstrategie** bietet sich insbesondere für die Question Marks an, um durch Investitionen ihre Marktposition zu verbessern und sie zu Stars zu machen.

- Mit der **Wachstumsstrategie** wird die aktuelle Marktposition der Stars weiter ausgebaut und der eigene Marktanteil gegen Konkurrenten verteidigt.
- Bei der **Abschöpfungsstrategie** werden Einnahmenüberschüsse von Cash Cows zur Finanzierung für andere Aufgaben (z. B. Forschung und Entwicklung) verwendet und es wird lediglich versucht, den aktuellen Marktanteil zu erhalten.

- Die **Desinvestitionsstrategie** wird bei nur langsam wachsenden oder stagnierenden Märkten angewendet. Die Poor Dogs sollten so schnell wie möglich „aufgegeben" werden, damit Ressourcen für neue/andere Produkte frei werden.

Ziel von touristischen Leistungsträgern oder Destinationen sollte ein ausgewogenes Verhältnis von Produkten bzw. verschiedenen Marktsegmenten in den verschiedenen Feldern der Portfolio-Matrix sein, um einerseits eine kontinuierliche Erneuerung des Portfolios zu gewährleisten und andererseits nicht an Produkten festzuhalten, deren Lebenszyklus bereits abgelaufen ist.

2.2.3 SWOT-Analyse

Ein weit verbreitetes Instrument zur Situationsanalyse, das unter anderem zur strategischen Unternehmensplanung oder im Rahmen der Planung für das Destinationsmanagement eingesetzt wird, ist die SWOT-Analyse. Dabei steht SWOT als englisches Akronym für die Begriffe **Strength** (Stärken) und **Weakness** (Schwächen) sowie **Opportunities** (Chancen) und **Threats** (Risiken). Die SWOT-Analyse berücksichtigt damit sowohl gegenwartsbezogene und (unternehmens-)interne Aspekte (Stärken und Schwächen) als auch zukunftsorientierte und (unternehmens-)externe Perspektiven (Chancen und Risiken).

Interne und externe Analyse

Als eine Art **Bestandsaufnahme** (Status-Quo-Analyse) werden zunächst die Stärken und Schwächen eines Leistungsträgers, eines Produkts oder einer Destination gegenübergestellt (interne Analyse), d. h. die Stärken und Schwächen beziehen sich auf das Unternehmen oder die Destination selbst. Für die externe Analyse wird eine **Umweltanalyse** durchgeführt, denn die Chancen und Gefahren ergeben sich aus Veränderungen im Markt, aus Entwicklungen der technologischen, sozialen oder ökologischen Umwelt. In der Tourismusforschung und -praxis wird die SWOT-Analyse häufig eingesetzt, da sie mit relativ wenig Aufwand durchgeführt werden kann (Basis sind oft Expertengespräche, Gruppendiskussionen etc.).

Semantisches Differenzial

Im Rahmen der SWOT-Analyse wird zur Identifikation von Stärken und Schwächen oft auf die Methode des semantischen Differenzials, das auch als Polaritätenprofil bezeichnet wird, zurückgegriffen (vgl. Abb. 2.9). Das aus der Psychologie stammende Verfahren wird zur Objektbeschreibung und -einschätzung auch in anderen Disziplinen eingesetzt. Anhand einer Reihe von Items wird ein Objekt beschrieben, wobei die einzelnen Items auf einer **bipolaren Skala** bewertet werden, deren Extreme durch jeweils **gegensätzliche Begriffspaare** (in der Regel Adjektive) beschrieben werden (z. B. zur Bewertung des Preisniveaus: preiswert vs. teuer). Das Ergebnis ist eine Profildarstellung des zu beurteilenden Objekts.

Ziel der SWOT-Analyse

Die Analyse von Chancen und Risiken ist eine grundlegende Überlegung für die **Entwicklung der zukünftigen Marktstrategien**. Ziel ist es, die Chancen, die ein Markt bietet, zu erkennen. Ebenso wichtig ist es, die Risiken zu identifizieren, die zum Scheitern des touristischen Leistungsträgers, eines touristischen Produkts oder einer touristischen Destination führen können. Für den Einsatz der SWOT-Analyse ist es notwendig, zunächst das ange-

Abb. 2.9: Semantisches Differenzial: Destinationsimage von Bali vor und nach den Terroranschlägen 2005 bzw. 2006 (nach ASCHAUER 2006)

strebte Ziel zu definieren, um Diskrepanzen zwischen dem Ist- und Soll-Zustand zu erkennen.

SWOT-Matrix

Die Ergebnisse einer SWOT-Analyse werden oft vereinfacht in Form einer so genannten SWOT-Matrix dargestellt, die durch die vier Aspekte der SWOT-Analyse aufgespannt wird (vgl. Abb. 2.10). Die SWOT-Matrix ist **komplexitätsreduzierend** und liefert durch die Visualisierung der ermittelten Befunde wichtige Hinweise zur Generierung geeigneter Marktstrategien.

SWOT-Analyse		Interne Analyse	
		Stärken (Strength)	Schwächen (Weakness)
Externe Analyse	Chancen (Opportunities)	Verfolgen von neuen Chancen, die gut zu den Stärken passen	Eliminieren von Schwächen, um neue Chancen zu nutzen
	Gefahren (Threats)	Nutzen von Stärken, um Bedrohungen abzuwehren	Eliminieren von Schwächen, damit sie nicht zur Gefahr werden

Abb. 2.10: SWOT-Matrix (eigene Darstellung)

2.3 Nachfrageseite im Tourismus

Durch die Entwicklung von einem **Produzenten-** oder **Verkäufermarkt** hin zu einem **Konsumenten-** oder **Käufermarkt** (vgl. Kap. 2) verschiebt sich die Verteilung von Wahlfreiheit und Marktmacht von der touristischen Angebotsseite zur touristischen Nachfrageseite. Während sich die Leistungsträger auf der Angebotsseite stärker an den Bedürfnissen der Touristen orientieren (müssen), können diese wiederum aus einem sehr umfangreichen und differenzierten Angebot touristischer Dienstleistungen, Produkte und Destinationen (z. B. beim Reiseveranstalter und Reisemittler) auswählen (HALLERBACH 2007, S. 171).

Die immer weiter fortschreitende Komplexität des touristischen Marktes ist grundlegend für die zahlreichen Strukturierungsansätze der touristischen Nachfrage, wobei die meisten Segmentierungsmöglichkeiten (vgl. Kap. 2.3.1) ihren Ausdruck in den Motivationen (vgl. Kap. 2.3.2), den Formen der Reiseentscheidung (vgl. Kap. 2.3.3), dem (Reise-)Verhalten der Touristen (vgl. Kap. 2.3.4) sowie den soziodemographischen, -ökonomischen und -geographischen Merkmalen (vgl. Kap. 2.3.5) finden. Bei der Analyse der Nachfrageseite treten methodische Probleme auf, die unter anderem der komplexen Struktur der individuellen touristischen Nachfrage geschuldet sind (vgl. Kap. 2.3.6).

2.3.1 Segmentierungsmöglichkeiten der touristischen Nachfrage

Einflüsse auf die touristische Nachfrage

Die Nachfrage nach Leistungen der touristischen Angebotsseite ist internen sowie externen Einflüssen ausgesetzt. Neben den **internen Einflüssen**, die auf den Touristen selbst mit all seinen individuellen Voraussetzungen und Bedürfnissen zurückzuführen sind, stellen die Angebotsseite, aber auch der Staat bzw. die Politik, die (gesamt-)wirtschaftliche Situation, die naturräum-

Tab. 2.11: Ausgewählte Segmentierungsmöglichkeiten der touristischen Nachfrage (eigene Darstellung)

(1) Motivationen der Touristen	**Erscheinungsform** (Auswahl)
Motiv, Motivation, Auslöser der (Urlaubs-)Reise	Bade- und Erholungs-, Besichtigungs-, Geschäftsreise-, Kultur-, Städte-, Shoppingtourismus
(2) Reiseentscheidung bzw. -vorbereitung	**Erscheinungsform** (Auswahl)
Informationsverhalten	Internet, Reisebüro
Reiseorganisation	Pauschal-, Baustein-, Individualreisen
Buchungsverhalten (organisatorisch bzw. zeitlich)	Direkt, über Reisemittler (z. B. Reisebüro, Internet) bzw. Last-Minute, längerfristig
(3) (Reise-)Verhalten der Touristen	**Erscheinungsform** (Auswahl)
Reisebeteiligung	Reisende, Nicht- (Selten-, Intervall-), Nie-Reisende
Bedeutung	Haupturlaub (Ersturlaub), zusätzliche Urlaubsreisen (Zweiturlaub, Dritturlaub etc.)
Reisedauer	Tagestourismus (Tagesausflug), übernachtender Tourismus (Kurzreise, Langzeittourismus)
Reiseverkehrsströme bzw. Grundformen des Tourismus	Binnen-, Einreise-, Ausreiseverkehr bzw. Inlands-, nationaler, internationaler Tourismus
Räumliche Ausstattung des Zielgebiets	Mittelgebirgs-, Berg-, Küstentourismus
Distanz zum Zielgebiet	Naherholung, Fernreisetourismus
Verkehrsmittelwahl (Unterscheidung An-/Abreise und/oder Fortbewegung vor Ort)	Flug-, Bahn-, Schiffs- (z. B. Kreuzfahrt), Bus-, Pkw-, Motorrad-, Fahrradreise
Zahl der Reisenden	Einzelreisen, Partnerurlaub, Gruppenreisen
Reisezeit	Sommer-, Winter-, Hoch-, Zwischen-, Nebensaison
Unterkunft	(Para-)Hotellerie, Campingtourismus, Urlaub auf dem Bauernhof
Reisepreis, -klasse	Billig-, Luxustourismus
Aktivitäten im Zielgebiet	Bade- und Erholungs-, Besichtigungs-, Shopping-, Geschäftstourismus
(4) Soziodemographische, -ökonomische und -geographische Merkmale der Touristen	**Erscheinungsform** (Auswahl)
Alter	Jugendtourismus, Generation 50plus
Geschlecht	Frauen-, männertypischer Tourismus
Familienstand, Haushaltsgröße	Single-Urlaub, Familientourismus (mit/ohne Kinder)
Einkommen	Sozialtourismus (z. B. Frankreich), Luxustourismus
Wohnort (nach räumlicher Ausstattung bzw. räumlich unterschiedlichen Voraussetzungen)	Tourismus der Stadt-, Landbevölkerung bzw. der Bevölkerung der jeweiligen Bundesländer

lichen Gegebenheiten und die Gesellschaft weitere **externe Einflussgrößen** dar (vgl. FREYER 2009, S. 68).

Segmentierungsmöglichkeiten der touristischen Nachfrage

Unter Berücksichtigung dieser Einflüsse können die meisten Segmentierungsmöglichkeiten der touristischen Nachfrage einem der folgenden Aspekte zugeordnet werden:

- (1) **Motive und Motivationen**,
- (2) **Reiseentscheidung** (inklusive Informations- und Buchungsverhalten),
- (3) **(Reise-)Verhalten** sowie
- (4) **soziodemographische, -ökonomische und -geographische Merkmale**.

Generell dienen die Segmentierungsmöglichkeiten der touristischen Nachfrage als Grundlage zur **Marktstrukturierung und -abgrenzung** einzelner Marktsegmente und sind somit unter anderem für das Marketing von touristischen Produkten, Dienstleistungen oder Destinationen von entscheidender Bedeutung. Gleichzeitig werden die verschiedenen Einteilungen bzw. Zuordnungen (vgl. Tab. 2.11) auch kritisiert, insbesondere dann, wenn sie zur Erklärung des Reiseverhaltens bzw. des Tourismusgeschehens verwendet werden.

Merkmale und Datentypen

Die Merkmale, die zur Zuordnung der Touristen zu unterschiedlichen Erscheinungsformen des Tourismus verwendet werden, lassen sich nach zwei Datentypen differenzieren: Während es sich beispielsweise bei den Merkmalen Alter oder Geschlecht bzw. deren konkreten Ausprägungen um **absolute Daten** handelt, die betreffenden Personen also die entsprechende Merkmalausprägung (z.B. weiblich) „in sich" tragen, werden diejenigen Merkmale bzw. deren Ausprägung, die Personen z.B. aufgrund der Zugehörigkeit zu einem Raum zugewiesen werden (z.B. Stadtbevölkerung), als **kontextuelle Daten** bezeichnet.

Kombination von Tourismusarten

Die einzelnen touristischen Erscheinungsformen bzw. Tourismusarten lassen sich nahezu beliebig kombinieren. Dabei können auch unterschied-

Tab. 2.12: Definition der Lebensphasengruppen (nach ADERHOLD 2008, S. 24)

→ **Junge Unverheiratete** 14 bis 39 Jahre, ledig, ohne Kinder bis 13 Jahre im Haushalt (HH)
→ **Junge Verheiratete ohne Kinder** 14 bis 39 Jahre, verheiratet oder mit Partner, ohne Kinder bis 13 Jahre im HH
→ **Familien mit kleinen Kindern** Kinder unter 6 Jahre im HH
→ **Familien mit größeren Kindern** Kinder im Alter zwischen 6 bis 13 Jahre im HH
→ **Ältere Erwachsene Paare** 40 bis unter 60 Jahre, verheiratet oder mit Partner, keine Kinder im HH
→ **Ältere Unverheiratete** 40 bis unter 60 Jahre, ohne Partner, keine Kinder im HH
→ **Senioren-Paare** 60 Jahre und älter, verheiratet oder mit Partner, keine Kinder im HH
→ **Unverheiratete Senioren** 60 Jahre und älter, ohne Partner, keine Kinder im HH

liche Motivationen (z.B. Städte-/Shoppingtourismus) oder soziodemographische, -ökonomische und -geographische Merkmale (z.B. weibliche Senioren) miteinander kombiniert werden, ebenso ist eine Kombination verschiedener (Reise-)Verhalten der Touristen (z.B. Pauschal-Busreise) möglich. Als Beispiel für die Segmentierung innerhalb der soziodemographischen Merkmale sind auch die **Lebensphasengruppen** der F.U.R (vgl. ADERHOLD 2008, S. 24) nach Alter und Familienstand anzuführen (vgl. Tab. 2.12).

Andererseits sind auch Kombinationen aus den Hauptgruppen (vgl. auch Tab. 2.11) verschiedener Segmentierungsmöglichkeiten denkbar (z.B. Senioren-Fernreisetourismus). Aus dieser Kombinationsvielfalt ergibt sich eine Komplexität, deren Reduktion bzw. Vereinfachung mithilfe von hybriden Segmentierungsansätzen wie den Urlauber-Typologien bzw. den etwas weiter gefassten Lebensstil-Typologien versucht wird.

Urlauber-Typologien

Die Urlauber-Typologien sehen bei der Typenbildung einen Zusammenhang zwischen bestimmten **äußeren** und **psychographischen Merkmalen** und dem (Reise-)Verhalten der Touristen. Vielfach wird als frühes Beispiel einer der Typologien auf die Arbeit von HAHN (1974) verwiesen, der zwischen Abenteuer-, Bewegungs-, Bildungs-, Erholungs-, Erlebnis- und Sporturlaubern unterscheidet. Ein aktuelles Beispiel von Urlauber-Typologien ist die Typenbildung der „GEO Saison Reisetypologie" mit sechs verschiedenen Urlauber-Typen. Grundlage der Typenbildung sind die Motivstrukturen der in der Reiseanalyse 2007 befragten Probanden (vgl. Abb. 2.11). Die so gebildeten Gruppen werden unter anderem nach soziodemographischen Merkmalen beschrieben (vgl. ADERHOLD 2008, S. 94).

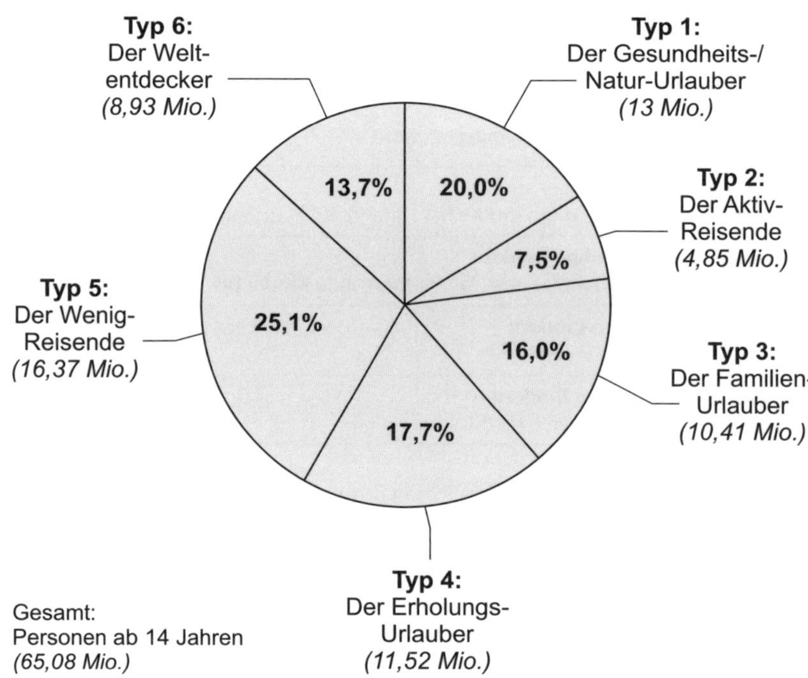

Abb. 2.11: GEO Saison Reisetypologie 2007 (nach ADERHOLD 2008, S. 94)

Lebensstil-Typen

Als Weiterentwicklung der Urlauber-Typen zählen die Lebensstil-Typen (Lifestyle-Typen), da insbesondere das Reiseverhalten typisch für einen charakteristischen Konsum- und Lebensstil bestimmter Zielgruppen ist. Das Prinzip dieser Typenbildung kommt z. B. in den **Sinus-Milieus** zur Anwendung, die Personen, welche sich in ihrer **Lebensauffassung** und **Lebensweise** ähneln, unabhängig von einzelnen Merkmalsausprägungen wie z. B. der Zugehörigkeit zu bestimmten sozialen Schichten zusammenfassen. Dabei gehen die grundlegenden Wertorientierungen und die Alltagseinstellungen zu Arbeit, Familie, Freizeit, Geld, Konsum etc. ein (vgl. SINUS-SOCIOVISION 2009a). Nationale Lebensstil-Typen werden aufgrund gemeinsamer Grundorientierungen, Werthaltungen und Lebensstile unter Berücksichtigung der räumlichen bzw. kulturellen Unterschiede in den **Sinus-Meta-Milieus** identifiziert (vgl. SINUS-SOCIOVISION 2009b).

In der Tourismusforschung wird eine Vielzahl von Lebensstil-Typologien angewendet, die sehr unterschiedliche Typen des Freizeit- und Reiseverhaltens ausweisen.

Tab. 2.13: Ausgewählte Lebensstil-Typologien (nach FREYER 2009, S. 93; SINUS-SOCIOVISION 2009b)

Lebensstil-Typologien nach	**Touristen- und Freizeit-Typen**
OPASCHOWSKI (1987) Freizeitkonsumenten	Anpassungs-, Geltungs-, Erlebnis-, Kultur-, Anspruchs-, Versorgungs-, Sparkonsument
STUDIENKREIS FÜR TOURISMUS (1990)	
Reiseanalyse 1990 Lifestyle-Urlauber-Typen alte Bundesländer	(1) Der gesundheitsbewusste, vielfältige Engagierte, (2) der passive, häusliche Unauffällige, (3) der aufgeschlossene Freizeitorientierte, (4) der gutsituierte Familienorientierte, (5) der genügsame Fleißige, (6) der dynamische Egozentriker
Reiseanalyse 1990 Lifestyle-Urlauber-Typen neue Bundesländer	(1) Der kreative, unabhängige Aktive, (2) der familiengebundene Passive, (3) der bescheidene, häusliche Fleißige, (4) der unzufriedene Interessenlose, (5) der gutsituierte Geschäftige, (6) der sportliche, erfolgreiche Genießer
ÖSTERREICH WERBUNG (1991)	Der vorsichtige Erholungsurlauber (Vorsichtige, Heimchen, Misstrauische, Abgekoppelte), der klassische Kultururlauber (Moralisten, Ordentliche, Puritaner), der anspruchsvolle Erlebnis-Urlauber (Karrieremacher, Protestler, Pioniere, Wohltäter, gute Nachbarn), der junge Genuss-Urlauber (Rocker, Angeber), die junge Familie (Romantiker, Sorglose)
SINUS-SOCIOVISION (2009b) Sinus-Milieus in Deutschland 2007	Bürgerliche Mitte (15 %), Traditionsverwurzelte (14 %), Konsum-Materialisten (12 %), Hedonisten (11 %), Etablierte (10 %), Postmaterielle (10 %), Moderne Performer (10 %), Experimentalisten (8 %), Konservative (5 %), DDR-Nostalgische (5 %)

Tourist von heute

größere Kompetenzen	**neue Wertvorstellungen und Lebensstile**	**veränderte demographische Voraussetzungen**	**verändertes Konsumverhalten**
• größere Reiseerfahrung • höheres Qualitäts-bewusstsein • höhere Lernfähigkeit • spezielle Interessen (z. B. Klettern, Kitesurfen)	• höhere Individualität (z. B. Yuppies*) • höhere Spontanität, Flexibilität, Risikobereitschaft • Erlebnisorientierung • hohe Emotionalität • Wunsch nach Authentizität • höheres Gesundheits- und Umweltbewusstsein (z. B. LoHaS**)	• flexible Arbeitszeiten • mehr Freizeit • Überalterung der Gesellschaft (z. B. Generation 50+) • kleinere Haushalte (z. B. DINKs***) • höhere Einkommen (z. B. DINKs***)	• hybrider, multi-optionaler Tourist (Konsument) • offen für neue Technologien (z. B. Web 2.0) • verändertes Buchungsverhalten (z. B. Last Minute) • fehlende Markentreue • Bedürfnis nach Wahlfreiheit

* Yuppies = Young Urban Professionals
** LoHaS = Lifestyle of Health and Sustainability
*** DINKs = Double Income No Kids

Abb. 2.12: Der Tourist von heute (nach POON 1993, S. 115, in FREYER 2009, S. 94)

Kritik an der Segmentierung der touristischen Nachfrage

Die Touristen-Typen innerhalb der Lebensstil-Typologien (vgl. Tab. 2.13) werden allerdings – ähnlich wie die Urlauber-Typen – aufgrund einer gewissen begrifflichen Unschärfe kritisiert. Außerdem bezieht sich die Kritik auf die Gefahr der tautologischen Deutung, falls die Zuordnung eines Touristen zu einem bestimmen Typus, die aufgrund seines Verhaltens bzw. seiner Motivation erfolgt, gleichzeitig als Erklärung verwendet wird.

Konsens herrscht darüber, dass die Motive und Wünsche des Touristen immer differenzierter werden und daher eine Zusammenfassung bzw. Zuordnung zu homogenen Gruppen immer schwieriger erscheint.

Der „Tourist von heute"

Der „Tourist von heute" (vgl. Abb. 2.12) zeichnet sich vor allem durch größere **Kompetenzen** (z. B. größere Reiseerfahrung), neue **Wertvorstellungen und Lebensstile** (z. B. Erlebnisorientierung), veränderte **demographische Strukturen** (z. B. Überalterung) und/oder ein verändertes **Konsumverhalten** (z. B. hybrider Konsument) aus.

2.3.2 Reisemotive und Reisemotivationen

Die Reiseentscheidung ist letztendlich der Ausdruck einer konkreten Motivation für eine Reise. Dabei kommt den unterschiedlichen Motiven bzw. Motivationen der Touristen eine besondere Rolle zu, insbesondere für die Identifizierung bzw. Bewerbung einzelner Zielgruppen.

Touristische (Grund-)Bedürfnisse

Neben den **allgemeinen Grundbedürfnissen** (physiological needs) wie der Luft zum Atmen, Essen, Trinken, Schlafen, Wohnen etc. unterscheidet die Bedürfnispyramide nach Abraham H. MASLOW (1943, S. 370ff.) weitere Bedürfnisse: das Bedürfnis nach **Sicherheit** (safety need), **sozialen Kontakten** (love need), **Wertschätzung** (esteem need) und **Selbstverwirklichung** (need for self-actualization), wobei letztgenanntes das ranghöchste Bedürfnis darstellt. Wenngleich die einzelnen Bedürfnisse in Wirklichkeit nicht hierarchisch vorliegen (müssen), sondern oftmals gleichzeitig auftreten, veranschaulicht dieses Modell, das vielfach auch auf den Tourismus übertragen wird, das individuelle Streben nach der Erfüllung von Grundbedürfnissen bis hin zur Selbstverwirklichung (vgl. HALL/PAGE 2006, S. 37ff.). In Bezug auf den Tourismus werden bestimmte Tourismusformen den unterschiedlichen Bedürfnissen zugeordnet und unterliegen somit auch einer gewissen Hierarchisierung (vgl. Abb. 2.13).

Mit Beginn des Massentourismus in den Industrieländern hat sich das Reisen bzw. der Tourismus zwar nicht zu einem Grundbedürfnis, aber zumindest für die Mehrheit der Bevölkerung zu etwas „Alltäglichem" entwickelt. Vor diesem Hintergrund und im Sinne einer weiteren Begriffsinterpretation sind die „gewöhnlichen" Erholungsreisen oder Geschäftsreisen als Beispiele für die Befriedigung der etwas weiter ausgelegten Grundbedürfnisse einzuordnen. Hingegen werden Reisen zur Deckung der im Maslow'schen Sinne essenziellen Grundbedürfnisse (z.B. Krankentransporte, Versorgungseinkäufe) häufig nicht dem Tourismus zugerechnet.

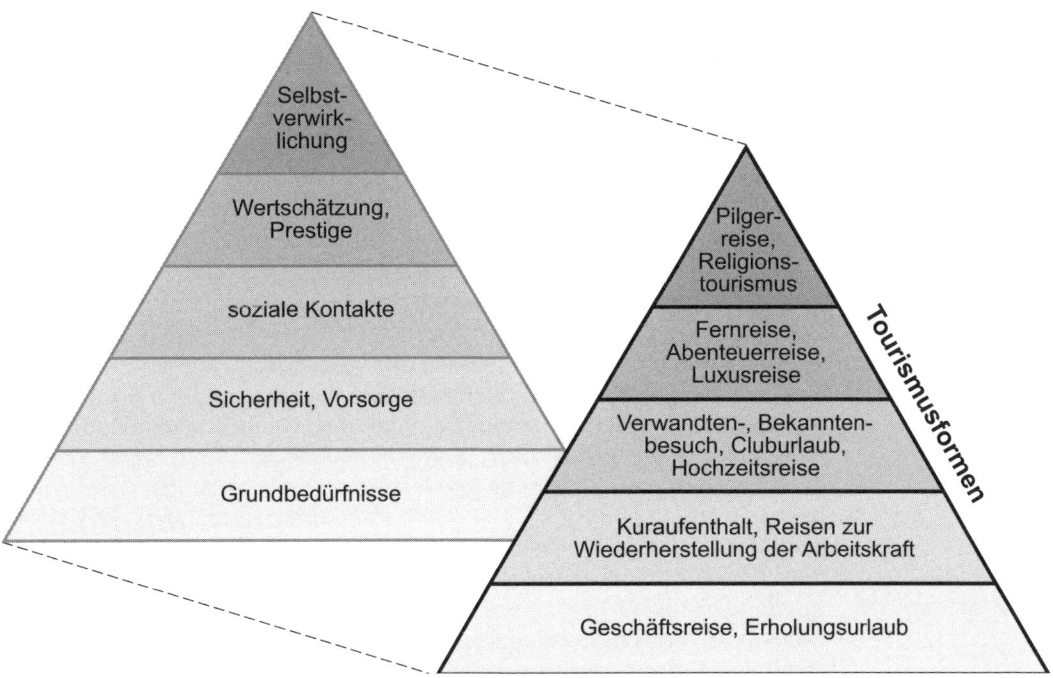

Abb. 2.13: Ausgewählte Tourismusformen unterschiedlicher Hierarchie vor dem Hintergrund der Bedürfnispyramide (nach MASLOW 1943, S. 370ff.)

Münchner Schule der Sozialgeographie

Die Entwicklung des Tourismus zu etwas „Alltäglichem" findet auch in den Ansichten der Münchner Schule der Sozialgeographie Berücksichtigung. So gehört Tourismus bzw. die Nachfrage nach Tourismus mit der Funktion **„sich Erholen"** explizit zu den sieben Grunddaseinsfunktionen (in Gemeinschaft leben, wohnen, arbeiten, sich versorgen, sich bilden, sich erholen, am Verkehr teilnehmen; vgl. RUPPERT/SCHAFFER 1969, S. 205ff.). Zudem finden sich Formen des Tourismus in nahezu allen **Grunddaseinsfunktionen** (zumindest teilweise) wieder (z.B. Bildungs- oder Shoppingtourismus). Touristen sind also Träger bestimmter Grunddaseinsfunktionen, die sich in Aktionsräumen bewegen und somit **raumprägende Wirksamkeit** entfalten (vgl. HAAS/NEUMAIR 2007, S. 24).

Kriterien im Entscheidungsprozess

Die Entscheidung der Touristen für eine konkrete Destination lässt sich unter anderem durch **Push-** und **Pull-Faktoren** beschreiben. FREYER (2009, S. 73) spricht in diesem Zusammenhang von so genannten „Weg-von-" bzw. „Hin-zu-Reisen", STEINECKE (2006, S. 47f.) analog dazu von einer Konträr- bzw. Komplementärhaltung der Touristen. So kann die alltägliche Umgebung als Push-Faktor für die Reise in die nichtalltägliche Ferne wirken. Aus diesem Blickwinkel lässt sich die Reise als Form einer Flucht auffassen. Aus entgegengesetzter Perspektive kann eine Destination aufgrund der Attraktivität ihres ursprünglichen und abgeleiteten Angebots als Pull-Faktor wirken. In diesem Fall ist nicht das vorübergehende „Desinteresse" am Quellgebiet, sondern das Interesse für ein Zielgebiet ausschlaggebend für die Reise. Die Push- und Pull-Faktoren schließen einander nicht generell aus, sondern können sich gegenseitig ergänzen, wenngleich die Vorstellungsbilder von Alltag und (Urlaubs-)Reisen häufig als Kontrast empfunden werden (vgl. Tab. 2.14).

Des Weiteren lassen sich bei der Wahl der Destination **K.-o.-Kriterien**, also Musskriterien, die der Tourist an ein touristisches Produkt, eine Dienstleistung bzw. eine Destination stellt (z.B. das Vorhandensein eines Balkons, Einkaufsmöglichkeiten), von den **Ersatz- bzw. Ausgleichskriterien** unterschieden, bei denen die ungünstige Ausprägung eines Merkmals durch die günstige Ausprägung eines anderen ausgeglichen werden kann (z.B. entweder das Angebot eines Swimmingpools oder der direkte Zugang zum Meer).

Motiv vs. Motivation

Trotz der zahlreichen Erklärungsversuche von Motivationsstrukturen und -prozessen existiert in der Tourismusforschung bislang weder eine einheitliche theoretische Grundlage noch ein einheitlicher Sprachgebrauch. Insbesondere die beiden Begriffe „Motiv" und „Motivation", deren Abgrenzung sich vornehmlich im Unterschied zwischen dem **allgemeinen Antrieb** (Motiv) und dem **Impuls für eine einzelne Aktivität** (Motivation) begründet, werden häufig uneinheitlich bzw. synonym verwendet. Auch wenn sich die Tourismuswissenschaft um die Identifizierung einer zentralen bzw. primären Motivation bei Reisenden bemüht, so ist zu beachten, dass die touristische Nachfrage immer von einer Vielzahl von Motivationen geprägt ist.

Motiv- bzw. Motivationsbündel

In diesem Zusammenhang wird auch von einem Motiv- bzw. Motivationsbündel gesprochen (vgl. BÖDECKER 2003, S. 25). Allgemein setzt sich das Motiv- und Motivationsbündel aus **generellen Bedürfnissen** (z.B. nach Prestige), **speziellen Urlaubswünschen** (z.B. braun werden) und **konkreten Erwartungen an das touristische Angebot** (z.B. Qualität der Beherbergung) zusammen (vgl. LOHMANN/DANIELSSON 2003, S. 5).

Tab. 2.14: Vorstellungsbilder von Alltag und (Urlaubs-)Reisen (nach HARTMANN 1979, S. 19, in FREYER 2009, S. 74)

Alltag	**(Urlaubs-)Reise**
Zwänge, Normen	tun, was man will
Hetze, Eile	Ruhe
leben nach der Uhr	freie Zeiteinteilung
Anstrengung	faulenzen
Spannung, Stress	Entspannung
Pflicht, Ernst	Vergnügen, Frohsinn
Zivilisation, Technik, Künstlichkeit	Lebendigkeit, Spontanität
Gewohnheit, ständig das Gleiche	neue Eindrücke, etwas ganz anderes
Großstadt	Land, Dorf
graue Steinwüste	Natur erleben
Luftverschmutzung	frische Luft

Multioptionalität

Das gleichzeitige Angebot unterschiedlicher touristischer Produkte und Dienstleistungen bzw. Destinationen sowie der Wunsch, diese in Anspruch nehmen bzw. bereisen zu können, werden unter dem Begriff der Multioptionalität zusammengefasst. Multioptionalität beim Konsumverhalten bedeutet neben der **Wahlfreiheit** bzw. der Freude an der Wahl jedoch auch die **Qual der Wahl**. Bei einigen touristischen Produkten, Dienstleistungen bzw. Destinationen (z. B. im Wintersporttourismus) ist die Qual der Wahl (also die Negativseite der Multioptionalität) inzwischen stärker ausgeprägt als die Anregung durch Vielfalt. Hierauf reagiert der Tourist mit einer Einschränkung bzw. Vorselektion seiner Wahrnehmung (so kommen z. B. nur die deutschsprachigen Skigebiete in Frage).

Bedeutung einzelner Motivationen

Neben der **Primärmotivation** spielen auch die ergänzenden Motivationen, auch als **Sekundär- bzw. Tertiärmotivationen** bezeichnet, eine wesentliche Rolle beim Reise- bzw. Destinationswahlverhalten der Touristen. Am Beispiel des Marktsegments Kulturtourismus wird deutlich, dass auch diese nicht vorrangigen Motivationen eine große Bedeutung haben. So gehen Schätzungen davon aus, dass nur ca. 10 % aller Kulturtouristen, also derjenigen, für die Kultur bei ihrer Urlaubsreise eine Rolle spielt, Kulturtouristen in einem engeren Sinne sind (Kultur als Primärmotivation), während die verbleibenden 90 % der Kulturtouristen den Auch-Kulturtouristen (Kultur als Sekundär- bzw. Tertiärmotivation) zuzurechnen sind. Diese Auch-Kulturtouristen sehen Kultur als willkommenen Zusatznutzen an (z. B. Museumsbesuch bei Regenwetter), der im zunehmenden Wettbewerb der Destinationen untereinander allerdings den Ausschlag für ein Reiseziel geben kann.

Ursprung der Motivation

Bei der Reisemotivation wird zudem zwischen intrinsischer und extrinsischer Motivation unterschieden. Während bei der **intrinsischen Motivation** die betreffende Person „von innen heraus" motiviert ist, eine bestimmte

Reise anzutreten, wirken bei der **extrinsischen Motivation** äußere Einflüsse auf die Motivation eines Reisenden. So wird z. B. eine Geschäftsreise in der Regel durch einen Vorgesetzten „motiviert". Darüber hinaus ist zu berücksichtigen, wer bei Reisen, die mehrere Personen gemeinsam tätigen (z. B. Partner, Familie), letztendlich die Entscheidung für eine bestimmte Destination, ein bestimmtes Hotel etc. fällt. Intrinsische und extrinsische Motivationen schließen einander nicht aus, sondern können sich ergänzen.

Inhaltliche Motive

Bei der Frage der Motivation stehen häufig die Motive **Urlaub, Erholung bzw. Vergnügen** im Vordergrund. Aus inhaltlicher Sicht sind außerdem folgende nicht-(erholungs- bzw. vergnügungs-)touristischen **Motive** von Bedeutung:

- **geschäftliche, wirtschaftliche** Motive (z. B. Geschäfts-, Tagungs-, Kongress-, Messereisen, Reisen von Künstlern und Sportlern),
- **politische** Motive (z. B. Verbandstreffen, Parteitage)
- **kommunikative** Motive (z. B. Verwandten-, Bekanntenbesuche, Vereins-, Betriebsausflüge),
- **religiöse** Motive (z. B. Wallfahrten, Pilgerreisen, „Papsttourismus") und
- **gesundheitliche, rehabilitative** Motive (z. B. Kuraufenthalte; vgl. FREYER 2009, S. 78).

Motivkomplexe der F.U.R

Die allgemeinen Urlaubsmotive der Deutschen für das Jahr 2007 sind unter anderem der Reiseanalyse 2008 zu entnehmen. Dabei können die einzelnen Motive, die den Deutschen im Jahr 2007 „besonders wichtig" erschienen, in insgesamt **sieben Motivkomplexe** zusammengefasst werden (vgl. Abb. 2.14). Diese können sich wiederum ergänzen, aber auch in einem gewissen Widerspruch zueinander stehen. Die dominierenden Motive der Deutschen allgemein liegen in der physischen und psychischen **Entspannung und Erholung**. So fanden 62 % der Deutschen im Jahr 2007 das Motiv „Entspannung, keinen Stress" bei ihrer Urlaubsreise „besonders wichtig". Die sozialen Motive betreffen zum einen das **Zusammensein mit der Familie, dem Partner oder Bekannten**. Insgesamt sehen 47 % der Deutschen dieses „Zeit füreinander haben" als besonders bedeutend an. Zum anderen sind die **sozialen Kontakte zu anderen** bzw. das Kennen lernen neuer Leute für viele Deutsche besonders wichtig (31 % bzw. 23 %). Ein weiterer Motivkomplex drückt sich im physischen und psychischen **Wohlbefinden** aus. Insgesamt 51 % der Deutschen sehnen sich nach „Sonne, Wärme und schönem Wetter" in ihrem Urlaub. Während das Wohlbefinden unverändert wichtig ist, hat der Motivkomplex **Gesundheit, Umwelt und Natur** aufgrund des gestiegenen Gesundheits- und Umweltbewusstseins im letzten Jahrzehnt an Bedeutung gewonnen. Insgesamt 44 % der Deutschen schätzen ein „gesundes Klima" als sehr wichtig ein, 40 % der Deutschen wollen in ihrem Urlaub „Natur erleben". **Sport** als Motiv ist für immerhin 10 % der Deutschen in Form der „leichten sportlichen Betätigung und der Fitness" und für 8 % als aktiv Sport Treibende von besonderer Bedeutung. Der Motivkomplex **Erlebnisse** kommt neben dem allgemeinen Motiv „Spaß, Freude, Vergnügen" vor allem in dem Motiv „Neue Eindrücke gewinnen" zum Ausdruck, das für ca. ein Drittel der Deutschen besonders wichtig ist. Im Vergleich zu den Ergebnissen der vorangegangenen Jahre sind die einzelnen Motive als sehr stabil zu bewerten. Neben grundlegenden Trends wie einem stetig wachsenden

Entspannung / Erholung
- Entspannung, keinen Stress haben 62 %
- frische Kraft sammeln 60 %
- Abstand zum Alltag gewinnen 59 %
- frei sein, Zeit haben 57 %

Soziale Motive

Zeit für Kinder, Familie, Partner
- Zeit füreinander haben (Partner, Bekannte, Familie) 47 %
- mit Kindern spielen 20 %

Soziale Kontakte
- gemeinsam etwas erleben, mit netten Leuten zusammen sein 31 %
- neue Leute kennen lernen 23 %
- Wiedersehen (Orte) 21 %
- Kontakte zu Einheimischen 16 %

Wohlbefinden
- Sonne, Wärme, schönes Wetter haben 51 %
- ausruhen, faulenzen 34 %
- sich verwöhnen lassen 33 %
- etwas für die Schönheit tun, braun werden, gesunde Farbe bekommen 20 %
- Flirt / Erotik 10 %

Gesundheit / Umwelt / Natur
- gesundes Klima 44 %
- Natur erleben 40 %
- etwas für die Gesundheit tun 26 %
- aus der verschmutzten Umwelt herauskommen 26 %

Sport
- leichte sportliche, spielerische Aktivitäten / Fitness 10 %
- aktiv Sport treiben 8 %

Erlebnisse
- Spaß, Freude, Vergnügen haben 43 %
- neue Eindrücke gewinnen, etwas ganz Anderes kennen lernen 32 %
- viel erleben / Abwechslung haben, viel unternehmen 29 %
- unterwegs sein, herumkommen 27 %
- andere Länder erleben 25 %
- sich unterhalten lassen 18 %
- Horizont erweitern, etwas für Kultur und Bildung tun 16 %
- auf Entdeckung gehen 8 %

Abb. 2.14: Motivkomplexe im Zusammenhang mit der Urlaubsreise der Deutschen 2007 (nach ADERHOLD 2008, S. 88)

Umwelt- und Gesundheitsbewusstsein, die sich über Jahre hinweg abzeichnen, variiert die Bedeutung der einzelnen Motive im Jahresvergleich lediglich im Bereich von maximal fünf Prozentpunkten (vgl. ADERHOLD 2008, S. 87 ff.).

Soziogeographisch bedingte Motive

Die Urlaubsmotive der Deutschen weisen auch räumliche Unterschiede auf, wenngleich es hierzu bislang wenige Untersuchungen gibt. Die Reiseanalyse stellt beispielsweise eine zunehmende Angleichung der Urlaubsmotive von Ost- und Westdeutschen fest (vgl. Tab. 2.15). Während die Ostdeutschen unmittelbar nach der Wende Urlaubsmotive wie „Neue Eindrücke", „Viel Erleben" und „Unterwegs sein" im Vergleich zur westdeutschen Bevölkerung wesentlich wichtiger einschätzen, haben sich die Urlaubsmotive inzwischen angeglichen. 2009 sind keine gravierenden Unterschiede bezüglich der Motivkomplexe Erlebnisse sowie Entspannung und Erholung zwischen Ost- und Westdeutschen festzustellen (vgl. F.U.R 2009b, o. S.).

Tab. 2.15: Urlaubsmotive im zeitlichen Vergleich 1991 und 2008 zwischen Ost- und Westdeutschen (nach F.U.R 2009b, o. S.)

	1991		2008	
	West	**Ost**	**West**	**Ost**
neue Eindrücke	47	**62**	29	30
viel Erleben	42	**56**	26	30
unterwegs sein	31	**43**	24	28
ausruhen, faulenzen	**40**	20	33	30
verwöhnen lassen	**40**	27	31	33

Angaben in %
grau hinterlegte Felder: positive Unterschiede zwischen West und Ost von mindestens 5 %-Punkten

Motivation der Nicht-Reisenden

Auch die Nicht-Reisenden haben bestimmte Beweggründe, nicht zu verreisen (vgl. Kap. 1.1.1). Dabei sind es vor allem persönliche und finanzielle Gründe, die die entsprechende Person von einer Urlaubsreise abhalten. Zu den **persönlichen Gründen** (54,6 %) der Nicht-Reisenden zählen laut Sonderauswertung der Reiseanalyse 2005 z. B. gesundheitliche (24,3 %), familiäre (16,5 %), berufliche (12,2 %) bzw. altersbedingte Gründe (12,2 %) oder auch das Vorhandensein von Haustieren (6,6 %). Zu den **finanziellen Gründen** (52,5 %) zählen unter anderem die Präferenz von Kurz-Urlaubsreisen (2 bis 4 Tage; 9,2 %), die Präferenz, Zeit und Geld für andere Dinge als Reisen aufzubringen (9,0 %), sowie die persönliche wirtschaftliche Unsicherheit (7,7 %) oder Arbeitslosigkeit (7,1 %; vgl. FREYER 2009, S. 99). Aspekte der (Un-)Sicherheit spielen hingegen als direkte Motivation eine zu vernachlässigende Rolle (vgl. Kap. 4.2).

Touristische Phänomene

Allgemein sind zahlreiche „touristische" Motivationen wie z. B. die grenzüberschreitende Fahrt zur nächstgelegenen Tankstelle eher als touristisches Phänomen denn als touristisches (Nischen-)Marktsegment (in diesem Fall Tanktourismus als eine Erscheinung des Einkaufstourismus) zu sehen.

Neben der Tatsache, dass der **Tanktourismus** nicht aktiv beworben wird, erscheint es zumindest fragwürdig, für ein zum Teil temporär bzw. räumlich beschränktes Phänomen wie dem grenzüberschreitenden Tankverkehr von einem touristischen (Nischen-)Marktsegment zu sprechen (als Versorgungseinkauf ist die Nachfrage nach Kraftstoff auch nicht dem Shoppingtourismus zuzurechnen, da hierfür der Bedarf nichtalltäglicher Güter bzw. der freizeitorientierte Charakter des Einkaufens Voraussetzung ist).

2.3.3 Reiseentscheidung, Informations- und Buchungsverhalten

Allgemeine Reiseentscheidung

Die konkrete Entscheidung für eine (Urlaubs-)Reise bzw. ein touristisches Angebot erfolgt häufig nach dem **AIDA-Modell**. Das Modell entstammt dem Marketing und beschreibt in vier Phasen den Weg, den der Kunde zur Kaufentscheidung durchläuft. Das Akronym AIDA steht dabei ganz allgemein für die vier Phasen

- (1) **A** = attention (Aufmerksamkeit erregen),
- (2) **I** = interest (Interesse wecken),
- (3) **D** = desire (Verlangen bzw. Wunsch erzeugen) und
- (4) **A** = action (Handlung bzw. Kauf auslösen).

Eine Destination bzw. die Leistungsträger der touristischen Angebotsseite erregen zunächst also **Aufmerksamkeit** (z.B. durch Printmedien, Hörfunk, Fernsehen, Online-Medien), aus der heraus beim (potenziellen) Touristen das **Interesse** für das Angebot wächst (hierzu eignen sich als Informationsquellen z.B. Reiseführer, -kataloge, Internet). Aufbauend auf dem zunehmenden Interesse kann das **Verlangen** bzw. der Wunsch nach dem touristischen Angebot entstehen, bis der Tourist in der Kaufentscheidung bzw. im Kauf des touristischen Angebots eine konkrete **Handlung** vollzieht.

Zeitlicher Ablauf der Reiseplanung

Laut ADAC Reisemonitor (2009) fangen 66% der Urlauber spätestens ein halbes Jahr vor Reiseantritt an, die Reise zu planen (bei Fernreisen sind es 69,8%), wobei der Entscheidungsprozess bei der Urlaubsplanung häufig systematisch vorgenommen wird. Danach erfolgt zuerst die Entscheidung über

- das zu bereisende **Land** (für 65% der Urlauber im Jahr 2008 ist die Frage nach dem Urlaubsland ein halbes Jahr vor Reiseantritt entschieden), dann über
- den zu bereisenden **Ort** (für 57% der Urlauber im Jahr 2008 ist die Frage nach dem Urlaubsort ein halbes Jahr vor Reiseantritt entschieden) und zuletzt über
- die **Unterkunft** vor Ort (für 43,8% der Urlauber im Jahr 2008 ist die Frage nach der Unterkunft ein halbes Jahr vor Reiseantritt entschieden).

Reiseinformationsquellen

Als wichtigste Reiseinformationsquelle gilt die **Mund-zu-Mund-Propaganda**, insbesondere die Auskünfte von Bekannten, Verwandten und Freunden. Aus Sicht der touristischen Leistungsträger sind zufriedene Touristen dementsprechend die wichtigsten Werbeträger bei der Gewinnung von Neukunden. Mund-zu-Mund-Propaganda ist jedoch ein zweischneidiges

Schwert, da unzufriedene Touristen wesentlich aktiver ihre negativen Erlebnisse weitergeben als zufriedene Touristen (vgl. HINTERHUBER et al. 2004, S. 10), was wiederum die Bedeutung der Befriedigung der touristischen Bedürfnisse durch die touristischen Leistungsträger erklärt. Weitere wichtige Informationsquellen bei der Reisevorbereitung sind die **eigenen Erfahrungen**, die **persönliche Beratung in Reisebüros** sowie das **Informationsmaterial von Reiseveranstaltern** (z. B. Kataloge).

Reiseorganisation und Buchungsverhalten

Bezüglich der Reiseorganisation von (Urlaubs-)Reisen spielen die verschiedenen Formen der Pauschalreise (vgl. Kap. 2.1.2) nach wie vor eine wesentliche Rolle, wenngleich die Direktbuchung immer mehr an Bedeutung gewinnt. Für die Reisenden ist das **Reisebüro** zur Buchung einer Reise trotz leicht rückläufiger Tendenz nach wie vor wichtigste Anlaufstelle (2008: 40 %). Einen leichten Bedeutungsgewinn verzeichnen hingegen die **Direktbuchung** bei der Unterkunft (2008: 23 %) sowie die Buchungen über **Internet-Portale** (2008: 12 %; vgl. F.U.R 2009a, o. S.). Vor dem Hintergrund, dass die Direktbuchungen immer häufiger über das Internet abgewickelt werden, deutet sich insgesamt eine Strukturverschiebung hin zu mehr Online-Buchungen an. Das Buchungsverhalten verändert sich zudem hinsichtlich des Buchungszeitpunkts, d. h. die Zeitspanne zwischen Reisebuchung und Reiseantritt verändert sich tendenziell in Richtung eines immer kurzfristigeren Buchens. In diesem Zusammenhang spielen unter anderem **Last-Minute-Reisen** eine wichtige Rolle, die per Definition erst innerhalb von 14 Tagen vor Reiseantritt gebucht werden, wenngleich die Orientierungsphase der (potenziellen) Last-Minute-Reisenden häufig schon vier bis sechs Wochen vor dem geplanten Reiseantritt beginnt. Als „individuelles Reisepräferenzmuster" ist die Last-Minute-Reise ein fester Bestandteil des Reisemarktes im 21. Jahrhundert, nicht zuletzt da sie die „neue Kurzfristigkeit" eines multioptionalen Touristen widerspiegelt (vgl. WEB-TOURISMUS 2009). Last-Minute-Reisen werden sowohl online als auch offline angeboten, wenngleich der **Preisvorteil**, den sich viele Touristen gerade bei der Buchung via Internet versprechen, nicht zwingend vorhanden ist. Last-Minute-Reisen sind an **Flughäfen** (wo der Begriff in den 1980er-Jahren geprägt wurde, als Überkapazitäten und kurzfristige Stornierungen von den Fluggesellschaften direkt am Flughafen zu günstigeren Konditionen angeboten wurden), im **Internet** und auch in **klassischen Reisebüros** zu finden. Von Seiten der **Reiseveranstalter** wird dem Trend zum kurzfristigen Buchen mit **Frühbucherrabatten** begegnet.

Bedeutung der Reisebüros

Da es sich bei der Reiseentscheidung um einen persönlichen Entscheidungsprozess für ein emotional hochaufgeladenes touristisches Produkt (z. B. „die schönsten Wochen des Jahres") handelt, spielt die Beratungskompetenz und der Faktor Vertrauen im Reiseentscheidungsprozess eine wesentliche Rolle. Dabei liegt der Vorteil von klassischen Reisebüros in

- der **persönlichen Beratung** (z. B. Möglichkeit für Rückfragen),
- der **Erfahrung und Kompetenz der Expedienten** (z. B. hilfreiche Zusatzinformationen, aber auch im Falle von Beschwerden und Haftungsfragen),
- der **Ersparnis von Zeit und Aufwand** (z. B. durch eine zielgerichtete Recherche) und
- der konkreten **Unterstützung bei der Kauf- bzw. Reiseentscheidung** (z. B. durch Geheimtipps).

Bedeutung des Internets im Tourismus

Als Informationsquellen im Zusammenhang mit der Entscheidung für eine Urlaubsreise bzw. Teilen davon (z.B. Flug, Unterkunft, Mietwagen etc.) gewinnt das Internet kontinuierlich an Bedeutung. Während im Jahr 2001 lediglich 31 % der Bevölkerung ab 14 Jahren in Deutschland Zugang zum Internet hatten (privat, am Arbeitsplatz und/oder anderswo), verdoppelte sich dieser Wert bis zum Jahr 2008 auf 62,3 %. Von diesen absolut gesehen 40,4 Millionen nutzen 72 % das Internet auch zur **Informationsbeschaffung** in Verbindung mit einer Urlaubsreise. Zur **Buchung** einer Urlaubsreise ist das Internet bislang vergleichsweise wenig bedeutend. Lediglich 38 % haben schon einmal eine Urlaubsreise ganz oder zumindest teilweise online gebucht. Das große Potenzial des Internets zeigt sich allerdings in den hohen Zuwachsraten (vgl. Abb. 2.15) sowie anhand der Tatsache, dass sich weitere 25 % vorstellen können, das Internet in Zukunft zur Buchung einer Urlaubsreise zu nutzen (vgl. ADERHOLD 2008, S. 81).

ROPOs

Die zunehmende Bedeutung des Internets ist generell auch für Reisebüros von Nutzen, und zwar nicht ausschließlich in Form ihrer eigenen Internetauftritte. Die Impulsstudie „ROPO – Research Online, Purchase Offline in der Touristik" (vgl. GOLLY 2009), die der Initiative der vier Unternehmen TUI, Google, iProspect und SEMPORA Consulting entstammt, identifiziert die zunehmende Bedeutung von Touristen, die **online recherchieren** und

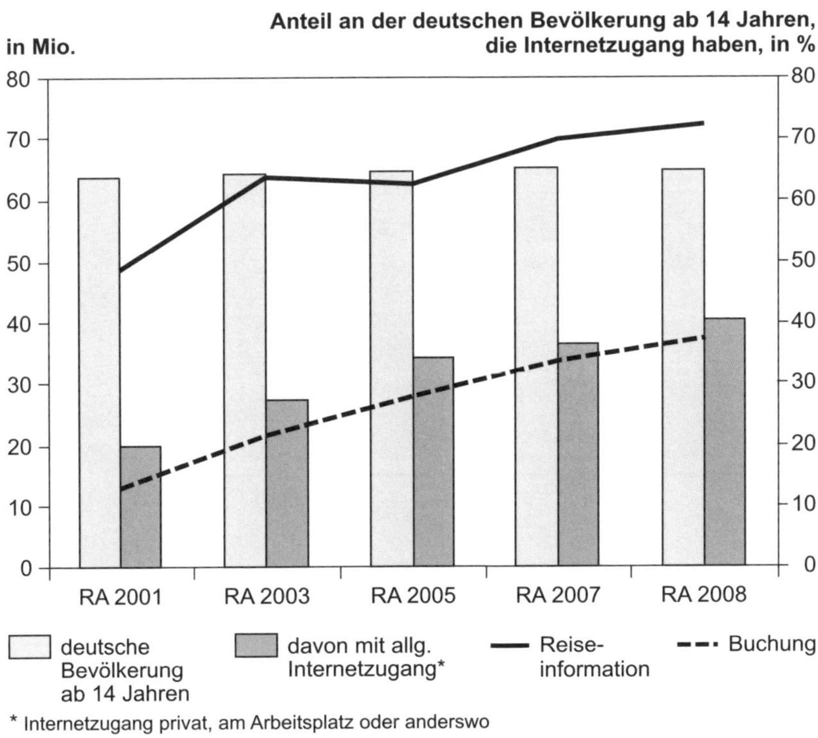

Abb. 2.15: Internetnutzung zur Informationsbeschaffung und Buchung in Verbindung mit der Urlaubsreise von Deutschen ab 14 Jahren im Zeitraum 2001 bis 2008 (nach ADERHOLD 2008, S. 80)

anschließend ihre Reise **im Reisebüro buchen**, den so genannten ROPOs (Research Online, Purchase Offline). Der von den ROPOs generierte Anteil an allen **Buchungen** betrug im Tourismusjahr 2006/2007 bereits 23 %, während die Bedeutung der Reisebüros als alleinige Anlaufstelle für Beratung und Buchung mit 39 % immer noch am größten war. Lediglich 7 % aller Buchungen fielen auf Kunden zurück, die sich im Reisebüro beraten lassen, um anschließend online zu buchen, während immerhin 14 % online recherchierten und buchten. Insgesamt 17 % der Touristen (sonstige Kaufentscheidungstypen) buchen weder online noch im Reisebüro, sondern z. B. direkt beim Leistungsträger oder telefonisch.

Werden diese sonstigen Kaufentscheidungstypen nicht berücksichtigt, zeigt sich im zeitlichen Verlauf, dass der Anteil am **Gesamtumsatz** des touristischen Kernmarktes, der von den ROPOs generiert wird, von 25 % im Tourismusjahr 2003/2004 auf 31 % im Tourismusjahr 2006/2007 angestiegen ist, während im selben Zeitraum die Bedeutung der Reisebüros als alleinige Anlaufstelle für Beratung und Buchung einer Reise deutlich sank (Rückgang des Anteils am Gesamtumsatz von 64 % auf 49 %). Lediglich 8 % der Umsätze im Tourismusjahr 2006/2007 (2003/2004: 6 %) stammten von Kunden, die sich im Reisebüro informieren, um anschließend im Internet zu buchen, während immerhin 12 % der Umsätze im Tourismusjahr 2006/2007 von Kunden getätigt wurden, die sowohl ihre Recherche als auch die Buchung einer Reise im Internet tätigen (2003/2004: 6 %). Der Besuch des Reisebüros erscheint den ROPOs aufgrund ihrer vorbereitenden Online-Recherche er-

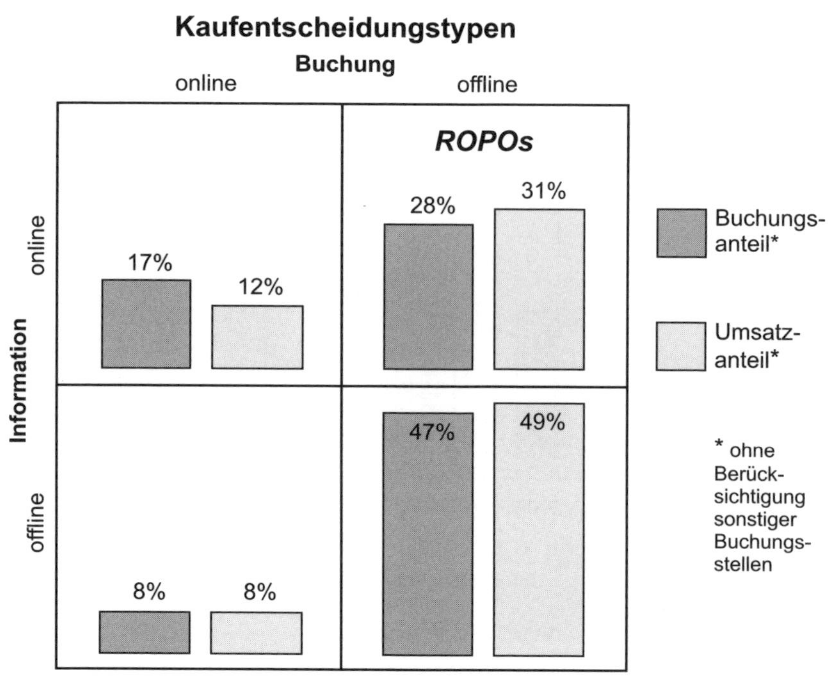

Abb. 2.16: Buchungs- und Umsatzanteile der jeweiligen Kaufentscheidungstypen am touristischen Kernmarkt 2006/2007 (nach GOLLY 2009)

giebiger. Im Vergleich zu den Buchungsanteilen nach Kaufentscheidungstypen fallen die von den ROPO-Kunden generierten Umsätze zudem überproportional hoch aus (vgl. Abb. 2.16 und GOLLY 2009). Insgesamt werden auch in Zukunft reale und virtuelle Geschäftsmodelle nebeneinander existieren.

2.3.4 Reiseverhalten

Reisebeteiligung und -häufigkeit

Allgemein kann die touristische Nachfrage in Reisende, Nicht-Reisende und Nie-Reisende (vgl. Kap. 1.1.1) eingeteilt werden. Die **Urlaubsreiseintensität** (Reiseintensität ohne Geschäftsreisen) stagniert in Deutschland seit Ende der 1990er-Jahre auf einem im internationalen Vergleich hohen Niveau von ca. 75 % (vgl. Abb. 2.17). Die **Kurzurlaubsreiseintensität** ist im Vergleich zur Urlaubsreiseintensität größeren Schwankungen unterworfen. Insgesamt tätigten 37 % der Deutschen ab 14 Jahren im Jahr 2008 mindestens eine und im Durchschnitt 1,81 Kurzurlaubsreisen (vgl. ADERHOLD 2008, S. 14 ff.). Während die **Reisehäufigkeit** (durchschnittliche Zahl der Urlaubsreisen pro Urlaubsreisendem) im Jahr 2004 noch 1,36 betrug, sank der Wert für 2008 auf 1,3 (vgl. F.U.R 2009a, o. S.).

Regelmäßigkeit der Reisebeteiligung

Die Beteiligung am Reisegeschehen drückt sich auch in der Regelmäßigkeit aus. Im Jahr 2007 waren insgesamt 58 % der Deutschen **regelmäßig Reisende** (vgl. Kap. 1.2.3), indessen waren 14 % der Deutschen **Selten-Reisende** (keine Urlaubsreise in einem der letzten drei Jahre) und 28 % sind den **Intervall-Reisenden** (nur in einem oder zwei der letzten drei Jahre eine Urlaubsreise) zuzurechnen (vgl. ADERHOLD 2008, S. 16).

Übernachtungsintensität

Neben der Beteiligung am Reisegeschehen wird bei der touristischen Nachfrage nach Übernachtungsintensität zwischen **übernachtendem Tourismus** und **Tagestourismus** (nichtübernachtender Tourismus, Tagesbesuch bzw. -ausflug) differenziert. Die (übernachtende) Nachfrage wird mit der

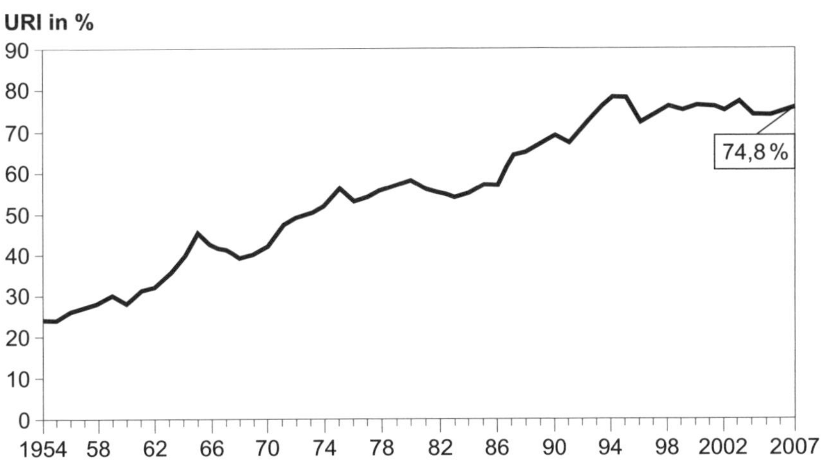

Abb. 2.17: Entwicklung der Urlaubsreiseintensität (URI) in Deutschland 1954 bis 2007 (nach ADERHOLD 2008, S. 14)

Zahl der **Ankünfte** und **Übernachtungen** aus der amtlichen Statistik erhoben. Aus räumlicher Sicht ist für die (übernachtende) Nachfrage das ursprüngliche und abgeleitete Angebot ausschlaggebend. So kann z. B. ein nach Einwohnerzahl kleiner, aber touristisch gut erschlossener Kurort ein weit größeres Aufkommen an Übernachtungen generieren als eine weit größere, aber touristisch weniger gut erschlossene Industriestadt.

Tagestourismus

Die Bedeutung des Tagestourismus in Deutschland wird durch die **Zahl der Tagesreisen** unterstrichen, die mit einem Gesamtaufkommen von rund 3,4 Milliarden Tagesreisen im Jahr 2006 die Anzahl der Gästeankünfte im übernachtenden Tourismus um den Faktor 25, die Zahl der Übernachtungen um den Faktor 10 übertraf. Trotz vergleichsweise geringerer Ausgaben ist der Tagestourismus aufgrund des enormen Reisevolumens innerhalb der touristischen Nachfrage von substanzieller Bedeutung (vgl. Maschke 2007, S. 63 ff.) und übertrifft den übernachtenden Tourismus hinsichtlich der ökonomischen Effekte (vgl. Schmude/Heumann 2009a, S. 331).

Reisedauer und Distanz zum Zielgebiet

Insgesamt ist langfristig ein Trend zu **kürzeren Urlaubsreisen** (ab fünf Tagen Dauer) festzustellen. Seit Ende der 1980er-Jahre gewinnen die Kurzurlaubsreisen gegenüber den Haupturlaubsreisen relativ an Bedeutung (vgl. Aderhold 2008, S. 16). Aus räumlicher Sicht unterscheidet sich die Dauer einer Urlaubsreise vor allem bei Inlands- und Auslandsreisen (2007: 10,4 bzw. 13,5 Tage) bzw. je nach der Zieldestination. Während ein Urlaub am Mittelmeer im Jahr 2007 durchschnittlich 13,8 Tage dauerte, verweilten die „Alpentouristen" im Durchschnitt lediglich 10,0 Tage im Zielgebiet. Zudem ist stets zu beachten, dass sich die Aufenthaltsdauer der Touristen in bestimmten Marktsegmenten zum Teil extrem unterscheiden. Während die Aufenthaltsdauer beispielsweise im Kurtourismus überdurchschnittlich hoch ausfällt, beträgt sie bei Städtereisen nur wenige Tage. Außerdem korreliert die Urlaubsreisedauer mit der Distanz zwischen Quell- und Zielgebiet. Fernreisen weisen eine vergleichsweise hohe durchschnittliche Aufenthaltsdauer auf (2007: 20,3 Tage gegenüber durchschnittlich 12,5 Tagen bei allen Urlaubsreisen; vgl. Aderhold 2008, S. 58 ff.).

Reiseverkehrsströme und -ziele

Bei der zeitlichen Entwicklung der Reiseströme der Deutschen zeigt sich, dass sich das **Verhältnis zwischen Auslands- und Binnenreisen** ab Mitte der 1990er-Jahre in etwa bei 2:1 stabilisiert hat (vgl. Abb. 2.18 und Aderhold 2008, S. 42). Zudem fällt der kurzfristige Rückgang der Auslandsreisen und dementsprechend das kurzfristige Ansteigen der Binnenreisen nach der Wiedervereinigung (innerdeutscher „Neugiertourismus") auf.

Trotz des hohen Anteils des Outgoing-Tourismus ist Deutschland nach wie vor das beliebteste Reiseziel der Deutschen (vgl. Kap. 1.4.2). Ähnlich wie bei den innerdeutschen Reisezielen zeichnet sich auch bei den ausländischen Destinationen eine Konkurrenz nach (natur-)räumlicher Ausstattung zwischen „**Wasser-Regionen**" und „**Berg-Regionen**" (Aderhold 2008, S. 46) bzw. zwischen „**Süden und Sonne**" und „**schöner Landschaft**" (Stiftung für Zukunftsfragen 2009b, S. 12) ab.

Käuferwanderungsbewegungen

Aus zeit-räumlicher Sicht kann die touristische Nachfrage nach Käuferwanderungsbewegungen analysiert werden. Während **Abwanderer** eine Destination in einem bestimmten Zeitraum (z. B. Tourismusjahr) mindestens einmal, aber im darauf folgenden Jahr nicht mehr aufsuchen, besuchen **Zuwanderer** eine Destination in einem bestimmten Zeitraum (z. B. Tourismus-

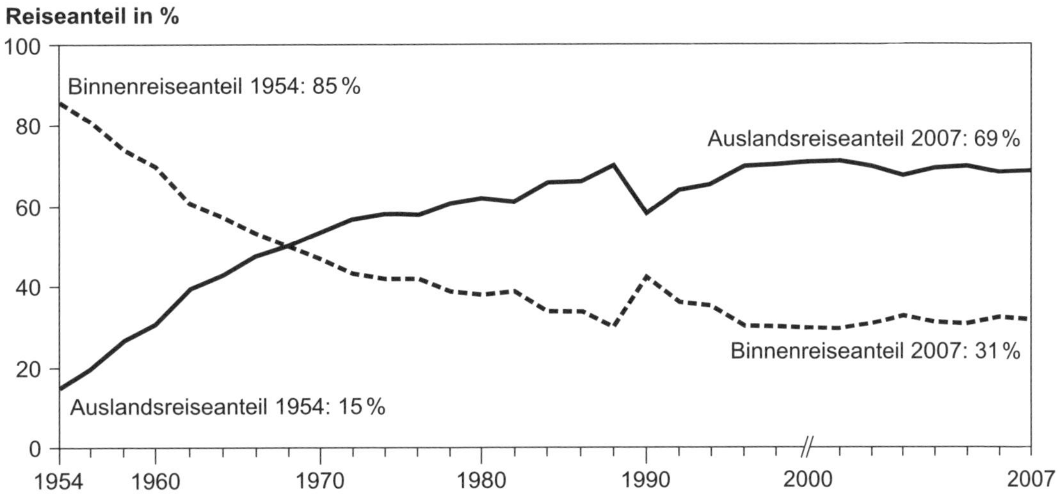

Abb. 2.18: Entwicklung der Binnen- und Auslandsreiseanteile der Deutschen 1954 bis 2007 (nach ADERHOLD 2008, S. 42)

jahr) mindestens einmal, ohne aber dieselbe Destination im vorangegangenen Jahr besucht zu haben. Als **Wiederkäufer** werden Touristen bezeichnet, die eine Destination in zwei aufeinander folgenden Untersuchungszeiträumen (z. B. in zwei aufeinander folgenden Tourismusjahren) jeweils mindestens einmal besuchen (vgl. GFK 2009b). In diesem Zusammenhang ist festzustellen, dass **Stammkunden** zunehmend an Bedeutung verlieren.

Verkehrsmittelwahl

Bei der Verkehrsmittelwahl zur allgemeinen Raumüberwindung bei einer Reise ist prinzipiell zwischen **An- und Abreise** und der **Fortbewegung während der Reise** zu unterscheiden. Während klassische Verkehrsmittel zur An- und Abreise z. B. das Flugzeug, die Bahn, der Bus oder der Pkw sind, steht bei Reisen mit dem (Kreuzfahrt-)Schiff, dem Motorrad oder dem Fahrrad das Verkehrsmittel selbst bzw. der mit ihnen verbundene Erlebniswert im Mittelpunkt einer Urlaubsreise. Der **Pkw** ist nach wie vor das beliebteste Fortbewegungsmittel der Deutschen bei Urlaubsreisen, da Autoreisen vergleichsweise preisgünstig, familienfreundlich, flexibel, orts- und zeitunabhängig sind. Insgesamt verreisten 48,4 % der Deutschen bei ihrer längsten Urlaubsreise im Jahr 2008 mit dem Auto, gefolgt vom Flugzeug (34,3 %), dem Bus (6,9 %), der Bahn (5,7 %), dem Wohnwagen bzw. -mobil (2,4 %), dem Schiff (1,6 %), dem Motorrad (0,4 %) und dem Fahrrad (0,3 %) (vgl. STIFTUNG FÜR ZUKUNFTSFRAGEN 2009b, S. 14 ff.).

Zahl der Reisenden

In Bezug auf die Gruppengröße kann festgestellt werden, dass fast die Hälfte aller Urlaubsreisen zu zweit durchgeführt wird (2008: 46 %). Lediglich 12 % aller Urlaubsreisen werden alleine angetreten, während sich die verbleibenden etwa 40 % auf Reisen mit mehr als zwei Teilnehmern verteilen. Die durchschnittliche Zahl der Reiseteilnehmer pro Urlaubsreise lag im Jahr 2007 bei 3,0 Personen (ADERHOLD 2008, S. 38).

Reisezeit

Die touristische Nachfrage unterliegt immer auch **zeitlichen Schwankungen**, die ihren Ausdruck in der **Saisonalität** finden (vgl. Kap. 1.2.3). Fast die Hälfte aller Haupturlaubsreisen der Deutschen im Jahr 2007 fand in den

Sommermonaten Juni, Juli und August statt. Dem gegenüber stehen die zusätzlichen Urlaubsreisen (z. B. Zweit-, Dritturlaubsreise), die sich vor allem auf die Zeit um Weihnachten, Ostern, Pfingsten und die Herbstferien konzentrieren. Lediglich ein Viertel aller zusätzlichen Urlaubsreisen fallen auf die Sommermonate. Als allgemeine Einflussfaktoren der Nachfrage auf die Saisonalität sind unter anderem folgende Veränderungen zu sehen (vgl. ADERHOLD 2008, S. 52 ff.):

- **strukturelle Veränderungen** der Gesellschaft in soziodemographischer Hinsicht (z. B. die Zunahme älterer Touristen, die zeitlich flexibler sind, bzw. die Abnahme der Touristen mit Kindern, die zeitlich eher gebunden sind).
- **Veränderungen im Reiseverhalten** (z. B. zusätzliche Urlaubsreisen außerhalb der Hochsaison),
- **räumliche Veränderungen** bei der Wahl der Destinationen (z. B. Destinationen, in denen auch außerhalb der Hochsaison des Quellgebiets ein Badeurlaub möglich ist).

Neben den „üblichen" zeitlichen Schwankungen in Bezug auf die Nachfrage einer Destination führen häufig auch **einmalige Ereignisse** zu einem sprunghaften Anstieg der Nachfrage. Von einer vorübergehend höheren Nachfrage profitierten beispielsweise Berlin mit der Ausstellung „Das MoMA in Berlin" in der Neuen Nationalgalerie im Jahr 2004 bzw. die Stadt Regensburg im Jahr 2006 durch den Papstbesuch.

Unterkunft

Die Nachfrage nach verschiedenen Unterkunftsformen hängt mit der Zusammensetzung der Reisegruppe, dem Reiseziel und der Reiseart zusammen. Einfluss haben ebenfalls die Präferenz bestimmter Zielgruppen für bestimmte Unterkunftsformen (z. B. Familien mit Kindern fragen Ferienhäuser und -wohnungen überdurchschnittlich häufig nach) und die touristische Entwicklung verschiedener Destinationen. Schließlich ist auch die Nachfrage nach bestimmen Destinationen, deren touristisches Angebot durch bestimmte **Beherbergungsformen** gekennzeichnet ist (z. B. Hotels und Ferienwohnungen in Spanien oder der Türkei, Ferienhäuser in Dänemark, Gasthöfe und Pensionen in Bayern oder Österreich) zu berücksichtigen. Als Unterkunft wählten im Jahr 2007 von allen deutschen Urlaubsreisenden

- 48 % **Hotels/Gasthöfe**,
- 24 % **Ferienwohnungen/-häuser**,
- 8 % **Pensionen/Privatzimmer**,
- 6 % **Camping/Wohnwagen/Wohnmobile**, während
- 12 % bei **Verwandten/Bekannten** unterkamen (vgl. ADERHOLD 2008, S. 72 ff.).

Reisepreis

Der durchschnittliche Preis je Reise muss vor allem vor dem Hintergrund des Reiseziels bzw. der Reisedistanz, der Reisedauer und des gewählten touristischen Produkts (z. B. Unterkunft) betrachtet werden. So unterscheidet sich der Reisepreis vor allem bei den In- und Auslandsreisen deutscher Urlauber. Während die Deutschen im Jahr 2007 für eine **Inlandsreise** durchschnittlich 504 € ausgaben, fielen für eine **Auslandsreise** im Durchschnitt 950 € an. Für **Fernreisen** gaben die Deutschen im Jahr 2007 durchschnittlich 2.116 € je Reise aus. Weiterhin ist zu beachten, dass große Unterschiede zwischen **verschiedenen Marktsegmenten** (z. B. Golftourismus, „gewöhnlicher" Badeurlaub) auftreten (vgl. ADERHOLD 2008, S. 58ff.). Dabei kann ein zunehmend wechselhaftes Konsumverhalten festgestellt werden, sowohl hinsichtlich der gewählten touristischen Produkte unterschiedlicher Marktsegmente als auch in Bezug auf den Reisepreis.

Hybrides Konsumverhalten

Dieses hybride Kaufverhalten (vgl. auch Kap. 2.3.1, Abb. 2.12) kann sowohl bei einer **konkreten (Urlaubs-)Reise** als auch im **allgemeinen Reiseverhalten** eines Touristen zum Ausdruck kommen. So kann ein Tourist bei einer konkreten (Urlaubs-)Reise z. B. ein „geiziges" und gleichzeitig „verschwenderisches" Kaufverhalten an den Tag legen (z. B. Billigflieger und 5-Sterne-Hotel). Andererseits kann sich das divergierende Verhalten auch auf die allgemeinen Reisegewohnheiten der Touristen auswirken (z. B. drei Jahre „Balkonien", im vierten Jahr Kreuzfahrt). In diesem Zusammenhang wird von **Luxese** gesprochen, ein Kompositum, welches das dichotome Verhalten zwischen Luxus und Askese in einem Begriff beschreibt (vgl. STIFTUNG FÜR ZUKUNFTSFRAGEN 2000).

Aktivitäten

Ähnlich wie bei den Motiven und Motivationen (vgl. Kap. 2.3.2) handelt es sich bei den während einer (Urlaubs-)Reise ausgeübten Aktivitäten meist um ein **Aktivitätenbündel**, wobei die tatsächlich durchgeführten Aktivitäten meist retrospektiv erhoben werden. Die von der TA (Deutsche Tourismusanalyse) erfassten körperlichen Betätigungen, die Deutsche während ihrer Urlaubsreise im Jahr 2008 am meisten durchgeführt haben, sind „Schwimmen/Baden" mit 66,4%, gefolgt von „Wandern/Bergsteigen/Trekking" (35,9%) und „Wassersport (z. B. Segeln, Surfen, Tauchen, Angeln)" mit 19,2% (vgl. STIFTUNG FÜR ZUKUNFTSFRAGEN 2009b, T7). Zu den allgemeinen Aktivitäten mit zunehmender Bedeutung zählen das Besichtigen von Sehenswürdigkeiten (z. B. Kulturtourismus) oder das Einkaufen (z. B. Shoppingtourismus).

Entwicklung der touristischen Nachfrage

Zusammenfassend kann festgestellt werden, dass die **Dynamik der touristischen Nachfrage** weniger in der Veränderung der Beteiligung am Reisegeschehen als vielmehr in der voranschreitenden **Ausdifferenzierung der Nachfrage** liegt. In einem Konsumenten- oder Käufermarkt bedeutet dies, dass die Angebotsseite ihre Produkte ebenfalls stärker ausdifferenzieren und an den Bedürfnissen der touristischen Nachfrage ausrichten muss. Ein Beleg dafür ist z. B. die Hotelkette Axel Hotels (www.axelhotels.com), die als erste Hotelkette weltweit ihr Angebot auf die Zielgruppe der Homosexuellen ausrichtet und 2009 in Berlin ihren dritten Standort (neben Barcelona und Buenos Aires) eröffnet. Weitere Beispiele sind das Baby & Kinder Bio-Resort Ulrichshof im Bayerischen Wald, das sich unter anderem durch eine professionelle Baby- und Kinderbetreuung auf Familien mit Kindern spezialisiert (www.ulrichshof.de), oder die auf „Urlaub mit Hund" spezialisierten Internet-Plattformen (z. B. www.bello-hotel.com).

2.3.5 Soziodemographische, -ökonomische, -geographische Strukturen von Touristen

Soziodemographische Einflussgrößen

Das **Alter** als soziodemographische Einflussgröße auf die aktive Teilnahme am Reisegeschehen verliert mehr und mehr an Einfluss. So zeigte sich im Jahr 2007 bei den über 60-Jährigen mit 69% im Vergleich zum Durchschnitt von 75 % immer noch eine hohe Urlaubsreiseintensität (URI). Lediglich die über 70-Jährigen waren mit 60 % deutlich weniger reiseaktiv als jüngere Altersgruppen (vgl. ADERHOLD 2008, S. 21). Gerade vor dem Hintergrund der demographischen Entwicklung erklärt sich das zunehmende Interesse der touristischen Angebotsseite an der Zielgruppe der „Alten", die je nach Abgrenzung auch als **„Generation 50plus"**, **„Best-Ager"**, **„Silver-Ager"**, **„Golden-Ager"** etc. bezeichnet werden. Mit den spezifischen Bedürfnissen, Interessen und Ansprüchen einer Generation höheren Alters bedarf es aber auch einer individuellen Ansprache von Seiten der touristischen Leistungsträger. Ein Beispiel hierfür ist die Kooperation der „50plus Hotels", die unter anderem dem Alter angepasste Serviceleistungen in Hotels in Deutschland, Österreich und Südtirol anbieten (www.50plushotels.de, www.50plushotels.at, www.50plushotels.it).

Während das **Geschlecht** als soziodemographische Einflussgröße auf die aktive Teilnahme am Reisegeschehen insgesamt keinen Einfluss aufweist, spielt es bei Aspekten der Reisemotivation, der Reiseentscheidung, des Reiseverhaltens und der Nachfrage in einzelnen Marktsegmenten zum Teil eine erhebliche Rolle. Während z. B. ca. drei Viertel der Geschäftsreisenden Männer sind (vgl. FREYER 2009, S. 96), sind Busreisende überwiegend Frauen (vgl. BDO 2007, S. 36).

Im Gegensatz zu Alter und Geschlecht zeigt sich bei der isolierten Betrachtung der **Schulbildung** ein vergleichsweise großer Einfluss auf die aktive Beteiligung am Reisegeschehen. Während im Jahr 2007 die Urlaubsreiseintensität der deutschsprachigen Bevölkerung mit Hauptschulabschluss 66 % betrug, erhöhte sich der Wert mit zunehmendem Qualifikationsniveau (80 % bei Realschulabschluss, 86 % bei Abitur oder Hochschulabschluss; vgl. ADERHOLD 2008, S. 28). Neben dem Grad der Beteiligung am Reisegeschehen beeinflusst das Bildungsniveau auch die Nachfrage einzelner Marktsegmente. So weisen z. B. Kulturtouristen ein vergleichsweise hohes Bildungsniveau auf (vgl. STEINECKE 2007, S. 15).

Mehrdimensionale Betrachtungsweise

Deutlicher als z. B. bei isolierter Betrachtung zeigen sich die soziodemographischen Einflüsse auf das Reiseverhalten in einer mehrdimensionalen Betrachtungsweise in Form von **Lebensphasengruppen** (vgl. auch Kap. 2.3.1, Tab. 2.12), also insbesondere in der **Kombination Alter, Familienstand** und dem Vorhandensein von **Kindern**. Die höchste Urlaubsreiseintensität wiesen im Jahr 2007 die „Jungen Verheirateten ohne Kinder" (83 %) und die „Familien mit größeren Kindern" (80 %) auf, wobei das Alter der Kinder eine Rolle spielt („Familien mit kleinen Kindern unter 6 Jahren" 74 %). Der Einfluss des Alleinseins auf die aktive Beteiligung am Reisegeschehen macht sich vor allem im Alter bemerkbar. So weisen sowohl die „Älteren Unverheirateten" (69 %) als auch die „Unverheirateten Senioren" (59 %) eine unterdurchschnittliche Urlaubsreiseintensität auf, während bei den „Jungen Unverheirateten" (76 %), den „Älteren Erwachsenen Paaren" (79 %) sowie den „Senioren-Paaren" (75 %) überdurchschnittliche Werte auftreten. In diesem Zusammenhang gewinnt vor allem das **intergenerationale Reisen** an Bedeutung, z. B. in der Personenkonstellation Großmutter und Enkel (vgl. ADERHOLD 2008, S. 24 ff.).

Sozioökonomische Einflussgrößen

Vor dem Hintergrund, dass höher gebildete Menschen in der Regel auch höhere Einkommen erzielen, zeigt sich der ebenfalls vergleichsweise große

Einfluss des **Einkommens** auf die Beteiligung am Reisegeschehen. Während im Jahr 2007 die Urlaubsreiseintensität der Bevölkerung der unteren Einkommensschicht (bis unter 1.500 €) 61 % aufwies, betrug sie bei der Schicht mit mittlerem Einkommen (von 1.500 € bis unter 2.500 €) 76 % und bei der oberen Einkommensschicht (mehr als 2.500 €) sogar 86 %, d.h. die Beteiligung am Reisegeschehen steigt mit der Höhe des Einkommens. Außerdem wirkt sich das verfügbare Einkommen unter anderem auch auf die Reisemotivation (z.B. Prestige einer Luxusreise), das Reiseverhalten (z.B. teurer, luxuriöser, häufiger, länger) und die Nachfrage einzelner Marktsegmente (z.B. Kreuzfahrttourismus, Golftourismus) aus.

Soziogeographische Einflussgrößen

Soziogeographische Einflussfaktoren auf das Reisegeschehen sind unter anderem die **räumlich unterschiedliche Ausstattung** (ursprüngliches und abgeleitetes Angebot) der Quellgebiete (Wohnort der Reisenden) und der von ihnen aufgesuchten Zielgebiete (vgl. auch Kap. 2.3.2, Push- und Pull-Faktoren). Des Weiteren spielen auch **räumlich unterschiedliche Voraussetzungen** für die touristische Nachfrage eine Rolle. So haben z.B. die je nach Bundesland unterschiedlichen Feiertags- und Schulferienregelungen – genau wie das Bildungsniveau oder das Einkommen – einen ganz konkreten Einfluss auf das Reiseverhalten der dort ansässigen Bevölkerung.

Als Beispiel für soziogeographisch bedingtes Reiseverhalten kann das unterschiedliche **Reiseverhalten der ost- und westdeutschen Bevölkerung** gesehen werden. Während z.B. bei der Urlaubsreiseintensität keine gravierenden Unterschiede festzustellen sind (West 2007: 74,7 %; Ost 2007: 75,2 %), wählten die Ostdeutschen im Vergleich zu den Westdeutschen im Jahr 2007 deutlich häufiger Ziele im Inland (40 % gegenüber 29 %) als im Ausland (60 % gegenüber 71 %), wenngleich der Anteil der Auslandsreisen der Ostdeutschen seit 1993 um neun Prozentpunkte zugelegt hatte. Auch bei den Ausgaben pro Person (für alle Reisen eines Jahres) zeigt sich ein Unterschied zwischen Ost- und Westdeutschen. So gaben die Ostdeutschen mit 759 € nur 92 % der Reiseausgaben der Westdeutschen (825 €) aus (vgl. ADERHOLD 2008, S. 48ff.). Es ist zu berücksichtigen, dass die soziogeographischen Einflüsse auf das Reiseverhalten oft vor dem Hintergrund struktureller soziodemographischer und/oder sozioökonomischer Unterschiede interpretiert werden müssen. Soziogeographische Einflüsse dürfen demnach nicht im geodeterministischen Sinn verstanden werden.

2.3.6 Anforderungen und Schwierigkeiten bei der Analyse der touristischen Nachfrage

Probleme bei der Analyse der Nachfrage

Neben bereits angedeuteten Schwierigkeiten wie beispielsweise der Problematik der räumlich unterschiedlichen Erhebungsarten (z.B. Quell-, Zielgebietserhebung; vgl. Kap. 1.2.1) stellt die **Identifizierung bzw. Messung der Tagesbesucher** eines der größten Probleme bei der Analyse der touristischen Nachfrage dar. Während die (zahlenden) Tagesbesucher z.B. beim Betreten oder Verlassen einer touristischen Einrichtung (z.B. Museum) registriert werden können (z.B. Point-of-Sale-Zählung), stellt sich gerade im Städtetourismus immer wieder die Frage nach der Zahl der Tagesbesucher. Hierfür gibt es weder eine räumliche (z.B. ab 50 km Entfernung), noch eine zeit-räumliche (z. B. Einzugsgebiet innerhalb einer Fahrtzeit von einer halben Stunde) Abgrenzung, die allgemein anerkannt ist. Die Darstellung der zeit-räumlichen Herkunft (Einzugsgebiete) kann durch Isochronenkarten (Karten mit Linien gleicher zeitlicher Entfernung) visualisiert werden, die wiederum als Grundlage für die räumlich gestaffelten Marketingaktivitäten von touristischen Einrichtungen und Destinationen genutzt werden können. So weitete beispielsweise der Erlebnis-Zoo Hannover mit Beginn seiner Umstrukturierung im Jahr 1994 seine Marketingaktivitäten sukzessive in vier Stufen à 30 Minuten von einer anfänglichen Entfernung von bis zu 30 Minuten auf eine Entfernung von bis zu 120 Minuten im Jahr 2006 aus (Auskunft der Zoo Hannover GmbH 2007).

Aufgrund der allgemeinen Erfassungsproblematik liefert die amtliche Statistik keine Informationen zu Umfang und Struktur des Tagestourismus. Eine in Bezug auf Aktualität und regionale Gliederungstiefe wichtige Quelle zur Quantifizierung des Tagestourismus sowie zur Abschätzung seiner (regional-)ökonomischen Bedeutung stellen jedoch die zwischen 2004 und 2006 durchgeführten Untersuchungen des Deutschen Wirtschaftswissenschaftlichen Instituts für Fremdenverkehr e. V. (DWIF) dar (MASCHKE 2007).

Ein weiteres Problem bei der Primärerhebung von Daten zur Analyse der touristischen Nachfrage liegt in der Schwierigkeit der genauen **definitorischen Bestimmung einzelner Motivationen** (vgl. Kap. 2.3.2). Am Beispiel des Kulturtourismus wird dies besonders deutlich: Je nach Definition von Kulturtourismus variiert der Anteil der Kulturtouristen in Deutschland zwischen vier Prozent der Bevölkerung, die eine Studienreise unternommen haben, und 32 %, die während ihrer Urlaubsreise (sehr) häufig kulturelle Sehenswürdigkeiten besucht haben (vgl. STEINECKE 2007, S. 12 f.).

Außerdem bereitet die **Selbstauskunft** von Touristen bei der Frage nach den Motiven bzw. Motivationen aufgrund der komplexen Struktur dieser Aspekte (vgl. Kap. 2.3.2) Schwierigkeiten. In diesem Zusammenhang ist das Problem des **eingeschränkten Erinnerungsvermögen** der Touristen zu beachten. So können sich die befragten Touristen meist nur schwer an die Reisen (z. B. Urlaubsreisen mit einer Dauer von mindestens vier Tagen) eines ganzen Jahres erinnern. Die Untersuchungen des GfK TravelScope (vgl. Kap. 1.3.2) erheben aus diesem Grund beispielsweise das jährliche Reiseverhalten von Haushalten (getätigte Urlaubsreisen ab einer Übernachtung) in vier Erhebungswellen mit jeweils dreimonatigen Beobachtungszyklen. Die amtliche Statistik über die touristische Nachfrage (vgl. Kap. 1.3.1) erfasst das touristische Reiseverhalten ebenfalls vierteljährlich. Neben der erwähnten Reflexionsfähigkeit müssen die Probanden ferner eine hohe **Artikulationsfähigkeit** aufweisen, um ihre Motive und Motivationen in Worte zu fassen.

Des Weiteren besteht die Gefahr, dass Probanden **sozial erwünschte Antworten** geben, während als problematisch geltende Motive bzw. Motivationen wie beispielsweise das Streben nach Prestige (z. B. im Fall einer Kreuzfahrt) oder der Wunsch nach sexuellen Kontakten im Urlaub häufig vorenthalten werden (vgl. STEINECKE 2006, S. 49).

Bei der Analyse der touristischen Nachfrage besteht außerdem die Gefahr der **selektiven Wahrnehmung**, d. h. es werden z. B. aufgrund von individuellen Erfahrungen, Einstellungen, Interessen, aber auch Wünschen und Erwartungen – meist unbewusst – nur bestimmte Aspekte wahrgenommen. Andere Aspekte werden hingegen ausgeblendet bzw. verdrängt, da sie vom Probanden als unwichtig eingeschätzt werden.

Des Weiteren stellt sich die Frage der **Überprüfbarkeit** der zukünftigen (Urlaubs-)Reiseabsichten der Touristen. Für diesen Fall untersucht z. B. das GfK TravelScope die Reiseabsichten für den Planungshorizont von zwölf Monaten. Diese Ergebnisse sind wiederum Grundlage für die nachfolgende Untersuchung der konkret durchgeführten Urlaubsreisen. So können die ehemaligen Reiseabsichten (Planung) mit dem tatsächlichen Reiseverhalten (Realität) abgeglichen werden (vgl. GfK 2009b).

Panel-Befragung

Für die Überprüfung der Reiseabsichten ist die Anlage der Analyse als Panel notwendig. Ein Panel ist eine Längsschnittuntersuchung, die eine zu **verschiedenen Zeitpunkten** durchgeführte Querschnitterhebung von **identischen Variablen** bei **identischer Durchführung** der Erhebung an den **identischen Untersuchungsobjekten** (hier: Reisende) wiederholt. Nur so können mögliche Abweichungen zwischen beabsichtigtem und tatsächlichem (Reise-)Verhalten auf der Individualebene festgestellt werden.

3 Wirkungen und Effekte des Tourismus

Die Wirkungen des Tourismus und die daraus resultierenden Effekte müssen in engem Zusammenhang mit den Akteuren auf der Angebots- und Nachfrageseite (vgl. Kap. 2) sowie dem touristischen Aktionsraum gesehen werden. Während die durch den Tourismus ausgelösten ökonomischen Effekte (vgl. Kap. 3.1) eine überwiegend positive Bewertung erfahren, werden die vom Tourismus und den Reisenden ausgehenden Wirkungen auf die Landschaft und die Umwelt (vgl. Kap. 3.2) sowie auf die Bereisten und deren Soziokultur (vgl. Kap. 3.3) wesentlich kritischer eingeschätzt. In der tourismuswissenschaftlichen Diskussion existiert bis Mitte der 1970er-Jahre eine nahezu einseitige Betonung ökonomischer Fragestellungen. Erst mit dem verstärkten Auftreten negativer Begleiterscheinungen des Tourismus (insbesondere in Entwicklungsländern) rücken verstärkt auch ökologische und soziokulturelle Probleme stärker in den Fokus des wissenschaftlichen Diskurses. Eine Zusammenführung aller drei Wirkungsbereiche (Ökonomie, Ökologie, Soziokultur) wird schließlich im Konzept des nachhaltigen Tourismus ab Mitte der 1990er-Jahre umgesetzt (vgl. Kap. 3.4).

3.1 Ökonomie und Tourismus

Der World Travel & Tourism Council (WTTC) erwartet für das Jahr 2009 durch den Tourismus einen Beitrag von 5.474 Mrd. US-$ zum weltweiten Bruttoinlandsprodukt (BIP), was einem Anteil von 9,4% des globalen Bruttosozialprodukts entspricht (vgl. WTTC 2009). Mit rund 220 Millionen Beschäftigten finden sich 2009 weltweit 7,6% aller Arbeitsplätze im Bereich Tourismus. Nach einem erwarteten Rückgang von 3,5% beim realen BIP der weltweiten Tourismusindustrie im Jahr 2009, der vor allem der Finanz- und Wirtschaftskrise geschuldet ist, wird für die nächsten zehn Jahre von jährlichen Zuwachsraten von durchschnittlich vier Prozent ausgegangen. Ebenso wichtig wie der Blick auf die globale ökonomische Bedeutung des Tourismus ist die Analyse der verschiedenen ökonomischen Wirkungen und Effekte.

3.1.1 Arten ökonomischer Effekte

Monetäre und nichtmonetäre Effekte

Ökonomische Effekte werden sowohl durch den Tages- als auch durch den übernachtenden Tourismus ausgelöst und können sich sowohl in monetären (z. B. Deviseneffekte) und nichtmonetären Größen niederschlagen. Nichtmonetäre Effekte treten beispielsweise auf dem Arbeitsmarkt auf (z. B. Beschäftigungseffekte) oder können durch Veränderung regionalwirtschaftlicher Strukturen (z. B. regionale Ausgleichseffekte) wirksam werden.

Tangible und intangible Effekte

Analog zu monetären und nichtmonetären kann zwischen tangiblen und intangiblen Effekten unterschieden werden. Zu den intangiblen Effekten gehören unter anderem (Infra-)Struktur-, Image- oder Kompetenzeffekte, durch die sich die Rahmenbedingungen für die Tourismuswirtschaft verbessern. Diese Effekte sind oft nicht eindeutig nachweisbar. Offensichtlicher sind im Gegensatz dazu die tangiblen Effekte, die sich durch einen Beitrag der Tourismuswirtschaft zu Einkommen und Beschäftigung niederschlagen. Allerdings ist die **Quantifizierung** der tangiblen Effekte im Rahmen regionalökonomischer oder gesamtstaatlicher Analysen aufgrund des Querschnittcharakters der Branche methodisch ebenfalls schwierig (vgl. Kap. 3.1.3).

Neben der Quantifizierung absoluter bzw. relativer ökonomischer Effekte (z. B. Umsätze durch Tourismus bzw. Beitrag des Tourismus zum Volkseinkommen) ist auch deren **Veränderung** von Bedeutung. Denn häufig wird dem Tourismus die Rolle eines Wachstumsmotors für die Wirtschaft eines Raumes zugeschrieben, d. h. in der Regel wird von positiven ökonomischen Effekten des Tourismus ausgegangen, da die Tourismuswirtschaft nach dem Zweiten Weltkrieg nahezu weltweit, insbesondere aber in Europa und den USA, zu den Wirtschaftsbereichen gehören, die ein nahezu ununterbrochenes Wachstum aufweisen.

Direkte, indirekte und induzierte Effekte

Weiter kann bei der Analyse der ökonomischen Effekte des Tourismus zwischen direkten, indirekten und induzierten Wirkungen unterschieden werden (Cooper et al. 2005, S. 162 f.), die z. B. bei der Generierung von Einkommen und Beschäftigung auftreten. Direkte Effekte sind neben den **staatlichen Transferleistungen** vor allem die **Einkommen**, die unmittelbar aus den durch die (Tages-)Touristen getätigten Ausgaben resultieren. Ein Beispiel für diese erste Umsatzstufe sind etwa die vom Touristen getätigten Ausgaben für seine Beherbergung. Indirekte Effekte treten dagegen durch die **vor- und nachgelagerten Leistungen** auf, die zur Erstellung, Durchführung und Nachbereitung des touristischen Angebots erbracht werden. Eine vorgelagerte Leistung dieser zweiten Umsatzstufe ist z. B. der vom Möbelhersteller erzielte Erlös aus dem Verkauf von Betten, die zur Beherbergung von Gästen produziert werden. Nachgelagerte Leistungen werden etwa durch Entsorgungsaufgaben erbracht. Schließlich sind auch induzierte Effekte zu berücksichtigen, die auf Ausgaben beruhen, welche auf der in den ersten beiden Umsatzstufen generierten **zusätzlichen Kaufkraft** beruhen und zu Ausgaben führen, die ihrerseits zu Einkommen beitragen. So tätigen beispielsweise der Hotelier und der Möbelhersteller aufgrund ihrer Einnahmen zusätzliche Ausgaben, die wiederum – zumindest teilweise – zu neuen Einkommen in der Region führen. Direkte, indirekte und induzierte Effekte können für verschiedene ökonomische Größen ermittelt werden, z. B. für

- die **Einkommen**,
- die **Beschäftigung** und
- die **Umsätze**.

Multiplikatoreffekt

Aus dem Verhältnis von direkten zu indirekten und induzierten Effekten resultiert der Multiplikatoreffekt. Ganz allgemein gibt der Multiplikatoreffekt den Faktor an, um den sich eine bestimmte Größe (abhängige Variable) aufgrund der Änderung einer anderen Größe (unabhängige Variable) verändert. Multiplikatoreffekte können für verschiedene Größen berechnet werden und werden dann z. B. als **Einkommens-, Arbeitsplatz- oder Außenhandelsmultiplikator** bezeichnet. Beispielsweise bedeutet ein Arbeitsplatzmultiplikator von 1,5, dass durch jeden im Tourismus geschaffenen Arbeitsplatz ein weiterer halber Arbeitsplatz entsteht. Bezogen auf die Nettowertschöpfung gibt FREYER (2009, S. 451) den Multiplikatoreffekt für Tourismus mit durchschnittlich 1,43 an.

Höhe des Multiplikatoreffekts

Je nach betrachteter Größe und je nach räumlichem Bezug variiert der Multiplikatoreffekt. Hierbei gilt als Faustregel: Je differenzierter die (Tourismus-)Wirtschaft einer betrachteten räumlichen Einheit entwickelt ist, desto höher fällt der Multiplikatoreffekt aus. Ursache hierfür ist die Tatsache, dass in gut entwickelten Volkswirtschaften die Verflechtungen verschiedener Wirtschaftsbereiche stärker ausgeprägt sind als in wenig entwickelten Volkswirtschaften. Somit fällt die Notwendigkeit des Imports von Produkten und Dienstleistungen geringer aus. Aus der empirischen Tourismusforschung liegen nur wenige Untersuchungen zu den Multiplikatoreffekten für einzelne Staaten oder Regionen vor (vgl. Tab. 3.1). Hierbei handelt es sich überwiegend um Analysen in vergleichsweise gering diversifizierten Volkswirtschaften (z. B. kleine Inselstaaten) oder um Untersuchungen auf relativ hohem Aggregationsniveau (z. B. auf Staatenbasis).

Tab. 3.1: Multiplikatoreffekte für Wertschöpfung, Einkommen und Beschäftigung für ausgewählte Regionen (nach COOPER et al. 2005, S. 177 ff.)

	Multiplikatoreffekt
Untersuchungsraum	**Wertschöpfung**
Industrieregionen	2,00–3,40
städtische Regionen	1,57–2,20
ländliche Regionen	1,12–1,35
	Einkommen
US-Staaten	1,23–1,98
US-Bundesstaaten/Counties	0,44–1,30
UK-Regionen/Counties	0,29–0,47
UK-Städte	0,19–0,40
	Beschäftigung
Jamaica	4,61
Mauritius	3,76
Bermuda	3,02
West Samoa	1,96
Republik Palau	1,67

Berechnung der ökonomischen Bedeutung von Tourismus

In Deutschland werden die direkten und indirekten Einkommens- und Beschäftigungseffekte häufig im Rahmen **touristischer Wertschöpfungsstudien** berechnet und in Geldeinheiten und Arbeitsplätzen angegeben. Beispielsweise lag der Gesamteinkommenseffekt im Tourismus für das Jahr 2006 nach Berechnungen des DWIF (Deutsches Wirtschaftswissenschaftliches Institut für Fremdenverkehr e. V. an der Universität München) bei 98,7 Mrd. € (vgl. MASCHKE 2007, S. 116ff.), wobei die wirtschaftliche Bedeutung des Tagestourismus aufgrund des hohen Aufkommens deutlich höher einzustufen ist als die des übernachtenden Tourismus. Es treten deutliche regionale Unterschiede im Verhältnis der Bedeutung von Tages- zu übernachtendem Tourismus auf (vgl. auch Kap. 1.2.3, Abb. 1.3).

Ein weiterer Ansatz zur Berechnung der ökonomischen Effekte vor allem im internationalen Vergleich ist das so genannte **Tourimussatellitenkonto (Tourism Satellite Account, TSA)**. Das TSA wird von der UNWTO seit dem Jahr 2000 eingesetzt, verfolgt einen nachfrageorientierten Ansatz mit einem Input-Output-Modell und greift auf Daten der nationalen Statistiken zurück. Zur Ermittlung der ökonomischen Effekte wird aus jedem Bereich der Volkswirtschaftlichen Gesamtrechnung (z. B. Bauwirtschaft oder Transportwesen) die touristische Komponente aufgrund empirisch ermittelter Anteile herausgerechnet (vgl. BMWA 2003, S. 6f.). Hierbei werden sowohl der **touristische Konsum** (private und betriebliche Ausgaben) als auch – im Gegensatz zur oben erwähnten touristischen Wertschöpfungsstudie – **staatliche Leistungen** (z. B. Subventionen) und die noch im Inland getätigten **Ausgaben der Outbound-Touristen** berücksichtigt. Aus dieser Summe (2008: 220,8 Mrd. €) lässt sich durch Abzug der Ausgaben für Vorleistungen und Importe (2008: 93,0 Mrd. €) der Einkommenseffekt (2008: 127,8 Mrd. €) berechnen. Aufgrund der weiter gefassten Ausgabenbereiche fallen die ökonomischen Effekte nach dem TSA höher aus als bei den touristischen Wertschöpfungsstudien des DWIF. Folglich variieren je nach Berechnung auch die Angaben über den Anteil des Tourismus am Bruttoinlandsprodukt (BIP). Für Deutschland wird von einem Anteil von 8–10 % ausgegangen.

Deviseneffekte

Zu speziellen ökonomischen Effekten führen die grenzüberschreitenden Reiseverkehrsströme, denn Inbound- bzw. Outbound-Tourismus sind entscheidend für die durch den grenzüberschreitenden Tourismus ausgelösten Deviseneffekte. Grundsätzlich muss bei Analysen des Deviseneffekts berücksichtigt werden, dass die Einnahmen aus dem Inbound-Tourismus, die auch als **Bruttodeviseneffekt** bezeichnet werden, nur teilweise im Zielland verbleiben. Je nach Höhe der Ausgaben für importierte Leistungen und Produkte (z. B. zur Versorgung von Touristen) fließt ein Teil der Einnahmen aus den Zielländern wieder ab, die verbleibenden Einnahmen bilden den **Nettodeviseneffekt**. Der Quotient aus Ausgaben für Importe und den Bruttodevisen (multipliziert mit 100) entspricht der **Sickerrate**. Grundsätzlich gilt, dass die Höhe der Sickerrate vom Entwicklungsstand und Diversifizierungsgrad der Volkswirtschaft abhängt. Nach VORLAUFER (2003, S. 8) beträgt die Sickerrate in Ländern mit einer diversifizierten Wirtschaft (z. B. Mexiko, Marokko oder China) in der Regel weniger als 15 %. Da insbesondere in Entwicklungsländern und kleinen Inselstaaten für den Tourismus umfangreiche Importe an Vorleistungen und/oder Produkten notwendig sind, fällt die Sickerrate in diesen Ländern (z. B. Seychellen oder Malediven) deutlich höher aus (50 % bis zu 80 %; vgl. Tab. 3.2).

Die Sickerrate wurde insbesondere in Zusammenhang mit einer zunehmend kritischen Bewertung von Tourismus in Entwicklungsländern thematisiert. Aus dieser „Ernüchterungsphase“ stammt auch die Mehrzahl der Arbeiten ab Mitte der 1970er- sowie der 1980er-Jahre, in denen die **Importabhängigkeit** des Tourismus in Entwicklungsländern in den Mittelpunkt der Diskussion gestellt wird (vgl. EISENSTEIN 1993, S. 24ff.) und einen „der wichtigsten Indikatoren bei der Bewertung der Tourismusrentabilität“ darstellt (VELISSARIOU 1991, S. 30). Aus der jüngeren Zeit liegen nur vereinzelte Ergebnisse vor. In der Regel erfordert die Ermittlung von Sickerraten Primärerhebungen vor Ort (z. B. über die Zulieferstrukturen). Die so ermittelten Ergebnisse sind meist im Sinne von Abschätzungen zu interpretieren.

Tab. 3.2: Sickerraten für ausgewählte Länder/Ländergruppen (eigene Darstellung)

Land/Ländergruppe	**Sickerrate**	**Autor/Jahr**
Malediven	80–90 %	DOMRÖS 2003
Kenia	12 %	EED 2007
kleine Entwicklungsländer	40–50 %	UNCTAD in ADERHOLD et al. 2000
Mikrostaaten Karibik	> 50 %	ADERHOLD et al. 2000
Thailand	70 %	UNWTO in ADERHOLD et al. 2000
Malediven, Seychellen	> 50 %	VORLAUFER 2003
Mexiko, Marokko, China	< 15 %	VORLAUFER 2003

Neben dem Entwicklungsstand und dem Diversifizierungsgrad der Volkswirtschaft hat auch die Art des angebotenen Tourismus und die Bedeutung ausländischer Tourismuskonzerne Einfluss auf die Höhe der Sickerrate. Allgemein gilt: Je höher die Qualität des angebotenen Tourismus ist (extrem: Luxustourismus) und je stärker das Engagement ausländischer Tourismuskonzerne ausfällt (extrem: Hotelressorts mit All-Inclusive-Angebot), desto größer ist die „Gefahr“ einer hohen Sickerrate.

Reiseverkehrsbilanz

Die mit dem internationalen Reiseverkehr verbundenen Geldströme werden durch die Zahlungsbilanz bzw. die Reiseverkehrsbilanz sichtbar. Die Reiseverkehrsbilanz wird in der Regel für Staaten berechnet und stellt die durch den Outbound-Tourismus generierten Ausgaben den Einnahmen durch den Inbound-Tourismus gegenüber, d. h. es werden die im Ausland getätigten Ausgaben der Bevölkerung eines Landes in Relation gesetzt zu den Einnahmen, die durch ausländische Touristen im Inland erzielt werden. Das Verhältnis gibt an, ob es sich um ein **Überschuss-** oder **Defizitland** im Tourismus handelt. Deutschland ist aufgrund der Berechnung dieses Saldos als Defizitland zu bezeichnen, da die Ausgaben der deutschen Bevölkerung auf Auslandsreisen (Outbound-Tourismus) etwa im Verhältnis von 3:1 zu den Einnahmen durch den Inbound-Tourismus stehen, wobei sich das Defizit in der jüngeren Vergangenheit kontinuierlich erhöht hat (vgl. Abb. 3.1). Frankreich und die USA sind dagegen Beispiele für Überschussländer der Reiseverkehrsbilanz (für Europa vgl. auch Kap. 1.4.3, Tab. 1.6).

Die Bedeutung der Zielländer in der Reiseverkehrsbilanz (gemessen an den Ausgaben der Reisenden) weicht von der Bedeutung der Zielländer nach den Reiseverkehrsströmen (gemessen an den Ankünften der Reisen-

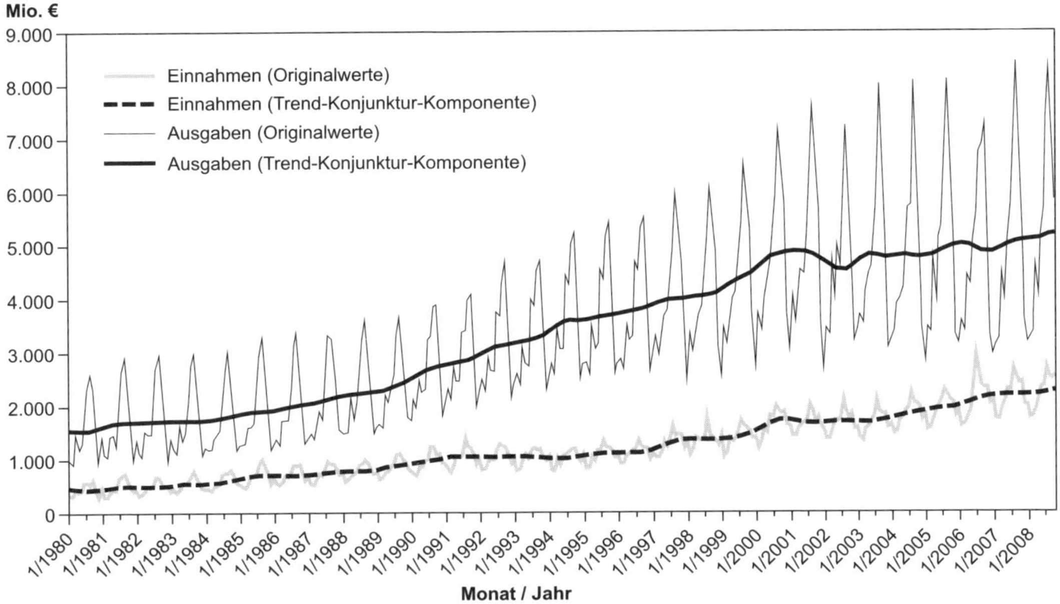

Abb. 3.1: Entwicklung der Einnahmen und Ausgaben im internationalen Reiseverkehr Deutschlands 1980 bis 2008 (nach SCHMUDE/HEUMANN 2009a, S. 338)

den) ab (vgl. auch Kap. 1.4.1). Diese Diskrepanzen lassen sich durch die im jeweiligen Zielland vorherrschenden Tourismusarten erklären (z.B. Luxus- vs. Backpacker-Tourismus). So nimmt beispielsweise bei den Reiseausgaben der Deutschen im Ausland Österreich den zweiten Rang ein (vgl. Tab. 3.3), obwohl es in der Rangliste der beliebtesten Reiseziele der Deutschen lediglich den vierten Platz erreicht (vgl. auch Kap. 1.3.2, Tab. 1.3). Mit Ausnahme der Niederlande und der Schweiz hat Deutschland im Jahr 2008 für alle in Tabelle 3.3 angeführten Zielländer eine negative Zahlungsbilanz.

Verteilung der Tourismusströme

Die zunehmende ökonomische Bedeutung des Tourismus für die Weltwirtschaft ist auch daran abzulesen, dass sich die Volumina auf der Ausgaben- und Einnahmenseite kontinuierlich erhöht haben. Außerdem ist festzustellen, dass immer mehr Staaten am Tourismusmarkt partizipieren und sich die Konzentration auf die wichtigsten Quell- und Zielländer gemessen an den touristischen Geldströmen verringert hat (vgl. Tab. 3.4). So entfiel im Jahr 2002 „nur" noch ein Anteil von knapp 38 % der globalen Tourismuseinnahmen (1986 noch 43,8 %) auf die wichtigsten fünf Zielländer (USA, Spanien, Frankreich, Italien und China). Die fünf Länder mit den stärksten Outbound-Geldströmen (USA, Deutschland, Großbritannien, Japan und Frankreich) vereinten im Jahr 2002 „nur" noch einen Anteil von 41,7 % an den globalen Tourismusausgaben (1986 noch 53,5 %) auf sich. Die Bezeichnung als **„Reiseweltmeister"** verdankt **Deutschland** der Tatsache, dass die Deutschen Spitzenreiter bei den Ausgaben im internationalen Reiseverkehr sind. Diese beliefen sich im Jahr 2007 nach Angaben der UNWTO (2008b) auf rund 82,9 Mrd. US-$, die folgenden Plätze belegten die USA (76,2 Mrd. US-$) und Großbritannien (72,3 Mrd. US-$).

Tab. 3.3: Reiseausgaben der Deutschen in ausgewählten europäischen Ländern 1980 bis 2008 (DEUTSCHE BUNDESBANK 2009)

Zielland	**Ausgaben (in Mio. €)**			
	1980	**1990**	**2000**	**2008**
Spanien	1.632,80	3.892,55	8.259,49	7.306,76
Österreich	3.447,29	5.086,14	5.771,89	6.174,56
Italien	3.676,18	3.353,74	6.411,00	6.105,53
Frankreich	1.379,21	2.962,37	3.895,24	3.913,47
Türkei	36,42	936,95	2.521,89	3.460,96
Niederlande	1.149,35	1.451,92	2.151,38	2.840,70
Schweiz	1.458,05	2.092,02	2.980,90	2.747,63
Tschechische Republik	k. A.	k. A.	1.102,13	1.920,06
UK	503,74	734,67	1.572,00	1.517,94
EU-27	13.683,02	21.469,59	38.540,77	40.570,97
EU-15	13.287,23	20.801,54	34.590,04	34.582,54

Tab. 3.4: Entwicklung der Ausgaben und Einnahmen im globalen Tourismus 1986 bis 2002 (nach COOPER et al. 2005, S. 155 f.)

	Ausgaben (in Mrd. US-$)				**Einnahmen (in Mrd. US-$)**			
Ländergruppe	**1986**	**1990**	**1995**	**2002**	**1986**	**1990**	**1995**	**2002**
Top-5	66,9	123,3	174,6	197,8	60,3	116,7	160,5	179,8
übrige Länder	58,1	119,9	182,3	276,2	77,3	144,4	232,6	294,5
Welt	125,0	243,2	356,9	474,0	137,6	261,1	393,1	474,3
Anteil der Top-5	53,5%	50,7%	48,9%	41,7%	43,8%	44,7%	40,8%	37,9%

3.1.2 Arbeitsmarkt und Tourismus

Abgrenzung des Arbeitsmarktes

Der touristische Arbeitsmarkt umfasst zum einen den **engeren, typischen Bereich** der touristischen Beschäftigung (z. B. im Beherbergungssektor). Zum anderen werden auch im **ergänzenden, indirekten Bereich** der touristischen Beschäftigung Arbeitsplätze bereitgestellt. Hierbei handelt es sich um Branchen bzw. Wirtschaftszweige, in denen nur ein Teil der Arbeitsplätze dem Tourismus zugerechnet werden können (z. B. im Einzelhandel). Es treten also auch auf dem Arbeitsmarkt Multiplikatoreffekte (vgl. auch Kap. 3.1.1) auf, die allerdings schwer zu quantifizieren sind. In Deutschland belaufen sich diese je nach Abschätzung auf eine halbe bis ca. eine Million Arbeitsplätze. Entsprechend variieren die Angaben für den Anteil, den die Tourismuswirtschaft am gesamten Arbeitsmarkt stellt, zwischen 5 % und

10 %. Der Deutsche Tourismusverband e. V. geht von einer Quote von 8 % aus (vgl. DTV 2008, S. 5).

Quantifizierung der Arbeitsplätze

Aufgrund des Querschnittcharakters der Tourismuswirtschaft ist es schwierig, die Zahl der Arbeitsplätze im Tourismus exakt zu bestimmen, insbesondere mit zunehmender regionaler Differenzierung. Für Teilbereiche der Tourismuswirtschaft kann eine indirekte Abschätzung der Arbeitsplatzanzahl vorgenommen werden. So gibt FREYER (2009, S. 451) als Faustregel an, dass in Deutschland im Beherbergungsgewerbe etwa 780 Übernachtungen oder fünf bis zehn Betten einem Arbeitsplatz entsprechen.

Häufig ist es jedoch lediglich möglich, den gesamten touristischen Arbeitsmarkt näherungsweise abzuschätzen. Für Deutschland gibt es entsprechend **verschiedene Abschätzungen**, die übereinstimmend davon ausgehen, dass die Tourismuswirtschaft eine der wichtigsten Brachen für den Arbeitsmarkt ist, die Zahl der Arbeitsplätze jedoch unterschiedlich hoch ansetzen. Der Deutsche Tourismusverband e. V. (DTV 2008, S. 5) gibt beispielsweise „die Gesamtzahl der Beschäftigten in den unmittelbaren und mittelbar dem Tourismus zugerechneten Bereichen […] inklusive Teil- und Saisonarbeitskräften" mit rund 2,8 Millionen an, wobei sich der Verband wiederum auf verschiedene Quellen bezieht.

Über **Multiplikatoreffekte** (vgl. auch Kap. 3.1.1), die sich in indirekt geschaffenen Arbeitsplätzen niederschlagen, kann Tourismus im Nebenerwerb dazu beitragen, weitere Arbeitsplätze in anderen Wirtschaftsbereichen zu sichern. So können etwa durch den Tourismus als zusätzliche Einnahmequelle Arbeitsplätze im Primären Sektor gesichert werden (z. B. durch Urlaub auf dem Bauernhof).

Ein weiteres Problem bei der Erfassung der Arbeitsplätze im Tourismus und der Abschätzung ihrer Bedeutung für den gesamten Arbeitsmarkt liegt in der **Saisonalität** des Tourismus begründet, infolgedessen ein Teil der Arbeitsplätze „nur" eine saisonale Beschäftigung bieten. Dieses Arbeitsmarktproblem ist insbesondere in den Regionen von Bedeutung, in denen die touristische Nachfrage eine hohe Saisonalität (vgl. Kap. 1.2.3) aufweist (z. B. in einseitig auf Wintertourismus ausgerichteten Regionen). Dabei gilt grundsätzlich, dass der touristische Arbeitsmarkt in Regionen mit einer ausgeprägten Monostruktur besonders anfällig für Krisen ist (z. B. bei Naturkatastrophen, Terroranschlägen oder konjunkturellen Krisen, die zu Reiseverzicht führen).

Arbeitslosigkeit und Tourismus

Trotzdem ist die Tourismuswirtschaft in vielen Regionen ein wichtiger **Arbeitsplatzgenerator** und trägt insbesondere in ländlichen, peripheren Regionen wesentlich dazu bei, die Arbeitslosenquote zu reduzieren. So wiesen im Jahr 2006 von den 20 NUTS-2-Regionen (räumliche Bezugseinheit der Amtlichen Statistik in der EU, entspricht in Deutschland weitgehend den Regierungsbezirken) mit der höchsten Zahl an Übernachtungen je Einwohner in der Europäischen Union 17 Regionen eine im Vergleich zum Landesdurchschnitt unterdurchschnittliche Arbeitslosenquote auf. Am deutlichsten wird die Quote in der Autonomen Provinz Bozen (–4,2 %) unterschritten. Lediglich auf den Ionischen Inseln (+2,3 %), den Kanarischen Inseln (+3,2 %) sowie auf Korsika (+1,1 %) liegt die Arbeitslosenquote über dem Landesdurchschnitt. Auf der NUTS-3-Ebene (entspricht in Deutschland weitgehend den Stadt- und Landkreisen) fällt der Zusammenhang zwischen angebotener Bettenkapazität je 1.000 Einwohnern und Arbeitslosenquote etwas schwächer aus: Von den 23 Regionen mit dem höchsten relativen Bettenangebot wiesen im Jahr 2006 insgesamt 16 Regionen eine unterdurchschnittliche Arbeitslosenquote auf. Sechs der sieben Regionen mit überdurchschnittlicher Arbeitslosenquote liegen in Griechenland bzw. Frankreich (jeweils drei Regionen); die siebte Region mit überdurchschnittlicher Arbeitslosenquote ist die Insel Rügen (vgl. EUROSTAT 2008b, S. 13 f.).

Ausbildungs- und Berufsspektrum

Da der Tourismus erst im Laufe der zweiten Hälfte des 20. Jahrhunderts eine größere wirtschaftliche Bedeutung erhalten hat, befindet sich das Ausbildungs- und berufliche Tätigkeitsspektrum noch in einem **Differenzierungsprozess**, den ältere Branchen bereits durchlaufen haben. Allgemein kann festgestellt werden, dass es erst mit zunehmender wirtschaftlicher Bedeutung und **Professionalisierung** einer Branche zu einer immer stärkeren Differenzierung und **Formalisierung von Berufsausbildungen und -abschlüssen** kommt. Die Professionalisierung im Tourismus ist bedingt durch die Tatsache, dass sich die Branche aufgrund der zunehmenden wirtschaftlichen Bedeutung zu einer neuen **Leitökonomie** der „Zweiten Moderne" (Dienstleistungsgesellschaft; vgl. ROMEISS-STRACKE 1998, S. 10) entwickelt hat, bei der im Vergleich zur „Ersten Moderne" (Industriegesellschaft) ähnliche Prozesse ablaufen (etwa hinsichtlich der Differenzierung der Berufsbilder). Dies gilt auch für die zunehmende Differenzierung von Ausbildungsgängen und Berufsbildern, die sich durch die erst in den letzten Jahren entstandenen neuen touristischen Berufe (z. B. Travel Manager) oder die zahlreichen neuen Tourismusstudiengänge an staatlichen wie privaten Fachhochschulen und Universitäten belegen lassen. Einerseits ist aufgrund dieses Differenzierungsprozesses ein **zunehmendes Qualifizierungs- und Ausbildungsniveau** im Tourismus festzustellen. Andererseits muss berücksichtigt werden, dass es sich in vielen Tätigkeitsfeldern des Tourismus (vermeintlich) um unattraktive Arbeitsplätze handelt (z. B. aufgrund der Arbeitszeiten), die zudem oftmals ein niedriges soziales Prestige haben. Ein Grund hierfür ist die Tatsache, dass für eine Vielzahl von Arbeitsplätzen – wenn überhaupt – nur eine geringfügige Qualifikation notwendig ist. Als Beleg gilt dabei der hohe Anteil an beruflichen Quereinsteigern in den touristischen Arbeitsmarkt.

Insbesondere in Entwicklungsländern ist als Problem zu berücksichtigen, dass die wenigen Arbeitsplätze für Hochqualifizierte im Tourismus häufig mit ausländischen Arbeitskräften besetzt werden, was – zumindest teilweise – daran liegt, dass nicht ausreichend einschlägig hochqualifizierte, einheimische Arbeitskräfte zur Verfügung stehen. Der Einsatz ausländischer Hochqualifizierter (z. B. im Management) führt zu einer Verstärkung der Sickerrate (vgl. Kap. 3.1.1). Dagegen werden die Arbeitsplätze ohne bzw. mit niedrigem Qualifikationsanspruch oft mit einheimischen Arbeitskräften besetzt. Hierdurch wird jedoch unter Umständen das soziokulturelle Gefüge der Gastgebergesellschaft (meist negativ) beeinflusst (vgl. Kap. 3.3).

3.1.3 Regionalökonomische Wirkungen durch Tourismus

Um die regionalökonomische Bedeutung des Tourismus einschätzen zu können, ist die **Berücksichtigung der regionalen Verteilung** touristischer

Destinationen notwendig, denn durch gesamtwirtschaftliche Aussagen auf hohem räumlichem Aggregationsniveau (z. B. für Staaten oder Bundesländer) werden häufig **regionale Disparitäten** im Tourismus ignoriert. So entfielen beispielsweise im Jahr 2006 in Österreich auf nur 1,2 % der Tourismusgemeinden rund 25 % aller Übernachtungen bzw. auf lediglich 4,8 % der Tourismusgemeinden etwa die Hälfte aller Übernachtungen. Zudem sind deutliche saisonale Unterschiede erkennbar (vgl. Tab. 3.5): Dem wintertouristisch dominierten Westen Österreichs steht ein eher sommertouristischer Osten und Süden gegenüber.

Bedeutung des räumlichen Analyseniveaus

Tab. 3.5: Übernachtungsstärkste Gemeinden in Österreich 2006 (nach EDER 2007, S. 10)

Winterhalbjahr (Übernachtungen in Mio.)		**Sommerhalbjahr (Übernachtungen in Mio.)**	
Wien	3,81	Wien	5,54
Sölden	1,72	Salzburg	1,37
Saalbach-Hinterglemm	1,45	St. Kanzian/Kloppeiner See	0,72
Ischgl	1,22	Mittelberg	0,72
St. Anton am Arlberg	0,93	Innsbruck	0,62
Lech	0,87	Villach	0,62
Mittelberg	0,82	Zell am See	0,59
Mayrhofen	0,81	Seefeld in Tirol	0,56
Neustift im Stubaital	0,75	Eben am Achensee	0,54
Zell am See	0,74	Mayrhofen	0,54

Innerhalb vieler Staaten konzentriert sich der Tourismus auf landschaftlich attraktive, jedoch peripher gelegene Regionen (z. B. Küstenabschnitte), die für andere Wirtschaftszweige (insbesondere die Industrie) eher unattraktiv sind.

Regionale Ausgleichseffekte

Durch die Ansiedlung des Tourismus in diesen wirtschaftlichen Passivräumen können regionale Ausgleichseffekte bzw. Entwicklungsimpulse ausgelöst werden, denn mit der Entwicklung des Tourismus kommt es meist zu einem **Ausbau der Infrastruktur** (z. B. Straßen, Kommunikationssysteme oder Wasserver- und -entsorgung), von der auch die ansässige Bevölkerung profitiert. Nicht zuletzt deshalb gilt in peripheren Regionen der Tourismus oft als Hoffnungsträger sowohl zum Infrastrukturausbau als auch zur **Schaffung neuer Arbeitsplätze** bzw. **Generierung höherer Einkommen**. In Deutschland galt das beispielsweise in den ersten Nachwendejahren für viele ländliche Regionen in den neuen Bundesländern (vgl. KAISER 2007, S. 123).

... in Entwicklungsländern

Für Entwicklungsländer wurde Tourismus insbesondere in der „Euphoriephase" der 1960er- und 1970er-Jahre als geeignetes **Instrument zum Ausgleich** der gerade in diesen Ländern ausgeprägten regionalen Disparitäten (vgl. VORLAUFER 1990, S. 7) in Bezug auf Einkommen, Beschäftigung, Infrastruktur und/oder Wertschöpfung eingeschätzt. Insbesondere der Infrastruktureffekt wird jedoch zunehmend kritisch gesehen, da sich die neu geschaffene Infrastruktur an den Bedürfnissen der Touristen orientiert und der Gebrauchswert für die ansässige Bevölkerung oftmals relativ gering ist.

... im internationalen bis globalen Maßstab

Neben den regionalen Ausgleichseffekten werden von EISENSTEIN (1993, S. 85f.) auch **internationale, interkontinentale und globale Ausgleichseffekte** thematisiert. Internationale Ausgleichseffekte treten beispielsweise innerhalb Europas durch die starke Reiseaktivität der Bevölkerung nord- und mitteleuropäischer Staaten in südeuropäische Länder auf, durch die – zumindest teilweise – wirtschaftliche Ungleichgewichte in Europa reduziert werden. Interkontinentale und globale Ausgleichseffekte können gegebenenfalls durch Fernreisetourismus entstehen.

Negative ökonomische Effekte

Neben den bisher thematisierten, eher positiv bis neutral zu bewertenden ökonomischen Effekten des Tourismus sind negative wirtschaftliche Folgen insbesondere bei der Entwicklung einer zu stark monostrukturiert ausgerichteten Wirtschaft zu beobachten, die sich niederschlagen können in

- Verdrängungs-,
- Verknappungs-,
- Preissteigerungs-,
- Arbeitskräfteabzugs-,
- Saisonalitäts-,
- Abhängigkeits- und
- Investitionssubstitutionseffekten.

So kann es beispielsweise durch bessere Verdienstmöglichkeiten oder (vermeintlich) attraktivere Arbeitsbedingungen im Tourismus zu einer Verdrängung der Agrarwirtschaft kommen, die mit dem Verlust von Arbeitsplätzen im Primären Sektor und der Verringerung der Selbstversorgungsquote einhergeht (z.B. in Entwicklungsländern). Auch der Preisanstieg (z.B. für Immobilien) ist ein möglicher negativer Effekt als Folge der Entwicklung einer Region zur touristischen Destination.

3.2 Ökologie und Tourismus

Umwelt als Ressource für Tourismus

Eine intakte Natur und Landschaft gilt als Grundvoraussetzung für Tourismus. Hierzu gehört unter anderem das natürliche Angebot (vgl. Kap. 2.1) als Teil des ursprünglichen Angebots einer touristischen Destination. Entsprechend sind ein gesundes Klima (44 %) oder Natur (40 %) wichtige Entscheidungskriterien bei der Wahl der Urlaubsdestination für die deutschen Bundesbürger (vgl. ADERHOLD 2008, S. 87).

Einerseits stellen **Natur und Landschaft** ganz wesentliche Ressourcen für den Tourismus dar, andererseits werden sie durch den Tourismus genutzt. Tourismus und Umwelt stehen also in einem sehr engen Verhältnis. Eingriffe und Störungen des Ökosystems (nicht nur durch den Tourismus) können für den Tourismus gravierende Folgen bis hin zur Zerstörung seiner Grundlagen bedeuten, d. h. Tourismus kann sowohl die Rolle des Verursachers als auch des Leidtragenden der ökologischen Auswirkungen einnehmen.

Im Gegensatz zur überwiegend positiven Einschätzung der ökonomischen Effekte des Tourismus werden in Bezug auf seine ökologischen Wirkungen vor allem negative Folgen thematisiert (vgl. Kap. 3.2.1). Die öffentliche Diskussion und wissenschaftliche Auseinandersetzung mit den vom Tourismus verursachten Eingriffen und Folgen auf Natur und Landschaft insbesondere ab Mitte der 1970er-Jahre führten zu einer verstärkten Betonung der ökologischen Aspekte in der tourismuswissenschaftlichen Diskussion und zur Entwicklung des Konzepts des sanften Tourismus (vgl. Kap. 3.2.2).

3.2.1 Auswirkungen des Tourismus auf Natur und Landschaft

Die Beschäftigung mit den ökologischen Auswirkungen des Tourismus ist überwiegend eine Auseinandersetzung mit seinen negativen Folgen, da sie häufiger als positive Auswirkungen auftreten. Zur Abschätzung der (positiven wie negativen) Folgen wird in der Regel der aktuelle Zustand eines touristischen Ortes bzw. einer Destination mit dem Zustand in einem früheren Entwicklungsstadium (im Extremfall vor Auftreten des Tourismus) verglichen. So wird z. B. die Artenverarmung von Flora und Fauna durch den Vergleich entsprechender Inventare verschiedener Zeitpunkte nachgewiesen. Außerdem ist zu berücksichtigen, dass durch den Tourismus verursachte Eingriffe in die Ökologie eines Raumes (zumindest teilweise) auch Auswirkungen auf andere Wirtschaftsbereiche haben können. So kann z. B. die heimische Fischerei unter einer durch den Tourismus verursachten Reduzierung der Vielfalt und Größe von Fischpopulationen leiden.

Negative Folgen der Eingriffe

Grundsätzlich gilt, dass Tourismus ohne Beeinträchtigung der Umwelt nicht möglich ist. Es stellt sich viel mehr die Frage nach der **Intensität** der Eingriffe sowie den **Folgen** und **Wirkungen**. Einflüsse auf die Ökologie bzw. Eingriffe in den Naturhaushalt erfolgen sowohl durch die Reisenden und ihre touristischen Aktivitäten als auch durch die für sie geschaffene Infra- und Suprastruktur (vgl. Kap. 2.1.1). Folgen solcher Eingriffe sind unter anderem

- die **Landschaftszersiedelung** (z. B. durch Ferienwohnungen),
- die **Flächenversiegelung** (z. B. durch Parkplätze in Skigebieten),
- die **Landschaftszerstörung** (z. B. durch Skipisten),
- die **Verunstaltung des Landschaftsbildes** (z. B. durch Hotelbauten),
- die **Belastung von Gewässern** (z. B. durch Einleitung von Abwässern),
- die **Verschmutzung der Luft** (z. B. durch Verkehrsemissionen),
- die **Gefährdung von Flora und Fauna** (z. B. durch Sportaktivitäten im Gelände),
- die **Zerstörung von (Natur-)Denkmälern** (z. B. durch Übernutzung).

Diese Folgen sind nicht ausschließlich auf die Ökologie beschränkt, sondern betreffen auch **Landschaftsphysiognomie** und Aspekte der **Landschaftswahrnehmung** (z. B. durch Beeinträchtigungen ästhetischer Art).

Ein Teil der negativen Auswirkungen kann (gegebenenfalls vorsorglich) durch den Auf- und Ausbau einer entsprechenden Ver- und Entsorgungsinfrastruktur bzw. durch Planungs- und Lenkungsmaßnahmen zumindest reduziert werden. Die Intensität der Folgen hängt zum einen von der Art des Tourismus und zum anderen insbesondere vom Verhalten der Touristen ab (vgl. Kap. 3.2.2).

Positive Folgen der Eingriffe

Neben den überwiegend negativen Wirkungen kann sich der Tourismus in ökologischer Hinsicht aber auch positiv auswirken, indem er z. B. als Auslöser für die **Einrichtung von Naturparken und Landschaftsschutzgebieten** fungiert. Auch der **Schutz** oder die **Restauration** historischer (Natur-)Denkmäler kann teilweise auf den Tourismus zurückgeführt oder zumindest hierdurch unterstützt werden. In der Folge kann Tourismus auch einen Beitrag zur **Sensibilisierung für Umweltfragen** leisten sowie gegebenenfalls einen **Einstellungs- und Verhaltenswandel** unterstützen – auf Seiten der einheimischen Bevölkerung und/oder der Reisenden.

Die ökologischen Wirkungen von Tourismus treten nicht nur in der touristischen Destination selbst, sondern entlang der gesamten touristischen Leistungskette auf (z. B. auch beim Transport vom Quell- ins Zielgebiet der Reisenden). Gleichwohl werden die Auswirkungen in der touristischen Destination oftmals am deutlichsten sichtbar und thematisiert.

3.2.2 Zum Konzept des sanften Tourismus

Entwicklung zum sanften Tourismus

Die Auseinandersetzung mit den Wirkungen des Tourismus auf die Ökologie begann ab Mitte der 1970er-Jahre, als die negativen Begleiterscheinungen des modernen Massentourismus zunehmend sichtbar wurden. Dabei ist der sanfte Tourismus als **Gegenströmung zur einseitigen, rein ökonomischen Betrachtungsweise des (Massen-)Tourismus** zu verstehen. Als Ausgangspunkt der wissenschaftlichen Diskussion kann rückwirkend Krippendorfs **„Die Landschaftsfresser"** angesehen werden, der die Zersiedelung der Landschaft durch den Flächenbedarf des Tourismus thematisiert: „Die Zukunft des Tourismus hängt weit mehr von der Bewahrung der natürlichen Landschaft als von ihrer maximalen Erschließung ab" (Krippendorf 1975, S. 86). Zu einer verstärkten Wahrnehmung der negativen Folgen des Tourismus führte außerdem vor allem der Beitrag des Zukunftsforschers Jungk (1980, S. 156) in der Zeitschrift GEO Magazin mit dem Titel: „Wieviel Touristen pro Hektar Strand?" Anhand von Gegensatzlisten (vgl. Tab. 3.6) wird **hartes und sanftes Reisen** charakterisiert, wobei verstärkt auch Verhaltensweisen der Reisenden Berücksichtigung finden.

Diese Gegensatzliste wurde von anderen Autoren aufgegriffen (z. B. Krippendorf 1982, S. 365 ff.) und erweitert, wobei als Gegensatz zum harten Reisen der Begriff des sanften Tourismus eingeführt wird. Als Synonyme werden in der einschlägigen Literatur auch die Begriffe intelligenter, stiller, alternativer, naturnaher, nichttechnisierter, angepasster, einfacher, grüner, umweltfreundlicher oder umweltbewusster Tourismus verwendet (vgl. Hasslacher 1984, S. 8 f.).

Konkretisierung der Idee

Die Idee eines sanften Tourismus wurde Ende der 1980er-Jahre zunehmend konkretisiert (z. B. für das Virgental in Osttirol oder die Gemeinde Hindelang im Allgäu), wobei einzelne Autoren (z. B. Hasslacher 1985, S. 47 ff.) bereits früh darauf hinwiesen, dass sanfter Tourismus nicht ein glo-

Tab. 3.6: Gegensatzpaare zur Beschreibung von harten und sanften Reisen (nach JUNGK 1980, S. 156)

Hartes Reisen	**Sanftes Reisen**
Massentourismus	Einzel-, Familien-, Freundesreisen
wenig Zeit	viel Zeit
schnelle Verkehrsmittel	angemessene Verkehrsmittel
festes Programm	spontane Entscheidungen
außengelenkt	innengelenkt
importierter Lebensstil	landesüblicher Lebensstil
Sehenswürdigkeiten	Erlebnisse
bequem und passiv	anstrengend und aktiv
wenig oder keine Vorbereitung	Vorbereitung auf das Besuchsland
keine Fremdsprache	Sprachen lernen
Überlegenheitsgefühl	Lernfreude
einkaufen	Geschenke bringen
Souvenirs	Erinnerungen, Aufzeichnungen, neue Erkenntnisse
knipsen und Ansichtskarten	fotografieren, zeichnen, malen
Neugier	Takt
laut	leise

bales Konzept für die gesamte Tourismusentwicklung ist, sondern als **räumlich beschränktes, qualitativ neues Teilsegment** des gesamten Tourismusgeschehens gesehen werden muss. Insbesondere gilt: „Sanfter Tourismus in bereits gut entwickelten Tourismusgebieten ist nur unter Vorbehalt möglich" (ROMEISS-STRACKE 1993, S. 366).

Der Ansatz des sanften Tourismus findet nicht nur in Bezug auf touristische Destinationen Anwendung, es werden auch die verschiedenen Arten des Tourismus hinsichtlich ihres „Härtegrades" beurteilt. So gelten etwa Fahrrad- oder Wandertourismus im Vergleich zum Ski- oder Fernreisetourismus als sanftere Tourismusarten.

Erweiterung des Konzepts

Während vor der Entwicklung des sanften Tourismus eine primär ökonomische Betrachtungsweise vorherrschte, erweiterte ROCHLITZ (1985, S. 45) das Konzept des sanften Tourismus zu einem **systemtheoretischen Ansatz**, der ein sich im Gleichgewichtszustand befindliches System beschreibt, deren Systemfaktoren (intakte Landschaft, optimale Erholung der Gäste, intakte Soziokultur der Einheimischen sowie wirtschaftliche Wertschöpfung) gleichberechtigt nebeneinander existieren (vgl. Abb. 3.2). Einzig zwischen den Faktoren Erholung und intakte Landschaft können negative Beziehun-

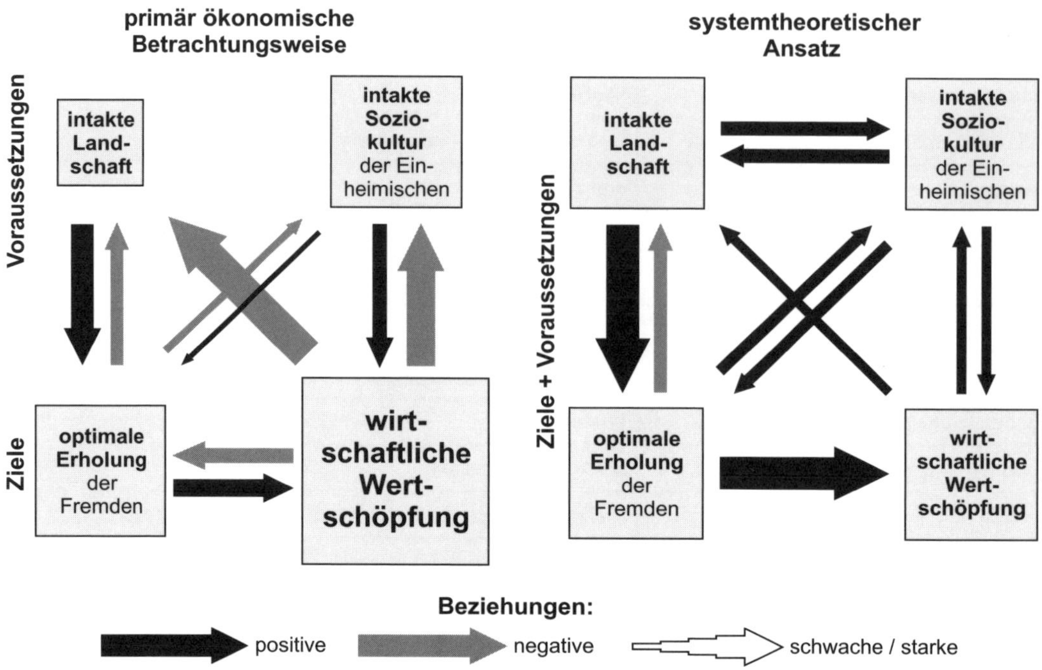

Abb. 3.2: Systemtheoretischer Ansatz des sanften Tourismus (nach ROCHLITZ 1985, S. 45)

gen auftreten, da Umweltbeeinträchtigungen auch bei der sanftesten Form der Landschaftsnutzung oftmals nicht vermieden werden können. Diesen wird jedoch im Sinne der ökologischen Vorsorge entgegengewirkt, da ein Teil der wirtschaftlichen Wertschöpfung stets dazu verwendet wird, Eingriffe und deren Folgen in die Natur zu minimieren. Dieser systemtheoretische Ansatz kann als ein Vorläufer des nachhaltigen Tourismus (vgl. Kap. 3.4) interpretiert werden.

3.3 Soziokultur und Tourismus

Soziokulturelle Spannungsfelder

Wie die ökologischen Wirkungen sind auch die soziokulturellen Wirkungen des Tourismus eher problematisch zu sehen. So können soziokulturelle Spannungsfelder im Tourismus zu Missstimmungen sowohl in der Bevölkerung als auch unter den Touristen einer Destination und gegebenenfalls zur gänzlichen Abneigung des Tourismus führen. In Bezug auf die Messung der unterschiedlichen Arten soziokultureller Effekte (vgl. Kap. 3.3.1) sind die Identifizierung, die Gewichtung, die Messung und der Vergleich geeigneter Indikatoren von Schwierigkeiten gekennzeichnet. Gleichwohl existieren Ansätze, die eine Berücksichtigung insbesondere soziokultureller Aspekte bei der zukünftigen Entwicklung von Tourismus anstreben (vgl. Kap. 3.3.2). Allerdings haben diese Ansätze bisher eine relativ geringe Verbreitung in der Tourismuswirtschaft erfahren.

3.3.1 Arten soziokultureller Effekte

Soziokulturelle Belastungen

In Bezug auf die soziokulturellen Wirkungen des Tourismus werden zumeist negative Auswirkungen des Tourismus beschrieben. Grundlegend kann zwischen den soziokulturellen Wirkungen auf die Einheimischen und die Touristen unterschieden werden.

Die größte **soziokulturelle Belastung für die Touristen** selbst ist gerade vor dem Hintergrund der Urlaubsmotivation Erholung die hohe Frequentierung touristischer Orte, also die „quantitative Belastung" durch den Massentourismus. Zudem treten **Nutzungskonflikte** im Bereich der Freizeitaktivitäten (z. B. Wanderer vs. Mountainbiker) und **Beeinträchtigungen** ästhetischer und ökologischer Art (z. B. die Verunstaltung des Landschaftsbildes durch so genannte „Bettenburgen", Wasserverschmutzung) auf. Weitere Beeinträchtigungen für die Touristen beim Zusammentreffen mit den Einheimischen können Ressentiments bis hin zu Konflikten sein, die versteckt oder aber auch ganz offensichtlich auftreten und zur gegenseitigen Ablehnung führen können (vgl. LOSANG 2000, S. 67 f.).

Die durch den Tourismus ausgelösten **soziokulturellen Wirkungen auf die Einheimischen** äußern sich ebenfalls in überwiegend negativer Weise. Neben einer allgemein gestiegenen Sensibilität und der zunehmenden Beschäftigung mit soziokulturellen Konflikten kann festgestellt werden, dass die Berücksichtigung und Bewertung dieser Effekte häufiger von den Vertretern der Quellgebiete als in den betroffenen Zielgebieten selbst thematisiert wird. Die Zurückhaltung der Betroffenen ist schwierig zu interpretieren, kann sie einerseits die indirekte Zustimmung zum Tourismus bedeuten, andererseits aber lediglich die Machtlosigkeit der Betroffenen gegenüber einer unerwünschten Entwicklung widerspiegeln.

Räumliche und zeitliche Perspektive

Aus räumlicher Perspektive haben gerade die Untersuchungen des Tourismus in **Entwicklungsländern** zum Forschungsfortschritt beigetragen. Wenngleich die soziokulturellen Auswirkungen dort am deutlichsten auftreten, sind sie in ähnlicher Form für nahezu alle touristischen Orte von Relevanz (vgl. FREYER 2009, S. 487). Aus zeitlicher Perspektive erhöht sich der negative Einfluss auf die Kultur des Zielgebiets gemäß dem Destinationslebenszyklus von der Entdeckungs- bis zur Konsolidierungsphase (vgl. auch Kap. 2.2.1), wobei letztere häufig ihren Ausdruck im Massentourismus findet (vgl. LOSANG 2000, S. 63). Eine hohe **Saisonalität** kann ebenfalls einen negativen Einfluss auf die Kultur des Zielgebiets haben, da saisonale Schwankungen des touristischen Geschehens auch Konflikte im soziokulturellen Bereich mit sich bringen können.

Generell führt das regelmäßige Aufeinandertreffen von Personen unterschiedlicher kultureller Hintergründe und Erwartungshaltungen (Alltag vs. Urlaub) zur gegenseitigen **Beeinflussung der gewöhnlichen Verhaltensweisen**, wobei „die Träger der weniger entwickelten Kulturen [...] in der Regel eine stärkere Angleichung durchmachen" (KRIPPENDORF 1978, S. 59 in FREYER 2009, S. 487). Grundsätzlich gilt: Je größer die soziokulturelle Distanz zwischen Quell- und Ziegebiet ist, desto stärker können Demonstrations-, Imitations- und Identifikations- sowie Akkulturationseffekte ausfallen. Ferner ist zu berücksichtigen, dass die überwiegend negativen soziokulturellen Effekte vor allem auf die Bereisten wirken, da diese dem Tourismus in ihrer gewohnten Alltagswelt (zum Teil) ständig ausgesetzt sind, während sich die Touristen nur vorübergehend in der „Fremde" aufhalten.

Soziokulturelle Effekte

Der **Demonstrationseffekt** hat seine Grundlage im Vorleben touristischer Konsummuster und Verhaltensweisen. Beim Zusammentreffen von Touristen und Einheimischen wird letzteren demonstriert, dass und inwiefern sie anders sind. Dabei werden nicht existente bzw. nicht bewusste Bedürfnisse und Begierden auf Seiten der Bereisten geweckt, die zu einer erhöhten Nachfrage nach „fremden" Konsumgütern (z. B. Lebensmittel, alkoholische wie nichtalkoholische Getränke, Bekleidung, Schuhe, Accessoires, Sport-, Elektronik- und Lifestyleartikel) und zur Nachahmung der „fremden" Verhaltensweisen führen können. Die unmittelbaren Folgen sind häufig in der Erhöhung der Kriminalitätsrate, in Bettelei, Prostitution und Alkoholismus zu sehen. Die Oberflächlichkeit der touristischen Begegnung kann zudem zur Verfestigung von Vorurteilen führen (vgl. KIRSTGES 2003, S. 19). Meist ist die Beeinflussung bzw. Veränderung einheimischer Konsummuster und Verhaltensweisen der einheimischen Kulturen ein längerer Prozess, wobei der **Imitationseffekt** eher eine äußerliche Nachahmung kultureller Verhaltens- und Konsummuster beschreibt, während der **Identifikationseffekt** auf einer innerlichen Übernahme von überwiegend immateriellen Bestandteilen der fremden Kultur beruht (vgl. BIEGER 2007, S. 41). Der **Akkulturationseffekt** beschreibt den Prozess der (meist) gegenseitigen Beeinflussung und Angleichung verschiedener Kulturen, also das langsame Übernehmen fremder kultureller Elemente. Diese Entwicklung geht häufig Hand in Hand mit der Folklorisierung (z. B. übertriebene, wenig authentische Begrüßungszeremonien) bzw. der Kommerzialisierung der lokalen Kultur (z. B. werden religiöse Zeremonien zugunsten fotografierender Touristen aus ihrem überlieferten Kontext gerissen; vgl. Kirstges 2003, S. 19). Der Akkulturationseffekt ist somit der erste Schritt zur Angleichung zweier Kulturen, der im Extremfall zur vollständigen Aufgabe eigenständiger kultureller Elemente (z. B. Bräuche, Riten) führen kann. **Akkulturation** beschreibt die Aufgabe bzw. ein fortgeschrittenes Stadium der Angleichung verschiedener Kulturen, allerdings unter der Voraussetzung, dass die von den Touristen „importierten" kulturellen Elemente auch von der einheimischen Bevölkerung akzeptiert werden. Als Gegenstück ist die Ablehnung der durch die Touristen vorgelebten **Verhaltens- und Konsummuster** zu sehen, was zu erheblichen offenkundigen oder hintergründigen Konflikten führen kann.

Kulturbereiche

Beim Aufeinandertreffen von Touristen (also den Gästen) und den Bereisten (also den Gastgebern und den Einheimischen des Zielgebiets) sind vier Kulturbereiche zu unterschieden (vgl. FREYER 2009, S. 490 ff.):

- Die **Kultur des Quellgebiets** umfasst die typischen kulturellen Elemente der Einwohner des Quellgebiets, z. B. „typische" Eigenschaften der Bewohner eines Landes wie Sauberkeit, Pünktlichkeit, Freundlichkeit etc.
- Die **Kultur des Zielgebiets** umfasst die typischen kulturellen Elemente der Einwohner des Zielgebiets.

Bei jenen dem Quell- bzw. Zielgebiet zugeschriebenen Eigenschaften handelt es sich teilweise um subjektive Einschätzungen im Sinne von Vorurteilen. Während die Kulturen der Quell- und Zielgebiete unabhängig vom Tourismus zu sehen sind, gibt es auch eine „touristische Kultur", bei der wiederum in Gäste- und Gastgeberkultur unterschieden wird:

- Die **Gästekultur** umfasst die aus der Kultur des Gastlandes gewachsenen Motivationen, Erwartungen und Verhaltensweisen der Gäste in Bezug auf Tourismus sowie die Strukturen und Einrichtungen, die den Gästen das Reisen ermöglichen (z. B. Reiseagenturen). Gäste verhalten sich „auf Reisen" häufig – bewusst oder unbewusst – anders als „zu Hause". Neben dem „abweichenden" Verhalten besteht zumindest bei einem Teil der Reisenden häufig auch der Wunsch, eine fremde Kultur kennen zu lernen. Zu unterscheiden ist hierbei die kritische Auseinandersetzung mit der Kultur der Bereisten und dem bloßen Wunsch nach Exotik in einer häufig unkritischen, oberflächlichen Form. Insgesamt beeinflusst die Gästekultur auch die Anforderungen an die Gastgeber.
- Die **Gastgeberkultur** umfasst die Lebensart der Einheimischen des Zielgebiets in ihrer Rolle als Gastgeber bzw. Bereiste in ihrer Alltagswelt. Bedingt durch die speziellen Erwartungen und Anforderungen der Gäste an die Zielregion entwickelt sich in der Destination eine Gastgeberkultur, die sich von der allgemeinen Kultur der Zielregion durch ihre tourismusspezifischen Besonderheiten (z. B. Sprachanpassung, spezielle touristische Dienstleistungen bei der Beherbergung und Verpflegung) unterscheidet. Da die Gäste meist aus verschiedenen Quellgebieten kommen, ist die Gastgeberkultur unterschiedlichen kulturellen Einflüssen ausgesetzt. Durch diese Vermischung unterschiedlicher kultureller Elemente können einige der ursprünglichen Traditionen der Gastgeber verloren gehen. Zu berücksichtigen ist außerdem, dass nur ein Teil der Bevölkerung der bereisten Destination unmittelbar in den Tourismus involviert ist. Die übrigen Bereisten (keine Gastgeber) sind aber in ihrer Alltagswelt dennoch mehr oder weniger vom Tourismus betroffen. Die umgangsprachliche Gastfreundlichkeit wird in diesem Zusammenhang mit dem Begriff der **Xenophilie** beschrieben, der die individuelle oder gesellschaftliche Präferenz bzw. Wertschätzung des Fremdartigen bzw. der Gäste umfasst. **Xenophobie** wiederum beschreibt die Furcht gegenüber dem Fremdartigen bzw. den Gästen, und ist nicht mit Fremdenfeindlichkeit per se gleichzusetzen.

Das Zusammentreffen der vier Kulturbereiche in seiner ganzen Komplexität (Kultur des Quell- und Zielgebiets, Gästekultur und Gastgeberkultur) löst die oben genannten soziokulturellen Effekte aus (vgl. Abb. 3.3).

Konflikte zwischen Einheimischen

Neben den soziokulturellen Spannungen beim Zusammentreffen von Touristen und Einheimischen können auch Konflikte zwischen den Einheimischen auftreten, z. B. zwischen konkurrierenden touristischen Leistungsträgern bzw. zwischen den touristischen Leistungsträgern und den Einheimischen, die sich in ihrer Alltagswelt vom Tourismus eingeschränkt fühlen. Als Ursachen hierfür sind anzuführen: die **Ungleichverteilung** der vom Tourismus generierten Wertschöpfung, **Spannungen** zwischen den Profiteuren des Tourismus und denen, die lediglich die sozialen, kulturellen und ökologischen Folgen bzw. Kosten zu tragen haben, **Auseinandersetzungen** zwischen in- und ausländischen Investoren, zwischen sozialen Gruppen bzw. zwischen Generationen, aufgrund unterschiedlicher öffentlicher und privater Interessen wie z. B. **Diskriminierungen** bei den Zugangsrechten zu touris-

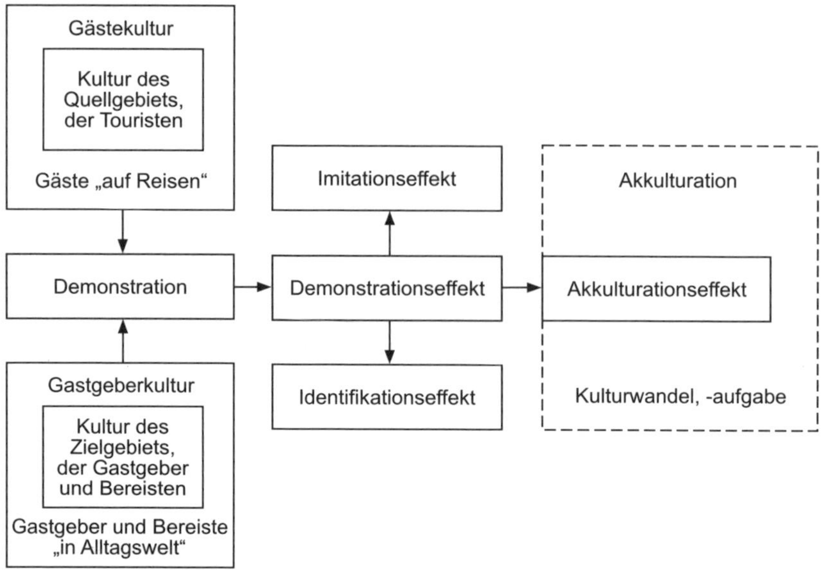

Abb. 3.3: Soziokulturelle Effekte beim Zusammentreffen von Touristen und Einheimischen (nach FREYER 2009, S. 488 ff.)

tischer Infrastruktur (z. B. Strandbad) etc. (vgl. MANSFELD/JONAS 2006, S. 584). Auch entfallen meist nur die weniger qualifizierten Tätigkeiten auf die einheimische Bevölkerung (vgl. Kap. 3.1.2). Zudem kann der Tourismus die Landflucht fördern. So wandert insbesondere die jüngere Erwerbsbevölkerung aus der Peripherie in die touristischen Zentren ab und ist verstärkt den von den Reisenden ausgehenden Einflüssen ausgesetzt. Hierdurch entsteht unter Umständen neben der räumlichen auch eine soziokulturelle Distanz zur im ländlichen Raum zurückgebliebenen Herkunftsgesellschaft.

Positive soziokulturelle Folgen

Neben den zahlreichen negativen hat der Tourismus aber auch positive soziokulturelle Folgen. Fortschrittliche Errungenschaften der Quell- bzw. Zielländer z. B. aus den Bereichen Umweltschutz (z. B. Müllentsorgung), Soziales, Bildung, Gesundheit, Verkehr, Wirtschaft, Planung, Politik, Recht können als positive Demonstrationseffekte wirken. Die Quellregion kann somit eine Vorbildfunktion für die Zielgebiete ausüben – und umgekehrt. Allgemein ergibt sich für beide Seiten durch das Zusammentreffen der unterschiedlichen Kulturen, bewusst oder unbewusst, die Möglichkeit zum Erlernen bzw. Aneignen von interkultureller Kompetenz.

3.3.2 Analyse soziokultureller Wirkungen im Tourismus

Methoden zur Analyse

Die Identifizierung und Gewichtung sowie der Vergleich geeigneter Indikatoren zur Untersuchung der soziokulturellen Wirkungen stellen hohe Anforderungen an die Methodik. Die positiven wie negativen soziokulturellen Einflüsse lassen sich genau wie die ökologischen Einflüsse nur schwer messen bzw. quantifizieren, da die Auswirkungen des Tourismus auf die Einheimischen und die Touristen sowie das Spannungsfeld zwischen Einheimischen und Touristen nicht monetär oder anhand quantitativer Effekte (z. B. Beschäftigung) zu bestimmen sind. Einen empirischen Zugang bieten jedoch **qualitative Methoden** wie z. B. Expertengespräche und Beobachtungen.

Zur **Indikatorenentwicklung** sind in Bezug auf Reliabilität und Validität folgende allgemeine Anforderungen zu berücksichtigen:

- die **internen und externen Einflussfaktoren** (z. B. ursprüngliches Angebot, wirtschaftliche Entwicklung),
- die **zeitlichen Veränderungen** (kurz-, mittel- und langfristig),
- die **praktikable Umsetzung** (z. B. Datenverfügbarkeit, Kosten der Datenbeschaffung).

Tragfähigkeitsanalysen

Auf dieser Grundlage können dann z. B. Tragfähigkeitsanalysen durchgeführt werden. Die rein numerische Berechnung einer **Tragfähigkeitgrenze** hat sich jedoch als nicht praktikabel erwiesen, da sie unter anderem die komplexen Beziehungen im Tourismus nicht hinreichend berücksichtigt. So kann eine wie auch immer gemessene Zahl an Touristen, die für die Bewohner einer Gemeinde eine Obergrenze darstellt, erheblich von der Zahl der Touristen abweichen, ab der die Belastungsgrenze z. B. für historische Gebäude, die Wasserqualität etc. erreicht bzw. überschritten wird (vgl. McMinn 1997, S. 136 f.).

Neben der Tragfähigkeit, die auf der von den Touristen empfundenen Belastungsgrenze beruht und auch als **perzeptuelle Tragfähigkeit** bezeichnet wird (vgl. Swarbrooke 1999, S. 29), beschäftigt sich die wissenschaftliche Diskussion auch mit der Tragfähigkeit, die in der Toleranz der Betroffenen einer Destination gegenüber dem Tourismus bzw. den Touristen zum Ausdruck kommt. Die Prüfung dieser **soziokulturellen Tragfähigkeit** ist grundlegende Voraussetzung einer touristischen (Weiter-)Entwicklung einer Destination, da das Überschreiten bestimmter Grenzen Missgunst und Divergenzen unter den Bereisten sowie gegenüber dem Tourismus und den Touristen hervorrufen kann (Mansfeld/Jonas 2006, S. 583 f.), was Pizam (1978, S. 12) schon 1976 am Beispiel der Halbinsel Cape Cod in Massachusetts bestätigt. Auch für den Fall, dass die lokale Bevölkerung einer Destination eine touristische (Weiter-)Entwicklung als erstrebenswert erachtet, gilt es zu überprüfen, welche Maßnahmen zu ergreifen sind, um möglichen soziokulturellen Spannungen entgegenzuwirken. Grundsätzlich ist also die Zustimmung und Kooperation der lokalen Bevölkerung zur Planung, (Weiter-)Entwicklung und Koordination einer touristischen Destination bei der Integration von ökonomischen, ökologischen und soziokulturellen Überlegungen in den touristischen Planungsprozess essenziell.

Soziokulturelle Tragfähigkeit

Mansfeld/Jonas (2006, S. 583 ff.) beurteilten die soziokulturelle Tragfähigkeit am Beispiel des vergleichsweise wenig touristisch geprägten Kibbutz Yiron im Norden Israels, indem sie die Wahrnehmung verschiedener Einflussgrößen auf die touristische (Weiter-)Entwicklung von Seiten der Bereisten untersuchten. Hierzu wurde eine Stichprobe aus den touristischen Leistungsträgern, aber auch aus der „lediglich" bereisten Bevölkerung befragt. Die von diesen Teilnehmern getätigten und im Anschluss gewichteten Aussagen wurden rangskaliert und zeigen so zum einen, welche **Hoffnungen** und **Befürchtungen** für die Bereisten von hoher Bedeutung sind. Zum anderen lässt die Analyse der Unterschiede zwischen den Befürchtungen bzw. den Hoffnungen und dem **Status Quo** mögliche Diskrepanzen bezüglich der **zukünftigen touristischen (Weiter-)Entwicklung** erkennen. So zeigt der Abgleich einzelner Standpunkte bzw. Problemfelder, welche Grenzen der touristischen Entwicklung existieren bzw. welche negativen Einflussgrößen zugunsten möglicher Vorteile eventuell in Kauf genommen werden. Die Abweichungen veranschaulichen MANSFELD/JONAS (2006, S. 590), die hierzu das Modell eines (Socio-cultural) Carrying Capacity Value Stretch entwickelten (vgl. Abb. 3.4), in der **Toleranz-** und der **Erwartungsdiskrepanz**, aus denen sich wiederum die **Tagfähigkeitsdiskrepanz** ergibt. Das Modell dient somit als konkrete Entscheidungsgrundlage bzw. -hilfe, um gegenwärtige und zukünftige Irritationen und Störfaktoren zu vermindern bzw. zu vermeiden und somit eine touristische (Weiter-)Entwicklung konstruktiv zu fördern.

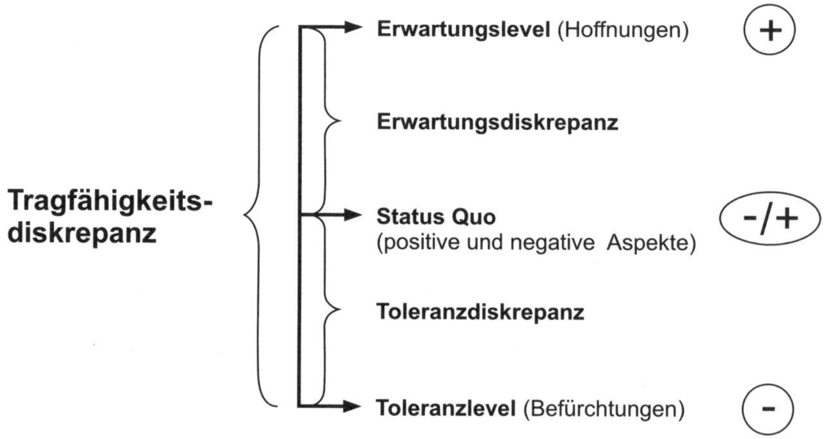

Abb. 3.4: Modell eines (Socio-cultural) Carrying Capacity Value Stretch (nach MANSFELD/JONAS 2006, S. 590)

Community Based Tourism

Ebenso wie die Ansätze zur soziokulturellen Tragfähigkeit konzentriert sich der eng mit dem Konzept der Nachhaltigkeit (vgl. Kap. 3.4) verbundene Ansatz des Community Based Tourism (CBT) auf die Soziokultur in touristischen Zielgebieten. Dabei handelt es sich vor allem um Fernreiseziele, insbesondere in Entwicklungsländern. Je größer die sozioökonomische bzw. soziokulturelle Distanz zwischen Quell- und Zielgebiet ist, d. h. zwischen Reisenden und Bereisten, und je stärker eine Entwicklung des Zielgebiets durch Tourismus angestrebt wird, desto eher ist ein Community Based Tourism sinnvoll. Dieser Ansatz basiert auf dem Grundsatz des Community Development der internationalen Entwicklungszusammenarbeit, bei der im Sinne der Idee der **Hilfe zur Selbsthilfe** Berater ausländischer Organisationen für bestimmte Entwicklungsvorhaben die Rolle eines Moderators übernehmen (vgl. BEYER 2003, S. 73 ff.). Ziel ist vor allem die **Partizipation der lokalen Bevölkerung**, es werden aber im Rahmen der Regionalentwicklung auch **Ziele der Nachhaltigkeit** verfolgt. Für die Einbeziehung der lokalen Bevölkerung sprechen also ökonomische, ökologische, soziokulturelle und politische Gründe. Bei Projekten mit lokaler Partizipation werden **vier Intensitätsstufen** unterschieden (vgl. BMZ 1999, S. 7):

- **Information und Konsultation** (Stufe 1): Alle Beteiligten werden über geplante oder laufende Aktivitäten informiert, sie können ihre Meinung äußern, und ihr Rat ist gefragt.
- **Mitwirkung** (Stufe 2): Die Beteiligten geben Anregungen, die in Entscheidungsprozessen Berücksichtigung finden, wodurch die Identifizierung mit dem Projekt steigt.
- **Mitentscheidung** (Stufe 3): Die Beteiligten haben ein Mitentscheidungsrecht über den geplanten Prozessverlauf.
- **Eigenverantwortung und Selbstbestimmung** (Stufe 4): Die lokale Bevölkerung wird selbst aktiv und entwickelt bzw. bestimmt den Projektverlauf nach eigenen Vorstellungen.

Grundsätzlich gilt, dass mit steigendem Grad der Partizipation der Einheimischen die soziokulturellen Wirkungen durch den Tourismus tendenziell positiver ausfallen (vgl. Abb. 3.5). Ähnlich verhält es sich auch mit dem ökonomischen Nutzen für die Bereisten.

Ziele des CBT

Die Eigenschaften und Fähigkeiten der Bereisten werden als **soziokulturelle Ressourcen** aufgefasst, die in bestimmte Bahnen gelenkt werden, um die **natürlichen Ressourcen** eines Raumes nachhaltig zu nutzen und gleichzeitig zu schützen sowie einen nachhaltigen ökonomischen Nutzen aus dem Tourismus zu ziehen. Die Berücksichtigung der Bereisten bedeutet je-

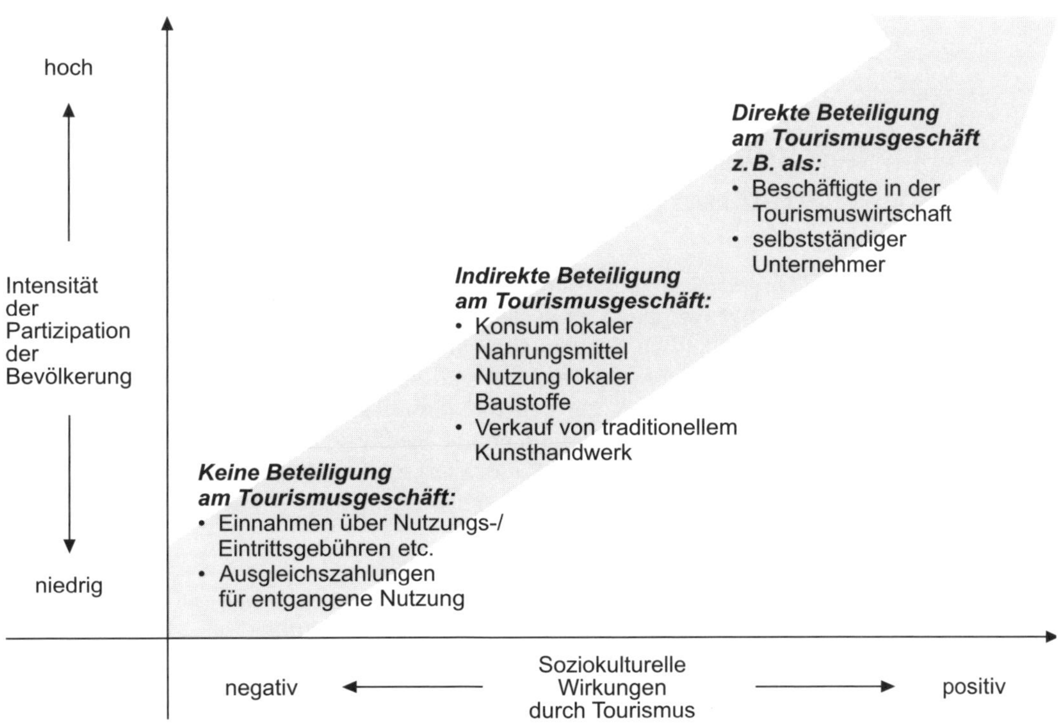

Abb. 3.5: Partizipationsintensität und soziokulturelle Wirkungen im Tourismus (nach STECK et al. 1999, S. 80)

doch nicht, dass die betroffenen Bevölkerungsgruppen „unter Schutz gestellt" werden sollen oder ihre Kultur und Tradition von Dritten als touristische Attraktion vermarktet werden, vielmehr werden zwei verschiedene, jedoch miteinander verbundene Zielrichtungen verfolgt (vgl. PALM 2000, S. 19ff.):

- die **Aus- und Weiterbildung** der autochtonen Bevölkerung durch Partizipation sowie
- die **Erhaltung der Kultur** der Bereisten durch Partizipation.

Aus- und Weiterbildungsmaßnahmen der autochtonen Bevölkerung sind für die Ausübung qualitativ hochwertiger Tätigkeiten im Tourismussektor förderlich. Diese Maßnahmen sind zudem häufig Voraussetzung für die Weiterführung touristischer Projekte und Angebote und können als Hilfe zur Selbsthilfe verstanden werden.

Die Kultur im Sinne traditioneller Sitten, Gebräuche oder Handwerke kann durch die erzielte Sensibilisierung der Bereisten erhalten oder sogar wiederbelebt werden. Hierdurch wird die Gefahr des Verlustes der eigenen Identität reduziert. Schließlich können die Bereisten durch die Nutzung ihrer eigenen Kultur ökonomische Effekte erzielen (z. B. durch den Verkauf traditioneller Produkte aus Eigenproduktion).

Da der Ansatz eines Community Based Tourism in erster Linie bei der internationalen Entwicklungszusammenarbeit zur Anwendung kommt, konzentrieren sich die Projekte vor allem auf Afrika (z. B. Namibia; vgl. PALM 2000) oder Südamerika (z. B. Ecuador; vgl. HITZLER 2006). Dabei handelt es sich um Projekte, die einen kleinzahligen Tourismus entwickeln. Für massentouristische Destinationen ist dieser Ansatz weitgehend ungeeignet.

3.4 Nachhaltigkeit als Synthese der ökonomischen, ökologischen und soziokulturellen Wirkungen im Tourismus

Während die ökonomischen Effekte des Tourismus überwiegend positiv eingeschätzt werden, bergen die ökologischen und soziokulturellen Wirkungen mehrheitlich Konfliktpotenzial. Der Abgleich bzw. das Aufrechnen der wie auch immer „gemessenen" soziokulturellen und ökologischen Wirkungen des Tourismus mit den ökonomischen Effekten ist aus methodischer Sicht problematisch. Als inhaltliche Synthese der drei Dimensionen Ökonomie, Ökologie und Soziokultur wird im Tourismus – wie auch in anderen Bereichen – das Konzept der nachhaltigen Entwicklung gesehen.

3.4.1 Nachhaltigkeit im Tourismus: Historische Entwicklung und Definition des Begriffs

Zum Begriff der Nachhaltigkeit

Allgemein herrscht Uneinigkeit darüber, in welchem Zusammenhang das Konzept der nachhaltigen Wirtschaftsweise erstmals angewendet wurde. Die meisten Autoren sehen den Ursprung in der mittelalterlichen europäischen **Forstwirtschaft** (vgl. LOSANG 2000, S. 14f.). Ziel war es, „[...] den Wald mit seinem lebenswichtigen Brenn- und Nutzholz und seinen unentbehrlichen Mast- und Weidedistrikten [...] zu erhalten" (JÄGER 1994, S. 18f.). In diesem Zusammenhang bedeutet Nachhaltigkeit, dass dem Wald nur so viel Holz entnommen werden darf, wie quantitativ und qualitativ nachwächst. In der Literatur wurde der Begriff „nachhaltig" zum ersten Mal von Oberberghauptmann von Carlowitz im Jahr 1713 in seiner **„Sylvicultura oeconomica"**, einem Werk zur Forstwirtschaft, erwähnt.

Der Begriff der Nachhaltigkeit erfuhr in der Folgezeit vor dem Hintergrund der interdisziplinären Auseinandersetzung mit Nachhaltigkeit bzw. mit nachhaltiger Entwicklung **mehrfach Neudefinitionen**. Laut Bundesamt für Naturschutz (BfN) ist nachhaltiger Tourismus „von den Grundsätzen der Erklärung von Rio über Umwelt und Entwicklung und den Empfehlungen der Agenda 21 geleitet. Er muss soziale, kulturelle, ökologische und wirtschaftliche Verträglichkeitskriterien erfüllen. Nachhaltiger Tourismus ist langfristig, d.h. in Bezug auf heutige wie auf zukünftige Generationen, ethisch und sozial gerecht und kulturell angepasst, ökologisch tragfähig sowie wirtschaftlich sinnvoll und ergiebig" (BFN 2009).

Dimensionen der Nachhaltigkeit

Allgemein wird von drei Dimensionen der Nachhaltigkeit ausgegangen, die untereinander in enger Beziehung stehen. So beschäftigt sich

- die **ökologische Dimension** mit Fragen natürlicher Umweltsysteme und ihrer Beeinflussung durch den Tourismus (z.B. Umweltverschmutzung), wobei der Umweltschutz stets im Mittelpunkt steht,
- die **ökonomische Dimension** mit den wirtschaftlichen Auswirkungen des Tourismus (z.B. Einkommens- und Beschäftigungseffekte), wobei die wirtschaftliche Realisierbarkeit und Rentabilität zentrale Ziele sind,
- die **soziokulturelle Dimension** mit den soziokulturellen Auswirkungen des Tourismus (z.B. Akkulturation), wobei die soziale Gerechtigkeit und der Erhalt der ursprünglichen Kultur im Zentrum des Interesses stehen.

Ökologie, Ökonomie und Soziokultur sind immer als Dreiklang zu verstehen, bei dem sich die einzelnen Dimensionen gegenseitig beeinflussen. Der Anspruch, dass bei der touristischen Entwicklung alle drei Dimensionen gleichberechtigt und gleichzeitig berücksichtigt werden, führt jedoch häufig zu Konflikten. Bei der Lösung dieser Probleme kommt der (Tourismus-)Politik in ihrer Rolle als Vertreter verschiedener Interessen und somit als vermittelnder Instanz eine große Bedeutung zu.

3.4.2 Politische und wissenschaftliche Diskussion von Nachhaltigkeit und Tourismus

Internationale Erklärungen zur Nachhaltigkeit

Seit Anfang der 1980er-Jahre kommt es zu einer verstärkten Auseinandersetzung über die Rolle des Tourismus als Akteur im Kontext der Auswirkungen auf die Umwelt. Dies schlägt sich in einer Vielzahl internationaler Bemühungen in Form von Berichten, Erklärungen, Abkommen und Kongressen nieder. Rückblickend sind besonders wichtig (vgl. ARCHER 1996, S. 6f.; LOSANG 2000, S. 28; BMU 2009):

- die **World Conservation Strategy** (IUCN 1980), die die Bedeutung der Nachhaltigkeit für die Nutzung der natürlichen Ressourcen unterstreicht;

- die **Brandt-Kommission** (Brandt Commission 1980), die den Einfluss von entwicklungspolitischen Fragen unter Berücksichtigung der Umwelt hervorhebt;
- die **Manila-Deklaration** (WTO 1981), die neben der sozialen Verantwortung des Tourismus auch die kulturellen Werte und die schonende Nutzung natürlicher Ressourcen betont;
- das **UNEP/WTO-Abkommen** (UNEP/WTO 1982), das den Fokus der touristischen Entwicklung in der Ökologie sieht;
- der nach der ehemaligen norwegischen Ministerpräsidentin und Kommissionsvorsitzenden Gro Harlem Brundtland genannte **Brundtland-Bericht** (eigentlich „Our Common Future: Report of the World Commission on Environment and Development"; WCED 1987), der das ökonomische Wachstum in das Konzept der Nachhaltigkeit einbezieht;
- die **Rio-Deklaration** (Konferenz der Vereinten Nationen für Umwelt und Entwicklung 1992b), die im Rahmen der Konferenz der Vereinten Nationen über Umwelt und Entwicklung 1992 in Rio de Janeiro den gemeinsamen Willen und die gemeinsame Verantwortung zum Ausdruck bringt, die Ressourcen der Erde in Zukunft so behutsam zu nutzen, dass alle Länder der Erde gerechte Entwicklungschancen erhalten, ohne dabei die Entfaltungschance zukünftiger Generationen einzuschränken;
- die **Agenda 21** (Konferenz der Vereinten Nationen für Umwelt und Entwicklung 1992a), die – ebenfalls als Ergebnis der Konferenz der Vereinten Nationen über Umwelt und Entwicklung 1992 in Rio de Janeiro – die wesentlichen Handlungsempfehlungen zur Bewirtschaftung von Ressourcen im Sinne einer nachhaltigen Entwicklung für das 21. Jahrhundert enthält; sowie
- der **Weltgipfel für Nachhaltige Entwicklung** (WSSD 2002) in Johannesburg im Jahr 2002, der zehn Jahre nach der Rio-Konferenz Bilanz gezogen und dem Politikfeld der nachhaltigen Entwicklung neue Impulse gegeben hat.

Rückblickend ist insbesondere der Brundtland-Bericht hervorzuheben, der dem Konzept einer nachhaltigen Entwicklung – auch und gerade im Bereich des Tourismus – den Weg ins öffentliche Bewusstsein ebnet. Darin wird nachhaltige Entwicklung wie folgt definiert: „Sustainable development is development that meets the needs of the present without compromising the ability of future generations to meet their own needs" (WCED 1987, S. 43).

Phasen der Nachhaltigkeit

Die wissenschaftliche Auseinandersetzung um Nachhaltigkeit und Tourismus folgte im deutschsprachigen Raum der Diskussion des sanften Tourismus (vgl. Kap. 3.2.2) und erreichte ihren vorläufigen Höhepunkt gegen Ende der 1990er-Jahre. Allgemein – ohne auf konkrete Inhalte einzugehen – lassen sich die Ansätze zur Nachhaltigkeit im Tourismus in vier chronologisch aufeinander folgende Phasen einteilen (vgl. Losang 2000, S. 121 ff.):

- Die **Phase der ausschließlichen Betrachtung** stellt vor allem die Dichotomie der Konzepte (Massentourismus vs. sanfter Tourismus) in den Vordergrund und verfolgt das Ziel, dem „Problem der großen Zahl" ein neues Konzept der Weiterentwicklung entgegenzusetzen („bad" vs. „good tourism").
- Die **Phase des offenen Übergangs** betrachtet den Tourismus als Kontinuum, dessen extreme Ausprägungen Massentourismus und nachhaltiger

Tourismus sind. Die konzeptionelle Barriere ist somit aufgelöst und erlaubt eine Entwicklung unterschiedlicher Zwischenstufen.

- Die **innovative Phase** setzt wieder bei der Kritik am Massentourismus an, wobei es dank einer objektiven Sichtweise nicht mehr um die Existenz des Problems, sondern vielmehr um die Verbesserung in Richtung einer nachhaltigen touristischen Entwicklung geht. Zudem steht die Verbesserung der Operationalisierung des Konzepts der Nachhaltigkeit im Fokus des Interesses.
- Die **Phase des Einlenkens** ist charakterisiert durch eine Weiter- und Rückentwicklung des Konzepts. Aufgrund der zuvor mangelhaften terminologischen Abgrenzung zeichnet sich ein pragmatischer Weg ab, der eine wie auch immer geartete Weiterentwicklung in Richtung einer allgemeinen Nachhaltigkeit in den Mittelpunkt stellt. Dabei treten (raum-)spezifische Einzellösungen in den Vordergrund, während allgemeine quantitative und qualitative Aspekte an Gewicht verlieren.

Vielfalt der Ansätze und Begriffe

Problematisch bei dieser Entwicklung ist die Vielzahl der Ansätze, die entsprechend ihrer differierenden Schwerpunktsetzung zu unterschiedlichen Interpretationen des Konzepts der Nachhaltigkeit und auch zu einer unterschiedlichen Terminologie führen. Dies betrifft sowohl die Bezeichnung der Konzepte als auch ihre inhaltliche Ausgestaltung (z. B. sanfter vs. nachhaltiger Tourismus). Diese Problematik beschränkt sich nicht nur auf den deutschsprachigen Raum, in dem unter anderem die Begriffe bzw. Konzepte sanfter, alternativer, nachhaltiger, angepasster, ganzheitlicher, intelligenter, ökologisch-orientierter, grüner Tourismus Verwendung finden. Auch in der angloamerikanischen Forschung existiert eine Begriffsvielfalt, z. B. bei der Diskussion von green, responsible, endemic, progressive oder quality tourism (vgl. Losang 2000, S. 74 ff.).

3.4.3 Kritik und Operationalisierungsansätze zum Konzept eines nachhaltigen Tourismus

Die konzeptionellen Ausführungen des Brundtland-Berichts sind allgemein unstrittig und weitgehend akzeptiert.

Probleme der Operationalisierung

Probleme bereitet die Operationalisierung (inhaltlich, räumlich, zeitlich), insbesondere hinsichtlich der **Identifizierung**, der **Gewichtung**, der **Messung** und der **Interpretation** der unterschiedlichen Dimensionen der Nachhaltigkeit. Eine der Kernfragen ist in diesem Zusammenhang, was nachhaltigen Tourismus von nichtnachhaltigem Tourismus unterscheidet (Mansfeld/Jonas 2006, S. 584). Insofern stellt sich z. B. die Frage, ob eine exogen getriebene touristische Entwicklung per se als nichtnachhaltige Entwicklung zu kritisieren ist (vgl. McMinn 1997, S. 138). Auch die Weiterentwicklung der Ansätze zur Nachhaltigkeit innerhalb verschiedener Disziplinen (z. B. Architektur, Land- und Forstwirtschaft, Regional- und Stadtentwicklung, Wirtschaft, Tourismus, Soziologie) wird kritisch beurteilt. Vielmehr wird eine interdisziplinäre und integrative Auseinandersetzung eingefordert.

Räumliche und zeitliche Dimension der Nachhaltigkeit

Des Weiteren besteht auch die Notwendigkeit zur räumlichen Differenzierung der Nachhaltigkeit. Je nach **Betrachtungsebene** (lokal, regional, national, international, global) ergeben sich unterschiedlich komplexe Probleme beim Zusammenspiel von ökonomischen, ökologischen und soziokulturellen Gesichtspunkten. Zudem ist die unterschiedliche Ausstattung von Räumen bei der nachhaltigen Entwicklung zu berücksichtigen. Nach SWARBROOKE (1999, S. 153 ff.) weisen verschiedene **geographische Milieus** (z. B. Küsten, ländliche Regionen, städtische Regionen, Entwicklungsländer, Inseln, Mittel- und Hochgebirgsregionen) unterschiedliche Voraussetzungen für eine nachhaltige Entwicklung auf. Je nach dem Status Quo der touristischen Ausrichtung und Entwicklung lassen sich unterschiedliche Ansatzpunkte für eine nachhaltige Entwicklung identifizieren. Weiter unterscheiden sich die **Zeiträume zur Umsetzung** einer nachhaltigen Entwicklung. So tendieren Pragmatiker eher zu einer zeitnahen Umsetzung, während Theoretiker überwiegend langfristige Ziele verfolgen (vgl. LOSANG 2000, S. 74 ff.).

Modell des Reisesterns

Zur Bewertung touristischer Produkte unter dem Aspekt der Nachhaltigkeit wurden verschiedene Modelle entwickelt, so etwa der Reisestern von JOB (1996, S. 112 ff.; vgl. Abb. 3.6). Sein Operationalisierungsansatz geht wie in den bereits vorgestellten theoretischen Überlegungen zum Konzept der Nachhaltigkeit von drei Dimensionen aus (Ökonomie, Ökologie und Soziokultur), die durch verschiedene Indikatoren abgebildet werden. Die ökologische Dimension wird durch einen **Raumüberwindungs**- und einen **Wohlstandsindikator** operationalisiert, die ökonomische Dimension durch einen **Arbeitsplatz**- und einen **Wirtschaftlichkeitsindikator**, die soziokulturelle Dimension durch einen **Akkulturations**- und **Menschenrechtsindikator**. Jeder Indikator wird seinerseits in verschiedene Komponenten zerlegt. So wird der Raumüberwindungsindikator durch die Komponenten „An- und Abreiseweg“ sowie die Komponente „Wege im Zielland“ gebildet. Bewertet wird das Transportmittel, das über die Energieverbrauchs- und Emissionskennwerte abgebildet wird. Auf dieser Basis lässt sich für jede Reise der Aufwand der Raumüberwindung bewerten, wobei der maximal erreichbare Wert 100 gesetzt wird, d. h. ein Raumüberwindungsparameter von 100 ist der negative Extremwert. Analog wird der Wohlstandsindikator in die Komponenten „Beherbergung“ und „Reisezweck“ zerlegt. Über die Kriterien „Unterkunftsform“ und „Freizeitaktivitätsspektrum“ erfolgt wiederum eine Bewertung, die Aspekte wie Flächenanspruch, Abfallaufkommen oder Wasserverbrauch berücksichtigt.

Für die ökonomische und soziokulturelle Dimension wird ähnlich verfahren, so dass letztendlich eine rangskalierte Bewertung für sechs Indikatoren vorliegt. Dabei zeigt sich, dass insbesondere für den Indikator Menschenrechte Schwierigkeiten bei der Operationalisierung bestehen. Aus diesem Grund wird dieser Indikator bei der Darstellung der Ergebnisse im Reisestern nicht mehr berücksichtigt.

Für die anderen fünf Indikatoren visualisiert der fünfzackige Reisestern deren Ausmaß bzw. Ausprägung zur **Bewertung einer Reise**. Die Zackenlänge stellt dabei die jeweils zu erwartenden negativen Auswirkungen einer Reise dar, die von einer im Zentrum der Darstellung angesiedelten **Unbedenklichkeitszone** über eine mittlere **Vorsichtszone** in die äußere **Stoppzone** reichen können (vgl. Abb. 3.6). Für die Anwendung des Reisesterns müsste normativ festgelegt werden, wann von einer Reise abzuraten ist. Denkbar wäre eine „Reiseverbot“, wenn eine Zacke des Sterns in die Stopp-

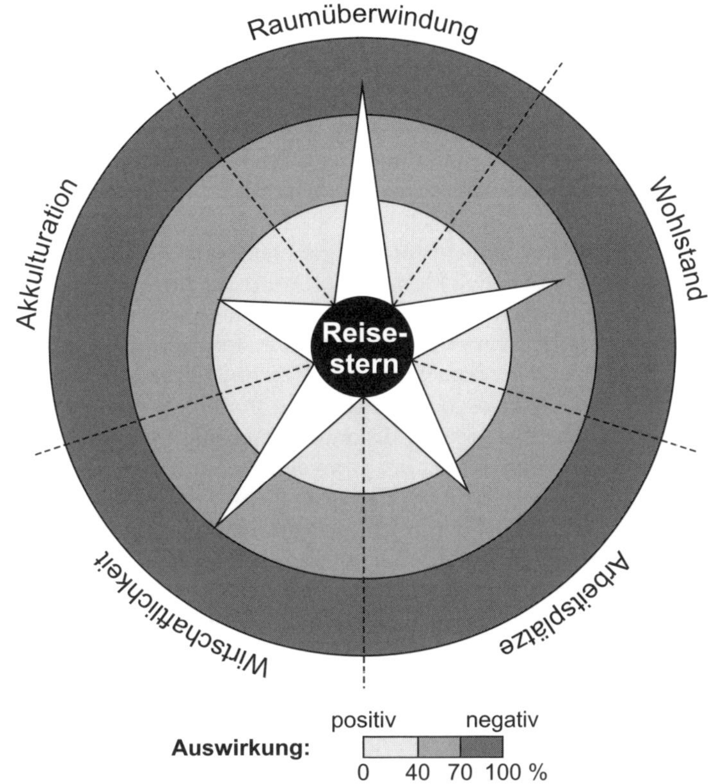

Abb. 3.6: Reisestern zur Bewertung von Reisen (nach JOB 1996, S. 129)

zone reicht oder wenn sich drei Zacken bereits in der Vorsichtszone befinden. Abbildung 3.6 bewertet beispielhaft eine 21-tägige Flugreise (42.200 km) ab Frankfurt nach Neuseeland mit einem Inlandsflug (600 km), 2.500 km mit dem Pkw, Übernachtung im Hotel sowie mit den Aktivitäten Wandern und Mountainbiken.

Die **Kritik am Reisestern** konzentriert sich vornehmlich auf methodische Probleme. So sind die der Bewertung zugrunde liegenden Kennwerte räumlich sehr stark aggregiert (Nationalstaaten). Neben einer stärkeren Regionalisierung der Betrachtung sind außerdem die gewählten Variablen zur Operationalisierung zu überprüfen. Dennoch stellt der Ansatz von JOB (1996, S. 112 ff.) einen interessanten Versuch dar, die Mehrdimensionalität der Nachhaltigkeit für einzelne Reisen zu evaluieren. Allerdings haben sich die Zweifel an der Praktikabilität des Reisesterns bewahrheitet, da die Reiseveranstalter erwartungsgemäß kein Interesse an einer Kennzeichnung der von ihnen angebotenen Produkte mit dem Reisestern zeigen.

Allgemein sind bei der Kennzeichnung von nachhaltigen touristischen Produkten oder Einrichtungen durch z. B. Gütesiegel oder Umweltpreise die zugrunde liegenden Indikatoren von entscheidender Bedeutung. Mit der Vergabe von Gütesiegeln oder Umweltpreisen werden vor allem **drei Hauptziele** verfolgt (vgl. LOSANG 2000, S. 112): Gütesiegel

- die **Steigerung der Angebotstransparenz** bei der nachfrageseitigen Suche nach umwelt- und sozialverträglichen Angeboten,
- die **Initiierung von Umweltmaßnahmen** und **Generierung von Marktvorteilen** auf der touristischen Angebotsseite und
- die **Entwicklung branchenspezifischer Innovationen**, die von allen touristischen Leistungsträgern im Sinne einer branchenweiten umwelt- und sozialverantwortlichen Angebotsgestaltung realisiert werden.

Auf Seiten der touristischen Leistungsträger (vgl. Kap. 2.1) kann einer nachhaltigen (touristischen) Entwicklung – auch vor dem Hintergrund des vielfältigen gesellschaftlichen, wirtschaftlichen und ökologischen Drucks – in der Umsetzung der unternehmerischen Gesellschafts- bzw. Sozialverantwortung (Corporate Social Responsibility, CSR) Rechnung getragen werden.

Corporate Social Responsibility

Das Prinzip der CSR beschreibt dabei die freiwillige Verpflichtung der Tourismuswirtschaft (gilt so auch für andere Wirtschaftsbereiche), sich für soziale Belange und den Schutz der Umwelt zu engagieren, wobei das unternehmerische Engagement über die gesetzlichen Anforderungen hinausgeht. Zudem schafft der offene Austausch touristischer Leistungsträger mit relevanten Stakeholdern (z. B. Arbeitnehmer, Anteilseigner, Investoren, öffentliche Behörden, aber auch Verbraucher bzw. Touristen) gegenseitiges Verständnis und Zufriedenheit. Die Unternehmen sehen somit ihren freiwilligen Beitrag zur nachhaltigen Entwicklung als Investition in die Zukunft, die letztendlich auch zur Umsatz- bzw. Gewinnsteigerung beitragen soll.

Während die **internen Vorteile** einer CSR z. B. in der Wertsteigerung vorhandener Aktivitäten, zufriedenen Arbeitnehmern und dem erhöhten Innovationspotenzial liegen, gewährleisten die **externen Vorteile** einer CSR die Sicherung bzw. den Aufbau von Reputation, die Differenzierung im Wettbewerb, zufriedene Kunden bzw. die Erschließung neuer Zielgruppen (vgl. Kommission der Europäischen Gemeinschaften 2001, S. 3 ff.; Taubken 2008).

CSR im Tourismus

Die zunehmende Bedeutung von CSR im Tourismus wird unter anderem durch die erstmalige Veranstaltung des „CSR in Tourism Forum" im Rahmen des ITB Berlin Kongresses 2009 deutlich. Auf dieser Veranstaltung wurden unter anderem 15 der im forum anders reisen (far) organisierten Reiseveranstalter mit dem Siegel **„CSR-Tourism-Certified"** ausgezeichnet (vgl. Tab. 3.7). Zur Zertifizierung werden alle wichtigen Unternehmensbereiche entlang der Wertschöpfungskette auf die Kriterien der Nachhaltigkeit überprüft. Dabei reicht die systematische Erfassung z. B. vom Papierverbrauch im Büro bis hin zur Größe der Reisegruppe, der Art der Anreise oder der verursachten CO_2-Belastung. Des Weiteren wird sowohl der Anteil des Reisepreises ermittelt, der als lokale Wertschöpfung in der Destination verbleibt, als auch die Einhaltung des Arbeitsstandards bei den touristischen Leistungsträgern vor Ort überprüft (vgl. far 2009, EED 2009, S. 14).

Ob dieser Ansatz eine breite Akzeptanz in der ganzen Branche – vor allem aber durch die großen Veranstalter – erfährt, bleibt allerdings abzuwarten. Der **Effekt der Zertifizierung** scheint zumindest zweifelhaft, da Touristen die soziale (Haupt-)Verantwortung bei einer Reise den Hoteliers und den Destinationen, nicht aber den Reiseveranstaltern zuschreiben. So sind beim Kauf einer Reise (vgl. Kap. 2.3.2) andere Aspekte als die CSR der Reiseveranstalter entscheidend (vgl. Holzapfel 2009, S. 29).

Tab. 3.7: Mit dem Zertifikat „CSR-Tourism-Certified" ausgezeichnete Reiseveranstalter (FAR 2009)

Reiseveranstalter	**Unternehmenssitz**
Arkadia Yachtcharter & Segelreisen	Hamburg
Auf und Davon Reisen GmbH	Gummersbach
avenTOURa GmbH	Freiburg
Demeter-Reisen	Nürnberg
INTI Tours e. K.	Deggingen
Neue Wege Seminare & Reisen GmbH	Euskirchen
Nomad Reisen zu den Menschen	Gerolstein
One World – Reisen mit Sinnen	Dortmund
Radissimo GmbH	Karlsruhe
ReNatour	Nürnberg
Rucksack Reisen	Münster
travel-to-nature GmbH	Ballrechten
Urlaub & Natur	Karlsruhe
Weltweitwandern GmbH	Graz
Windbeutel Reisen	Köln

Allgemein zeigt sich CSR auf Seiten der Reiseveranstalter und Reisemittler neben einem entsprechenden Angebotsportfolio (z. B. sanfter Tourismus) auch in der **Sensibilisierung der Touristen** (z. B. in Bezug auf die bereiste Kultur und deren Gepflogenheiten). Neben den Reiseveranstaltern können auch die Unternehmen der Hotellerie und Parahotellerie (z. B. durch die Aufforderung zur mehrmaligen Nutzung von Handtüchern) bzw. die Unternehmen im Transportwesen (z. B. durch die Umstellung auf alternative Kraftstoffe) einen konkreten Beitrag zur CSR in der Tourismuswirtschaft leisten.

Bedeutung von CSR

Die Bedeutung von CSR auf Seiten der touristischen Nachfrage wird in der GfK-Studie „Konsumentenerwartungen hinsichtlich Corporate Social Responsibility in der Touristik" erstmals systematisch analysiert. Grundlage der Studie ist die Panelbefragung TravelScope von 20.000 deutschen Haushalten hinsichtlich ihrer Einstellungen zu CSR-Aspekten. Für das Tourismusjahr 2007/2008 sind demnach insgesamt 33 % der reiseaktiven Haushalte (65 % aller deutschen Haushalte) den CSR-affinen Haushalten zuzurechnen, wobei das Interesse mit steigendem Alter und höherer Kaufkraft zunimmt, und auch eine zunehmende Bereitschaft festzustellen ist, Zusatzkosten für verlässliches Engagement in diesen Bereichen zu zahlen. In Bezug auf das Reiseverhalten kann das Bewusstsein der CSR-affinen Touristen z. B.

bei der Wahl des Verkehrsmittels oder in der Vermeidung von Massentourismus zugunsten von individuellen Urlaubsformen gesehen werden. Bei der Wahl der besuchten Destination sind bei CSR-affinen Touristen die klassischen Bade- und Erholungsdestinationen in Spanien, Griechenland oder der Türkei unterrepräsentiert (vgl. GFK 2009a, S. 1 ff.; ADLWARTH 2009).

4 Zukünftige Entwicklungen und Herausforderungen im Tourismus

Aufgrund der stark gestiegenen Bedeutung aus ökonomischer Sicht, aber auch wegen der verstärkten Berücksichtigung der vom Tourismus ausgehenden ökologischen und soziokulturellen Wirkungen und Effekte besteht sowohl auf der Angebots- als auch auf der Nachfrageseite ein besonderes Interesse an der zukünftigen Entwicklung. Dies betrifft zum einen allgemeine Trends und Entwicklungen, die sich unmittelbar in den angebotenen touristischen Produkten niederschlagen und von den touristischen Leistungsträgern offensiv oder als Reaktion auf einen sich verändernden Markt angeboten sowie auf der Nachfrageseite durch ein verändertes Konsum- und Verbraucherverhalten sichtbar werden (vgl. Kap. 4.1). Zum anderen werden die zukünftigen Trends und Entwicklungen im Tourismus z.B. auch durch veränderte natürliche, politische und gesellschaftliche Rahmenbedingungen beeinflusst. In diesem Zusammenhang spielt vor allem der Aspekt der Sicherheit im Tourismus eine zunehmend wichtige Rolle (vgl. Kap. 4.2). Der Klimawandel wird in diesem Zusammenhang zunächst ausgeblendet. Da das Klima als Komponente des ursprünglichen Angebots für den Tourismus von besonderer Bedeutung ist und durch das sich verändernde Klima der Tourismus in seinen räumlichen Strukturen in besonderem Maße betroffen ist, erfolgt die Behandlung des Themas Tourismus und Klimawandel separat (vgl. Kap. 4.3). Dies geschieht vor allem in Hinblick auf die zu erwartenden langfristigen Entwicklungen und Veränderungen.

4.1 Touristische Trends

Allgemeine Einflüsse auf touristische Trends

Allgemeine Einflüsse auf touristische Trends sind neben der Wohlstandsentwicklung einer Gesellschaft vor allem der gesellschaftliche Wandel und globale Risiken. Die **Wohlstandsentwicklung** der westlichen Gesellschaften ab der zweiten Hälfte des 20. Jahrhunderts hat das Reisen für die breite Masse bezahlbar gemacht und findet ihren Ausdruck im Massentourismus. Eine Erhöhung des Durchschnittseinkommens der Mittelschicht in weiteren Ländern kann die Zahl der Teilnehmer am touristischen Geschehen weltweit weiter erhöhen, wenngleich sich andererseits in vielen (west-)europäischen Ländern eine Ausdünnung der Mittelschicht abzeichnet, die den Tourismus negativ beeinträchtigen wird.

Der **gesellschaftliche Wandel** bedingt eine Veränderung der alltäglichen Bedürfnisse und beeinflusst somit den Urlaub als Form eines „verdichteten Gegen-Alltags". So sind beispielsweise die zunehmende Nachfrage nach Wellness-Tourismus auch als Antwort auf den zunehmenden Stress im Alltag, der Abenteuertourismus als Ausbruch aus einem reglementierten Alltag oder der Religionstourismus als Antwort auf die Sinnfrage des alltäglichen Lebens zu verstehen.

Als **globale Risiken** für die zukünftige Entwicklung des Tourismus sind beispielsweise der Klimawandel (vgl. Kap. 4.3), die Ressourcenknappheit, soziale Unruhen (Bürgerkriege, Streiks), Terrorismus, Epidemien und Pandemien anzuführen (vgl. Kap. 4.2; FOCUS 2009, S. 37ff.). Aufgrund der komplexen Wirkungszusammenhänge der genannten und weiterer Aspekte und gerade vor dem Hintergrund der **Finanz- und Wirtschaftskrise 2009** bzw. deren Auswirkungen sind die Einflüsse auf die zukünftige Entwicklung der Tourismuswirtschaft und neue Trends nur schwer abzuschätzen.

Begriffserklärung

Bei dem Begriff Trend ist generell zwischen **mathematisch messbaren Effekten** mit einer grundlegenden Tendenz und **gesellschaftlichen Veränderungsprozessen** zu unterscheiden. Unter Berücksichtung von internen und externen Einflussfaktoren erlaubt die Beschreibung und Interpretation einer zeitlichen Entwicklung bis zu einem Status Quo auch eine **Aussage über zukünftige Entwicklungen**. Da Trends im Sinne von gesellschaftlichen Wandlungsprozessen immer auch als Anpassungsstrategien an veränderte Umweltbedingungen (z. B. demographisch, technologisch, ökonomisch, ökologisch, soziokulturell) gesehen werden, kommt der Trendforschung gerade im äußerst **dynamischen Tourismusmarkt** eine große Bedeutung zu, wobei nicht jede touristische Neuerung gleichbedeutend mit einem Trend ist.

Trendforschung

Im Gegensatz zur Zukunftsforschung (Futurologie), die sich vor allem mit den Auswirkungen von Trends auf die Zukunft befasst, liegt bei der Trendforschung der Fokus auf der Gegenwart. Dabei gilt es für die Trendforschung im Bereich Tourismus, nach dem erstmaligen Auftreten bzw. der **erstmaligen Beobachtung eines touristischen Phänomens** zunächst weitere Beispiele desselben Phänomens zu identifizieren und diese in ihrer Gesamtheit zu interpretieren. Dabei hängt es vom Aggregationsniveau der Untersuchungseinheit ab, ob und inwieweit ein Trend räumlich beschränkt ist (z. B. weltweite, deutschlandweite Trends etc.). Die **Benennung** des Trends – ein Vorgang, der häufig mit großen Schwierigkeiten behaftet ist – ist vor allem für seine Überführung in **Marketingkonzepte** von Bedeutung.

Entwicklungsarten

Je nach Stärke bzw. Eindeutigkeit der Entwicklung in Bezug auf einen zu definierenden Wachstumsparameter (z. B. Umsatz innerhalb eines Marktsegments) lässt sich zwischen Megatrend, Trend, Welle und Strömung differenzieren (vgl. Abb. 4.1). Während ein **Megatrend** in Bezug auf einen Wachstumsparameter eine konstante Entwicklung (i. d. R. eine starke Zunahme) aufweist, sind bei einem **Trend** vergleichsweise leichte Entwicklungsschwankungen möglich. Im Vergleich zum Trend noch größere Schwankungen weist die Entwicklung einer **Welle** auf, während eine **Strömung** keine bedeutsamen Veränderungen in Bezug auf einen Wachstumsparameter zeigt. Die Richtung bzw. Tendenz aller genannten Entwicklungsarten kann allgemein steigend, gleichbleibend oder fallend ausgeprägt sein, wenngleich im Zusammenhang von (Mega-)Trends meist von einer Zunahme bzw. einem positiven Wachstum ausgegangen wird.

Megatrends und Tourismus

Der Begriff Megatrend wurde von JOHN NAISBITT in seinem gleichnamigen Bestseller (1982) geprägt. Megatrends stellen im Allgemeinen besonders **radikale** und **nachhaltige Veränderungen** dar, die aufgrund ihrer Komplexität verschiedene **gesellschaftliche Teilsysteme** (Politik, Soziokultur, Ökonomie, Ökologie) betreffen, in der Größenordnung von **Jahrzehnten** fortbestehen und **global** verbreitet sind – wenngleich sie nicht überall eine gleichartige

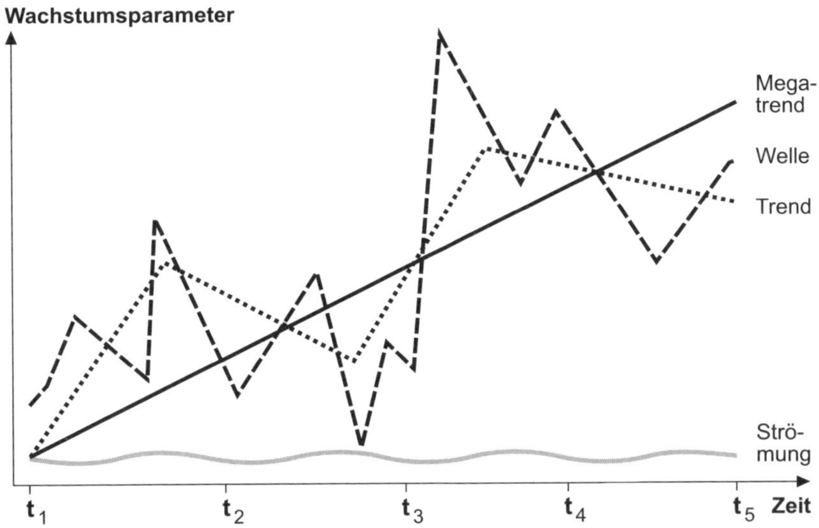

Abb. 4.1: Entwicklungsarten (Mega-)Trend, Welle, Strömung (eigene Darstellung)

bzw. gleich starke Ausprägung aufweisen. Beispiele für Megatrends sind die **Globalisierung** bzw. der **demographische Wandel**. Im Tourismus ist die Globalisierung erst ansatzweise durch das zunehmende Auftreten internationaler und globaler Hotelketten zu beobachten, während die zunehmende Bedeutung der Zielgruppe der älteren Touristen als Reaktion auf den demographischen Wandel bereits deutlich auf dem Markt sichtbar ist. Den Megatrends sind die so genannten **Metatrends** übergeordnet, die evolutionäre Konstanten in Natur und Gesellschaft darstellen und sich langfristig auf mehrere Lebensbereiche auswirken. Als Beispiel für Metatrends wird die Entwicklung von der Agrargesellschaft zu einer Informations- und Wissensgesellschaft gesehen.

Metatrends können auch als Träger der Kondratieff-Zyklen interpretiert werden, die in der Theorie der Langen Wellen beschrieben werden und sich immer auch auf den (Massen-)Tourismus auswirken.

Theorie der Langen Wellen

Die Theorie der Langen Wellen geht auf den russischen Wirtschaftswissenschaftler Nikolai D. Kondratieff (1926) zurück und wurde vom Ökonomen Joseph A. Schumpeter (1911, 1961) maßgeblich mitgestaltet bzw. weiterentwickelt. Dabei sind **Basisinnovationen** (z. B. Dampfkraft, Eisenbahn, Elektro-, Automobilindustrie, IT-Kommunikationstechnologien) die Triebfedern für die zyklenhafte Entwicklung der Wirtschaft. Die Innovationsprozesse, die **wellenförmige Phasen eines ökonomischen Auf- und Abschwungs** auslösen, erstrecken sich über Zeiträume von etwa 30 bis 60 Jahren (Kondratieff-Zyklen) und unterscheiden sich somit deutlich von den wesentlich kürzeren Phasen des Produktlebenszyklus (vgl. Kap. 2.2.1). Ungeachtet der spekulativen Fortschreibung der anerkannten Kondratieff-Zyklen und trotz aller Kritik an der Theorie der Langen Wellen (z. B. die der Unbestimmtheit der Indikatoren zur Messung der wirtschaftlichen Aktivität; vgl. Haas/Neumair 2007, S. 77 f.), sind es gerade die Basisinnovationen, die

Einfluss auf das touristische Geschehen nehmen. So tragen z. B. die Entwicklung des Automobils zur individuellen Mobilität und somit zur Entstehung eines Massentourismus oder die Entwicklungen neuer Kommunikationstechnologien (z. B. Internet) zu einem veränderten Informations- und letztendlich auch einem veränderten Buchungsverhalten der Touristen bei (vgl. Kap. 2.3.3).

Kurzfristige Trends

Wenngleich Meta- und Megatrends nicht trennscharf abgrenzbar sind bzw. einander bedingen, ist ihnen der grundlegende Einfluss auf kurzfristige Trends gemein. Diese können einen oder mehrere (Lebens-)Bereiche betreffen und lassen sich zudem in angebots- und nachfrageseitige Trends unterscheiden.

Angebotsseitige Trends

Angebotsseitige Trends gehen originär auf die **Initiative touristischer Leistungsträger** zurück, die Wünsche und Bedürfnisse der touristischen Nachfrage antizipieren bzw. wecken. Ein Beispiel hierfür ist die Entwicklung des Club Méditerranée bzw. des Cluburlaubs, der seinen Ursprung bereits 1950 hatte, als der Franzose Gilbert Trigano und der Belgier Gerald Blitz in Alcudia auf Mallorca das erste Feriendorf eröffneten. Ausgehend von „kollektiven" Zeltunterkünften entwickelten sich im Laufe der Zeit „Dörfer" aus Strohhütten, bevor wiederum Hotels das Konzept des Cluburlaubs aufgriffen (vgl. Poser 2009).

Nachfrageseitige Trends

Nachfrageseitige Trends haben ihren Ursprung in den **Wünschen und Bedürfnissen der touristischen Nachfrage**. Dabei können z. B. veränderte Rahmenbedingungen im Alltagsleben (z. B. veränderte Urlaubsregelungen etc.) die touristische Nachfrage beeinflussen. Als Beispiele für nachfrageseitige Trends im Tourismus ist das hybride Konsumverhalten der Touristen oder der Trend zu mehreren, dafür kürzeren Urlaubsreisen zu sehen (vgl. Kap. 2.3.4).

Produkttrends

Analog zur Unterscheidung zwischen angebots- und nachfrageseitigen Trends wird weiter nach Produkttrends und Konsumtrends unterschieden. Produkttrends im Tourismus zeigen die zunehmende Bedeutung neuer **touristischer Produkte und Dienstleistungen** (z. B. All-Inclusive-Angebote), aber auch Produkte des ergänzenden Reisemarktes (z. B. Verlage, Reiseausstatter) bzw. des touristischen Rand-Reisemarktes (z. B. Gastronomie, Sportartikelindustrie) können touristische Trends auslösen. So trägt z. B. die Sportartikelindustrie mit der Entwicklung der Carving-Skier allgemein, aber auch mit der Weiterentwicklung einer sicherheitsrelevanten Ausrüstung (z. B. Skihelme, Protektoren) zur anhaltenden Attraktivität des Skitourismus bei.

Konsumtrends

Konsumtrends bzw. soziokulturelle Trends sind **Veränderungen der touristischen Nachfrage** mit vergleichsweise kurzer Halbwertszeit (wenige Jahre). Die starke Entertainment-Orientierung Ende der 1990er-Jahre (Trend zur Erlebnisgesellschaft) kann als ein solcher Konsumtrend interpretiert werden. In der Regel bedingen sich Produkt- und Konsumtrends. Beispielsweise unterstützen Produkttrends wie die zunehmende Bedeutung von Billigfluggesellschaften Konsumtrends wie z. B. die zunehmende Mobilität bzw. das hybride Kaufverhalten – und umgekehrt. Retrospektiv kann nicht immer trennscharf zwischen angebotsseitigen bzw. Produkttrends und nachfrageseitigen bzw. Konsumtrends unterschieden werden.

Messung von Trends

Zur Messung von Trends müssen bestimme **Qualitätskriterien** berücksichtigt werden. So sind neben einer präzisen Fragstellung bzw. einer überprüfbaren Aufstellung von Hypothesen beim Erhebungsprozess vor allem die Kriterien der Objektivität, der Reliabilität und der Validität (vgl. Kap. 1.2.1) zu berücksichtigen. Zudem muss aus publizistischer Sorgfalt heraus jedwede Interpretation bzw. Spekulation bei der Dokumentation der Ergebnisse gekennzeichnet werden. Für die Identifizierung von touristischen Trends sind folgende Methoden von besonderer Bedeutung:

Methoden zur touristischen Trendanalyse

- die **Prognose** als allgemeine Einschätzung der Zukunft aufgrund bekannter Parameter für einen erwarteten „Endzustand“,
- das **Expertengespräch** als Instrument zur Ermittlung der Meinungsführerschaft oder zur Kalibrierung einzelner Variablen (oft als Vorstufe für quantitative Untersuchungen),
- die **Delphi-Methode** als systematische, mehrstufige Befragung eines Kollektivs mit dem Ziel konsensfähiger und prognostischer Aussagen,
- das **Monitoring** als systematische Dauerbeobachtung und Überwachung von kurzfristigen Veränderungen mit dem Ziel, steuernd auf die Entwicklung einzuwirken,
- die **Kontextanalyse** als Benennung, Analyse, Dokumentation und Kontextualisierung von Veränderungsphänomenen im Rahmen der Trendanalyse,
- die **Projektion** als abgeleitete Fortführung einer einfachen Trendentwicklung, wobei zwischen Voraussage (forecast), also der Darstellung eines wahrscheinlichen Zukunftsverlaufs, und Vorhersage (prediction), der auf einen bestimmten zukünftigen Zeitabschnitt fokussierten Voraussage, unterschieden wird,
- das **strategische Forecasting** (z. B. in Form von so genannten think tanks bzw. Denkfabriken) als Implementierung von Trend- und Zukunfts-„Wissen“ in komplexe wirtschaftliche, gesellschaftliche bzw. politische Prozesse sowie
- die **Szenarienentwicklung** als klassisches Instrument der Trend- und Zukunftsforschung, bei der aus einem bestimmten Set von Trends die Entwicklung für z. B. die nächsten 10, 20 oder 50 Jahre analysiert wird. Szenarien sind also keine Vorhersage der Zukunft und haben keinen Anspruch auf Richtigkeit, sie stellen nur eine von verschiedenen denkbaren Zukünften dar. Sie müssen jedoch plausibel und in sich schlüssig sein. Außerdem ist es erforderlich, dass Szenarien relevant sind und die Unwägbarkeiten und Dilemmata aufzeigen, mit denen man sich künftig auseinandersetzen muss (vgl. DINGELDEY/SOBOLL 2009, S. 131).

Ende eines Trends

Das Ende eines Trends deutet sich durch die **Stagnation** oder den andauernden **Bedeutungsverlust** des „trendigen“ touristischen Phänomens an. Im Modell des Produktlebenszyklus ist zu diesem Zeitpunkt das Maximum der Kurve erreicht. So wird z. B. das Ende des Trends der Erlebnisorientierung einerseits durch die **Sättigung des Marktes** mit entsprechenden Produkten (z. B. keine weiteren Erlebnisparks), andererseits durch die „Ablösung“ der erlebnisorientierten durch hedonistische Tourismusprodukte deutlich. Auch touristische Destinationen können „im Trend liegen“, „sterben“ oder durch einen Relaunch eine „Renaissance“ erleben (vgl. dazu Kap. 2.2.1).

Trend- und Zukunftsforschung im deutschsprachigen Raum

Es gibt eine Reihe von Instituten und Einrichtungen, die im Rahmen regelmäßiger Erhebungen oder mit unregelmäßig oder einmalig durchgeführten Untersuchungen einen Ausblick in die Zukunft vornehmen und versuchen, sich abzeichnende Trends zu identifizieren. Im deutschsprachigen Raum beschäftigen sich unter anderem die Stiftung für Zukunftsfragen in Hamburg unter der wissenschaftlichen Leitung von Horst W. Opaschowski (www.stiftungfuerzukunftsfragen.de), das Zukunftsinstitut von Matthias Horx in Kelkheim (www.zukunftsinstitut.de), das Trendbüro von Peter Wippermann (www.trendbuero.de), das Zentrum für Zukunftsstudien der Fachhochschule Salzburg (www.fhs-forschung.at) sowie das Schweizer Gottlieb Duttweiler Institut (www.gdi.ch) mit Trend- und Zukunftsforschung.

Aktuelle Trends im Tourismus

Das deutsche Zukunftsinstitut von Matthias Horx sieht in der 2006 erschienenen Studie „Tourismus 2020" die fünf wichtigsten Trends im Tourismus in den Bereichen

- **Gesundheit**, wobei es gilt, die Trennung zwischen Gesundheit und Genuss bzw. zwischen Patient und Gast aufzuheben,
- **einzigartige Erlebnisse und Abenteuer**, wobei das Spektrum der Einzigartigkeit von der „lediglich" individuell abgestimmten Reise bis hin zur Reise ins Weltall reicht,
- **Service und Komfort**, um die Reisezeit so effektiv und intensiv wie möglich zu gestalten,
- **soziale Kontakte**, die ihren Ausdruck in kreativen, inspirierenden Formen der Kommunikation finden und
- **Ökologie und Nachhaltigkeit**, allerdings nur unter der Voraussetzung, dass Genuss, Spaß und Individualität nicht auf der Strecke bleiben (vgl. VIR 2009).

Des Weiteren gelten als touristische Trends: die Thematisierung touristischer Produkte (z. B. thematisierte Radwanderwege), eine zunehmende Technisierung im Tourismus (z. B. Einsatz von GIS-Technologie), die Kopplung von touristischem Grund- und Zusatznutzen (z. B. Rad- mit Kulturtourismus), die Entwicklung weiterer Edutainmentwelten (z. B. Universum Bremen) und Brandlands (z. B. BMW Welt München) sowie die zunehmende Bedeutung von Religion und Spiritualität als Reisemotiv (z. B. organisierte und individuelle Pilgerreisen).

F.U.R Trendanalyse 2020

Die F.U.R Trendstudie „Urlaubsreisetrends 2020" benennt insgesamt zwölf Haupttrends der touristischen Nachfrage in Deutschland, die größtenteils eine Fortschreibung der Entwicklung der letzten Jahre darstellen. So verschiebt sich unter anderem durch den demographischen Wandel das Gewicht einzelner Zielgruppen (z. B. die zunehmende Bedeutung von Senioren; Trend 1). Wenngleich sich die Motive bzw. Grundbedürfnisse bei einer Urlaubsreise nicht grundlegend ändern, zeigen sich differenziertere und höhere Ansprüche an deren Realisierung (Trend 2). Das Reisevolumen sieht die Studie stabil mit leichtem Wachstumspotenzial, aber auch verbunden mit Risiken, welche sich beispielsweise in der wirtschaftlichen Entwicklung bzw. den Themen Terrorismus und Klimawandel (vgl. Kap. 4.2 und 4.3) begründen (Trend 3). Bei den Reisezielen werden mittelfristig keine gravierenden Änderungen eintreten (vgl. auch Kap. 1.3.2, Tab. 1.3; Kap. 1.4.3, Tab. 1.4), wenngleich sich der Konkurrenzkampf der touristischen Destinationen im In- und Ausland weiter verschärfen wird (Trend 4). Beim Informationsverhalten der Touristen gewinnen neue Medien wie das Internet zunehmend an Bedeutung, zudem werden immer mehr Quellen zu Rate gezogen

(Trend 5). Im Bereich Vertrieb kommt den Reiseveranstaltern und -mittlern auch in Zukunft eine bedeutende Rolle zu, vor allem vor dem Hintergrund der zunehmenden Individualisierung der Reisen (Trend 6). Wenngleich die Klassiker wie Strand- oder Familienurlaub nicht an Bedeutung verlieren, wird es zu einer zunehmenden Ausdifferenzierung von Urlaubsformen kommen (Trend 7). In Bezug auf die Dauer einer Urlaubsreise zeichnet sich eine anhaltende, wenngleich verlangsamte Entwicklung hin zu kürzeren Reisen ab (Trend 8). Zudem zeigt sich eine ausgeglichenere Verteilung der Urlaubsreisen übers Jahr bzw. eine geringere Saisonalität (vgl. auch Kap. 2.3.4; Trend 9). Bei den durchschnittlichen Ausgaben für eine Urlaubsreise sind keine grundlegenden Änderungen zu erwarten, die Preissensibilität der Touristen wird sich allerdings eventuell noch erhöhen (Trend 10). Im Beherbergungswesen erfahren Hotels und individuelle Wohnformen in Ferienwohnungen und -häusern einen Bedeutungsgewinn zu Lasten von Pensionen und Privatzimmern. Insgesamt werden die Qualitätsansprüche in Bezug auf die Urlaubsunterkünfte steigen (Trend 11). Bei der Verkehrsmittelwahl ist ebenfalls kein grundlegender Wandel zu erwarten, vor allem aber die Verkehrsmittel Bus und Bahn bedürfen einer größeren Kundenorientierung (Trend 12; vgl. LOHMANN/ADERHOLD 2009, S. 182 ff.).

Nutzen der Trendforschung

Trendforschung bzw. in die Zukunft gerichtetes Denken und Planen ist im dynamischen Tourismusmarkt für die touristischen Leistungsträger von großer Bedeutung. Trendforschung muss deshalb den Ausgangspunkt zum **Trendmanagement** darstellen. So werden

- **strategische Kompetenzen** und **unternehmerische Kreativität** gestärkt,
- **innovative Produkte und Dienstleistungen** geschaffen,
- die **Kundenorientierung** gewährleistet,
- die **Erschließung neuer Zielgruppen und Vertriebswege** realisiert,
- **unvorhersehbare Herausforderungen** bewältigt und
- die **langfristige Rentabilität** gewährleistet bzw. **Gewinne** realisiert.

4.2 Sicherheit und Tourismus

Allgemein müssen bei der Beschäftigung mit dem Thema Tourismus und Sicherheit verschiedene Formen der Sicherheitsbedrohung unterschieden werden. Zur Beschreibung einer Sicherheitsbedrohung werden die Begriffe Katastrophe und Hazard oft synonym verwendet. Ein Hazard wird bezeichnet als „a potentially damaging physical event, phenomenon or human activity that may cause the loss of life or injury, property damage, social or economic disruption or environmental degradation" (UNISDR 2009, S. 17). Aus Katastrophen und Hazards resultieren häufig Krisen, die das Fortbestehen eines Systems in seiner aktuellen Form gefährden (BIEGER 2007, S. 276).

Arten und Folgen von Hazards

Die wissenschaftliche Beschäftigung mit Katastrophen sowie ihren Auswirkungen erfolgt unter anderem durch die Hazardforschung – auch innerhalb der (Wirtschafts-)Geographie. Thematisiert werden sowohl natürliche (natural hazards; z. B. Erdbeben oder Vulkanausbrüche) als auch anthropogen bedingte Katastrophen (man-made hazards; z. B. Terroranschläge) und ihre Folgen. Ein **man-made hazard** wird im Gegensatz zum **natural hazard** durch Menschen herbeigeführt, d.h. der Mensch ist durch sein Handeln Ursache und/oder Auslöser des Hazards. Lawinenabgänge, Dürren oder Überschwemmungen können sowohl natural hazards sein als auch durch menschliches Handeln ausgelöst oder verstärkt werden, und sind dann als man-made hazards zu bewerten. Außerdem werden unter man-made hazards die so genannten **social hazards** (z.B. Terrorismus) und **technological hazards** (z.B. Tankerunglück) subsumiert. Sowohl natural als auch man-made hazards können direkte oder indirekte Folgen für den Tourismus haben, wobei zwischen **immateriellen** (z.B. Imageverlust einer Destination) und **materiellen** Schäden (z.B. Zerstörung von Infrastruktur) unterschieden wird.

Zunehmende Bedeutung des Sicherheitsaspekts

Der Tourismus ist vor allem seit der Jahrtausendwende mit vielfältigen Ereignissen konfrontiert worden, die unter dem Aspekt Tourismus und Sicherheit betrachtet werden müssen: Naturkatastrophen, Terroranschläge, Epidemien sowie technisch bedingte Unglücke wie die Lawinenkatastrophe von Galtür (1999), die Terroranschläge von New York City (2001) oder Bali (2005), die Lungenkrankheit SARS (2002), die Vogelgrippe (2003) oder die Schweinegrippe (2009) sowie der Tsunami im Indischen Ozean (2004), aber auch der Brand in der Standseilbahn am Kitzsteinhorn (2000) oder der Concorde-Absturz bei Paris (2005). Angesichts dieser Gefahren für den Tourismus erscheint die Einschätzung von Freyer (2004, S. 2) nachvollziehbar: „Safety and security are becoming an overriding objective of tourism destinations". Auch das Büro für Technikfolgenabschätzung des Deutschen Bundestags sieht in seinem Arbeitsbericht über Zukunftstrends im Tourismus (vgl. Petermann et al. 2006) als zukünftige Herausforderung für den Tourismus neben dem demographischen Wandel und der EU-Erweiterung den Umgang mit „(Un-)Sicherheit, Risiken und Krisen im Tourismus". Hierbei wird einerseits eine verstärkte Thematisierung des Sicherheitsbedürfnisses sowohl auf der Angebots- als auch auf der Nachfrageseite erwartet, andererseits werden folgende Aspekte zunehmend an Bedeutung gewinnen:

- die **Kurzfristigkeit** der Wahrnehmung von Bedrohungen durch Reisewillige,
- die **Veränderung** der Verteilungsmuster touristischer Gunst- und Ungunsträume sowie
- die **Vermittlung** von Sicherheit für Reisende als Zugewinn und nicht als Einschränkung.

Subjektive und objektive Sicherheit

Diesen Einschätzungen steht jedoch die Tatsache gegenüber, dass das tatsächliche Ausmaß der Bedrohung und das subjektive Unsicherheitsgefühl häufig nicht miteinander korrelieren. So leben die Menschen gegenwärtig deutlich sicherer als noch vor 50 Jahren. Beispielsweise hat die jährliche Zahl von Todesopfern durch Naturkatastrophen, Epidemien und technologische Katastrophen seit Beginn des letzten Jahrhunderts stark abgenommen. Da die Weltbevölkerung zudem enorm angewachsen ist, hat sich das Risiko, bedingt durch Naturkatastrophen, Epidemien oder technologische Katastrophen zu sterben, von 0,08‰ in den 1950er-Jahren auf rund 0,01‰ in den 1990er-Jahren reduziert (vgl. Abb. 4.2), die **objektive Sicherheit** hat damit

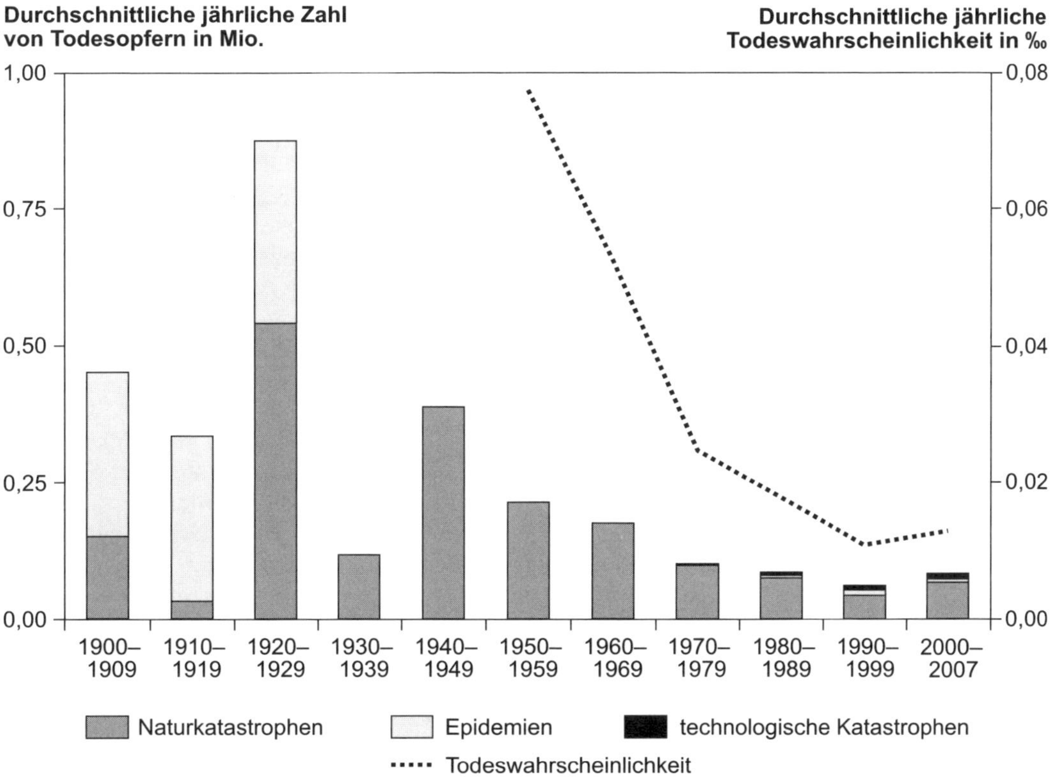

Abb. 4.2: Entwicklung ausgewählter Sicherheitsrisiken 1900 bis 2007 (nach CRED 2008)

offensichtlich zugenommen. Wenngleich seit der Jahrtausendwende die „globale Todeswahrscheinlichkeit" erstmals wieder leicht angestiegen ist, so liegt sie doch insgesamt noch deutlich niedriger als in der ersten Hälfte des 20. Jahrhunderts. Dem steht ein wachsendes **subjektives Unsicherheitsgefühl** gegenüber, das auch als eine Ursache von Phänomenen wie dem so genannten Cocooning oder den Gated Communities interpretiert werden kann. Insbesondere der Tourismus ist vom Thema Sicherheit immer stärker betroffen.

Sicherheit aus Sicht der Touristen

Sicherheit spielt im Tourismus mit unterschiedlicher Gewichtung bezüglich vielfältiger Aspekte eine Rolle. Aus Nachfragersicht (potenzielle und tatsächliche Reisende) sind von besonderer Bedeutung (vgl. Born 2005, S. 92):

- die Sicherheit bei Reiseinhalten,
- die Sicherheit bei der Reiseabwicklung,
- die Sicherheit vor Konkursen der touristischen Leistungsträger,
- die Sicherheit im Flugzeug und Hotel,
- die Sicherheit vor gesundheitlichen Risiken,
- die Sicherheit vor Überfällen und Eigentumsdelikten,
- die Sicherheit vor Naturkatastrophen,
- die Sicherheit vor terroristischen Anschlägen.

Ökonomische Folgen

Neben der individuellen Betroffenheit wird die Bedeutung des Themas Sicherheit für den Tourismus vor allem durch die ökonomischen Folgen sichtbar. Kurz- bis langfristige Folgen können sich für die Angebotsseite (insbesondere touristische Destinationen und Reiseveranstalter) unter anderem in **Stornierungen** oder **Umbuchungen**, dem **Rückgang von Neubuchungen** und in der Konsequenz in einem **Rückgang der Auslastungsquote** sowie im **Verlust von Marktanteilen** niederschlagen (vgl. BORN 2005, S. 94). Besonders deutlich können die (ökonomischen) Auswirkungen von sicherheitsbedingten Krisen am Beispiel des Terrorismus aufgezeigt werden. So sank die Zahl der internationalen touristischen Ankünfte in Israel durch die Zunahme der terroristischen Bombenanschläge in den Jahren 2000 bis 2004 (vgl. Abb. 4.3). Eine ähnliche Entwicklung ist auch für andere vom Terrorismus betroffene Länder festzustellen (z. B. Ägypten).

Forschungsaspekte

Die bisher vorliegenden einschlägigen Arbeiten zum Thema Sicherheit und Tourismus beschäftigen sich anhand von **Fallstudien** mit den konkreten Folgen und Auswirkungen oder widmen sich dem Management einzelner Ereignisse. So analysiert z. B. ASCHAUER (2006) die Entwicklung nach den Terroranschlägen auf Bali (vgl. auch Kap. 2.2.3, Abb. 2.9), sowohl für die Destination selbst als auch für deren Wahrnehmung durch Touristen, während sich BORN (2005) mit der Optimierung des Umgangs mit solchen Katastrophen im Sinne eines **Katastrophenmanagements** durch die touristischen Leistungsträger auseinandersetzt. Außerdem gibt es einzelne Befragungsergebnisse, die die Bedeutung des Aspektes Sicherheit im Kontext touristischer Entscheidungsprozesse erfassen: Danach gaben im Januar 2002 immerhin 14 % der Deutschen an, „dass die Terroranschläge und deren Konsequenzen ihr Reiseverhalten bei der nächsten Urlaubsreise beeinflussen werden"

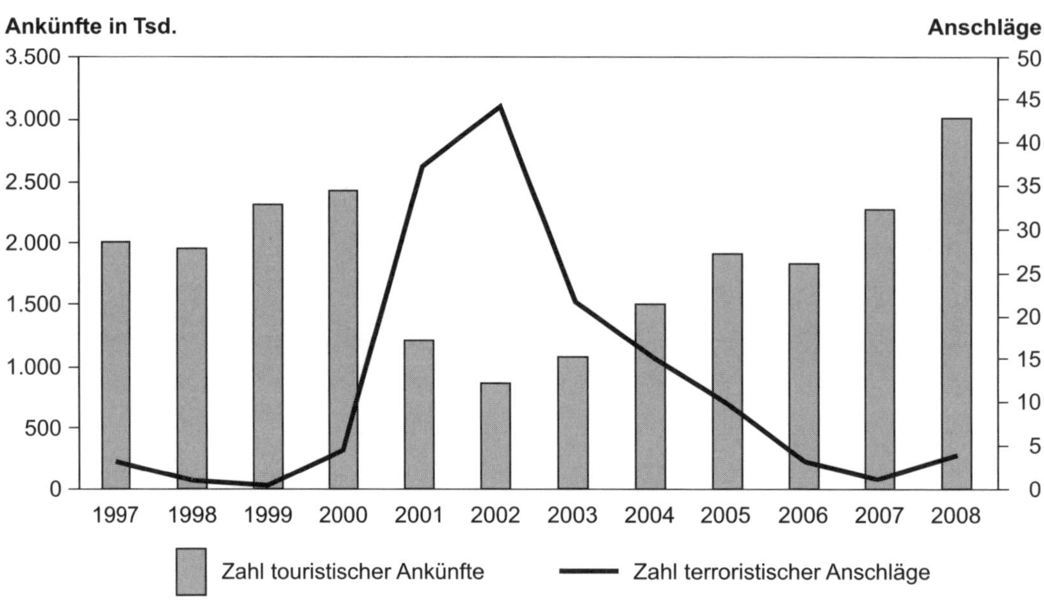

Abb. 4.3: Entwicklung der Zahl der internationalen touristischen Ankünfte und der Zahl der Terroranschläge in Israel 1997 bis 2008 (nach WEBER 2009, S. 27)

(F.U.R 2002, S. 6). Demgegenüber besteht auf Seiten der touristischen Leistungsträger häufig die Hoffnung auf die Vergesslichkeit (vgl. MAIER 2006), das kurze Gedächtnis oder die schlechten Geographiekenntnisse (vgl. BORN 2005, S. 91) der Touristen.

Einflussfaktoren auf die Wahrnehmung

Bei der Wahrnehmung von und dem Umgang mit Unsicherheit, Katastrophen und Krisen durch Touristen sind eine Reihe von Faktoren zu berücksichtigen (vgl. RAICH et al. 2005, S. 219f.; KUSCHEL/SCHRÖDER 2002, S. 28ff.):

- die **Art der Ereignisse** (natural hazards beeinflussen das Reiseverhalten weniger als man-made hazards),
- der **zeitliche Abstand von Ereignissen** (je länger der zeitliche Abstand, desto geringer ist der Einfluss),
- das **Ausmaß der Ereignisse** (je höher die Zahl der Toten oder Verletzten, desto größer ist der Einfluss),
- die **geographische Entfernung zum Ereignis** (je größer die Entfernung, desto größer ist die Gefahr von spill-over-Effekten durch Übertragung des Sicherheitsrisikos auf einen größeren Raum),
- die **Betroffenheit vom Ereignis** (je mehr eigene Landsleute betroffen sind, desto stärker steigt die eigene Betroffenheit),
- das eigene **Hintergrundwissen** (je besser das Hintergrundwissen, desto realistischer wird das objektive Gefährdungspotenzial eingeschätzt).

Allerdings liegen über die tatsächliche Rolle des Aspektes Sicherheit im Kontext touristischer Reiseentscheidungsprozesse auf der Nachfrageseite, z.B. hinsichtlich der Destinationsentscheidung, bisher noch wenige Erkenntnisse vor.

Sicherheit und Destinationswahlverhalten

SCHMUDE/HEUMANN (2009b, S. 87ff.) stellen in ihrer explorativen Studie hierzu fest, dass Sicherheit als ein touristisches Grundbedürfnis in seiner individuellen Bedeutung im Kontext touristischer Entscheidungsprozesse vordergründig nur schwach variiert, jedoch hinsichtlich der persönlichen Sicherheitsorientierung und der eigenen Erfahrung von Unsicherheit Unterschiede und signifikante Abhängigkeiten bestehen. Das Erfahren von Unsicherheit im Tourismus enthält damit neben zufälligen auch systematische Komponenten, die durch eine gezielte Planung im Vorfeld der Reise berücksichtigt werden können. Dies bedeutet, dass den Reisenden die Möglichkeit zur Information über Sicherheitsrisiken gegeben werden sollte. Dazu muss die Tourismuswirtschaft (insbesondere Reiseveranstalter) über sicherheitsrelevante Aspekte in den Zielgebieten möglichst transparent informieren. Die **Gewährleistung von Sicherheit** und eine **transparente Kommunikation** bestehender Risiken in einer Destination sind von Bedeutung, da persönliche negative Erfahrungen die Wahrnehmung der Destination von (potenziellen) Touristen und gegebenenfalls auch die spätere Reiseentscheidung beeinflussen. Konkret bedeutet dies, dass eine Destination, die durch eine persönliche negative Erfahrung „stigmatisiert" ist, als künftiges Reiseziel nicht mehr in Frage kommt und damit aus dem Relevant Set (vgl. auch Kap. 2.1.4) herausfällt.

Pfadmodell zur Reiseentscheidung

Zur systematischen Aufarbeitung der vermuteten Zusammenhänge und Einflüsse haben SCHMUDE/HEUMANN (2009b, S. 90) ein Pfadmodell erarbeitet (vgl. Abb. 4.4), in dem die **individuelle Risikoneigung** (differenziert nach persönlicher Sicherheitsorientierung und Risikoelastizität im Sinne der Ak-

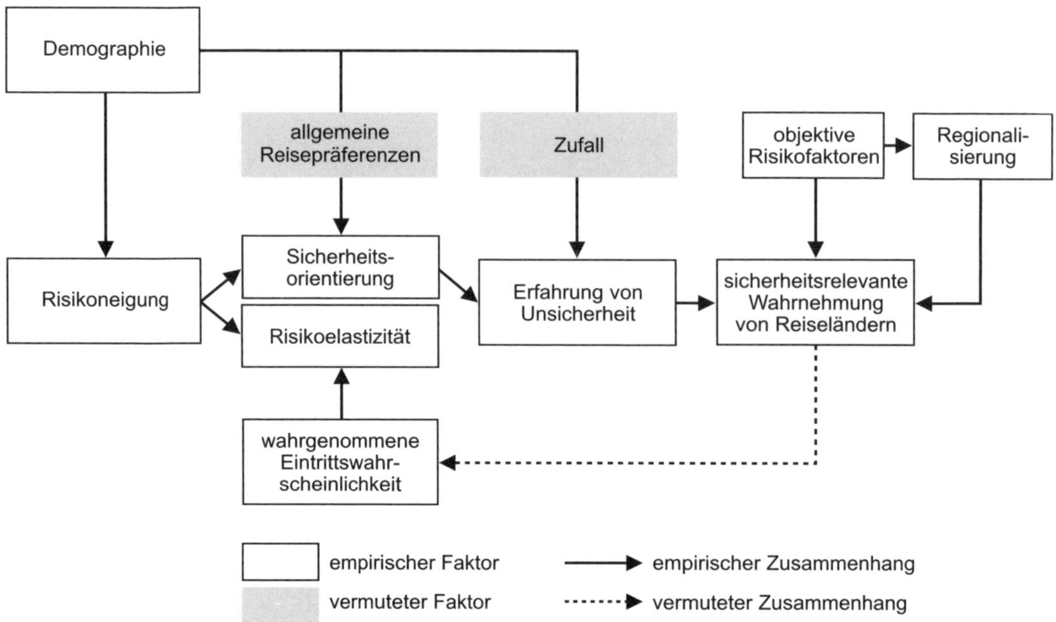

Abb. 4.4: Empirisches Pfadmodell der Relevanz von und der Betroffenheit durch Unsicherheit im Kontext der touristischen Reiseentscheidung (nach SCHMUDE/HEUMANN 2009b, S. 90)

zeptanz verschiedener unsicherer Situationen im Zielgebiet) von Touristen im Mittelpunkt steht. Weiter werden die **individuelle Erfahrung mit Unsicherheit** und die **sicherheitsrelevante Wahrnehmung** (differenziert nach Ländern) berücksichtigt.

Dem Modell liegen unter anderem Befragungen in Deutschland und Kanada zum Reiseverhalten, der Reiseerfahrung, dem Destinationswahlverhalten sowie der allgemeinen Einstellung gegenüber und der persönlichen Erfahrung mit Unsicherheit zugrunde. Die im Pfadmodell regressionsanalytisch ermittelten Befunde (vgl. SCHMUDE/HEUMANN 2009b, S. 89f.) zeigen unter anderem, dass risikoaverse bzw. risikotolerante Touristenkohorten nicht allein auf der Basis demographischer Faktoren gebildet werden können. Vielmehr beeinflussen demographische Faktoren die individuelle Risikoneigung. **Risikoaverse Touristen** sind demnach tendenziell älter, häufiger weiblich und verheiratet und haben tendenziell häufiger Kinder. Nachgewiesen wird auch, dass Personen mit einer vergleichsweise stark ausgeprägten Sicherheitsorientierung seltener persönlichen Erfahrungen von Unsicherheit ausgesetzt sind. Sicherheit im Tourismus ist demnach zumindest zu einem gewissen Grad planbar. Schließlich erweist sich auch die persönliche Erfahrung von Unsicherheit als substanziell für den Destinationsentscheidungsprozess.

Sicherheitsbarometer

Eine der wenigen kontinuierlichen empirischen Analysen zu Fragen der individuellen Sicherheit im Tourismus ist das in Deutschland seit dem Jahr 2003 durchgeführte Sicherheitsbarometer. In dieser in Kooperation von einer Reiseversicherung und der Universität Lüneburg jährlich vorgelegten Untersuchung wurde unter anderem festgestellt, dass im Jahr 2008 **Krank-**

heiten (68,6% bzw. 66,2%) und **Unfälle** (43,9% bzw. 54,3%) als die häufigsten bzw. schwerwiegendsten Risiken beim Reisen gelten. Dagegen werden **Naturkatastrophen** (14,3%) und **Unruhen/Terror** (8,6%) eher als seltene Risiken eingeschätzt, die im Falle ihres Eintreffens jedoch durchaus als schwerwiegend eingestuft werden (Naturkatastrophen: 44,4% bzw. Unruhen/Terror: 35,1%; vgl. ELVIA 2008). Diese Ergebnisse können im Sinne einer deutlich stärkeren Gewichtung der personenbezogenen gegenüber allgemeiner Risiken interpretiert werden.

Sicherheit und Reisemotiv

Neben den individuellen Erfahrungen spielt auch das persönliche Reisemotiv sowie die Destination und die mit ihr verbundene (Un-)Sicherheit eine wichtige Rolle. So ermittelt WEBER (2009, S. 15) für das Fallbeispiel Israel drei Gruppen von Reisenden, die auf das Problem Sicherheit – hier in Form der terroristischen Bedrohung – unterschiedlich reagieren. Die **religiös orientierten Touristen** zeigen dabei die geringste „Anfälligkeit" und reisen aus Solidarität und Überzeugung nach Israel. Dagegen reagiert die Gruppe der **Geschäftsreisenden** stärker auf terroristische Gewaltakte, indem sie versuchen, ihre physische Präsenz vor Ort durch Videokonferenzen oder Telefonate zu ersetzen bzw. das persönliche Treffen gegebenenfalls in ein anderes Land zu verlegen. Am stärksten reagiert die Gruppe der **Sun-and-Sea-Touristen**, die eine andere Destination wählen, um der Unsicherheit durch terroristische Bedrohung zu entgehen.

Ausblick

Für die Zukunft ist zu erwarten, dass dem Thema Sicherheit und Tourismus aufgrund seiner zunehmenden Bedeutung sowohl von Seiten der Tourismuswirtschaft als auch der Tourismuswissenschaft verstärkt Aufmerksamkeit geschenkt wird. Dabei besteht insbesondere hinsichtlich der Perzeption von Sicherheit bzw. Unsicherheit durch die (potenziellen) Reisenden weiterer „Aufklärungsbedarf". Hierbei spielen nicht ausschließlich ökonomische Aspekte eine Rolle, vielmehr müssen Werte, Einstellungen, gesellschaftliche Einflüsse und kulturelle Identitäten berücksichtigt werden (vgl. RENN 2002, S. 1). So unterscheiden sich z.B. die Mental Maps der sicheren bzw. unsicheren Länder von (potenziellen) Reisenden aus unterschiedlichen Quellgebieten. Weiterer Informationsbedarf besteht bezüglich des Umgangs mit den Folgen von unsicheren Situationen (Krisen). Dies betrifft insbesondere die touristischen Leistungsanbieter, die in konkreten Krisenfällen bisher überwiegend reaktiv gehandelt haben. Zusammenfassend resümiert der Bericht des Büros für Technikfolgenabschätzung des Deutschen Bundestags über die Zukunftsaufgabe für die Wissenschaft zum Thema Tourismus und Sicherheit: „Schließlich sollten sich Risiko- und Folgenforschung der Analyse und Bewertung eines zukünftigen Tourismus im Schatten möglicher struktureller globaler Friedlosigkeit, Folgen des Klimawandels sowie verstärkter Epidemien zuwenden. Mit Hilfe von **Szenarien** ebenso wie durch **historische und empirische Fallanalysen** könnten Beiträge für eine **verbesserte Risikokommunikation** sowie zu **präventiv orientierten Früherkennungssystemen** für Risiken und Krisen im Tourismus erarbeitet werden. Insgesamt stellt sich die Forschung die Aufgabe, über die bloße Extrapolierung von Trends hinaus, Methoden zu entwickeln, mit deren Hilfe sich zukünftige Entwicklungen besser analysieren und auf die Erfordernisse der Praxis ausgerichtet kommunizieren lassen. Diese Aufgabe ist ebenso ambitioniert wie unabweisbar" (PETERMANN et al. 2006, S. 196).

4.3 Klimawandel und Tourismus

Das Klima ist ein wichtiger Bestandteil des ursprünglichen Angebots (vgl. Kap. 2.1), der für den Tourismus einer touristischen Destination begünstigend oder limitierend wirken kann. So hat das Klima Einfluss darauf, ob und gegebenenfalls wie lange bestimmte Angebote offeriert bzw. aufrechterhalten werden können (z. B. Wintersporttourismus). Eine Klimaänderung bzw. der Klimawandel können demnach dazu führen, dass das vorhandene touristische Angebot **Einschränkungen** erfährt, **Modifikationen** des Angebots notwendig sind oder **neue Möglichkeiten** für den Tourismus eröffnet werden. Dabei ist unter Klimawandel „der langfristige Wechsel der Klimaelemente und der Ablauf der Witterungserscheinungen" (Bürki 2000, S. 8) zu verstehen.

Einflüsse und Folgen

Aus wissenschaftlicher Perspektive besteht weitgehend Konsens darüber, dass der zu beobachtende Klimawandel zumindest zu einem erheblichen Teil anthropogen und dabei vor allem durch Emissionen verursacht ist. Wesentlichen Einfluss auf den Tourismus haben vor allem zeitliche und räumliche Veränderungen der Temperaturen (z. B. Zahl der Hitzetage) und Niederschläge (z. B. Schneesicherheit) sowie das aus den Veränderungen resultierende Auftreten von Extremereignissen (z. B. Starkregen- oder Hochwasserereignisse) oder das für den Tourismus verfügbare Wasserangebot (z. B. zur Beschneiung oder zur Bewässerung von Golfplätzen). Die Folgen des Klimawandels betreffen also sowohl den **Sommer-** als auch den **Wintertourismus**, sie können sich **positiv** wie **negativ** auswirken. Neben einer Reihe weiterer Einflüsse (z. B. demographischer Wandel) wird der Klimawandel als einer der wichtigsten Treiber für die zukünftige Veränderung der Tourismuswirtschaft eingeschätzt (vgl. Opaschowski 2006, S. 178). Die Klima(-folgen)-Forschung ist sich bisher nicht einig über das Ausmaß und damit auch die Folgen des Klimawandels, denn es existieren unterschiedliche Klimamodelle, anhand derer die zukünftigen Entwicklungen berechnet werden können. Dies gilt sowohl für globale als auch für regionale Klimamodelle.

Klimamodelle

Globale Klimamodelle sind für viele kleinräumige Fragestellungen kaum sinnvoll einzusetzen, denn aus regionalwissenschaftlicher Sicht sind oftmals räumlich und zeitlich hoch aufgelöste Klimamodelle (z. B. mit einer Auflösung unter 10 km^2 und tageweise) notwendig. Kleinräumige Modellierungen sind – besonders in Gebirgslagen – jedoch sehr aufwendig. Die bekanntesten regionalen Klimamodelle für Deutschland sind das vom Max-Planck-Institut für Meteorologie entwickelte **REMO** (Regional Model) sowie das von der Climate & Environment Consulting GmbH konzipierte **WETTREG** (Wetterlagen-basierte Regionalisierungsmethode). Die mit unterschiedlichen Ansätzen entwickelten Modelle liefern zum Teil abweichende Ergebnisse, erlauben es aber, „die Spannweite der möglichen Klimaänderungen besser zu beurteilen" (Umweltbundesamt 2006, S. 6 f.). Dabei wird die Güte von Klimamodellen durch den Vergleich der berechneten Klimadaten für einen zurückliegenden Zeitraum und den dafür vorliegenden beobachteten Daten abgeschätzt und das Modell dementsprechend optimiert bzw. kalibriert. Über verschiedene Annahmen (z. B. Umfang der Emissionen) können dann mit dem Modell unterschiedliche zukunftsgerichtete Szenarien simuliert werden. Gerade im Bereich des Tourismus ist die Berücksichtigung regionaler bzw. lokaler klimatischer Besonderheiten von enormer Bedeutung, da auch die angebotenen Tourismusarten oft auf engstem Raum variieren.

Erste Untersuchungen

Die ersten Studien zum Klimawandel konzentrieren sich insbesondere auf die zu erwartenden **Auswirkungen** und die Frage der **Begrenzung der anthropogenen Einflüsse** auf den Klimawandel. Typisch für diese Untersuchungen ist die Tatsache, dass sie auf räumlich stark aggregierten Daten beruhen, die dementsprechend lediglich relativ grobe Aussagen erlauben. Im Tourismus konzentrieren sich die Arbeiten dieser Phase vor allem auf die möglichen Auswirkungen auf den alpinen Winter(-sport)-Tourismus und die Frage, in welchen Regionen (z. B. Kantone in der Schweiz) zukünftig noch Skitourismus möglich sein wird (z. B. ABEGG 1996).

Eine erneute Aufmerksamkeit – nicht nur in der Wissenschaft, sondern auch in der breiten Öffentlichkeit – erfährt das Problem des Klimawandels durch die Verleihung des Friedensnobelpreises an Al Gore und den Weltklimarat der Vereinten Nationen im Jahr 2007.

Klimafolgenforschung

Die Auseinandersetzung mit dem Thema hat sich allerdings dahingehend verändert, dass neben den Anstrengungen zur Reduzierung des anthropogenen Einflusses auf die globale Erwärmung zunehmend auch die Frage nach dem Umgang mit dem Klimawandel diskutiert wird (Klimafolgenforschung). Diese neue Blickrichtung leitet eine zweite Phase ein, die nicht mehr durch eine überwiegend naturwissenschaftlich ausgerichtete Diskussion geprägt ist. Vielmehr werden der Klimawandel und seine Folgen verstärkt auch unter **ökonomischen, gesellschaftlichen und politischen Aspekten** thematisiert. Dies gilt auch für die Tourismuswirtschaft und die mit ihr verbundenen Bereiche, etwa die Finanzwirtschaft. Verschiedene Banken und Versicherungen (z. B. KfW-Bankengruppe, Allianz) wenden sich diesem Thema zu und legen eigene Studien vor.

Deutsche-Bank-Studie zu Klimawandel und Tourismus

So hat z. B. die Deutsche Bank Research unter dem Titel „Klimawandel und Tourismus: Wohin geht die Reise?" (DEUTSCHE BANK RESEARCH 2008) Gewinner und Verlierer des Klimawandels auf Nationalstaaten- bzw. Subkontinentenbasis bis zum Jahr 2030 ermittelt. Die Klassifikation basiert auf einem Scoring-Modell, dessen Grundlage vier Einflussgrößen bilden: Neben direkten Klimawirkungen und klimatisch bedingten Substitutionseffekten werden regulatorische Belastungen, Anpassungsmöglichkeiten des Landes an Klimawirkungen sowie die ökonomische Bedeutung des Tourismus berücksichtigt (vgl. DEUTSCHE BANK RESEARCH 2008, S. 30). Obwohl das räumlich hohe Aggregationsniveau dieser Studie kritisch zu bewerten ist, erfreut sie sich (auch) in der touristischen Fachpresse großer Resonanz (z. B. „Düstere Aussichten für die Türkei", HOLZAPFEL/LANZ 2008, S. 28). Neben der Türkei sind demnach in Europa beispielsweise auch Griechenland und Portugal **Verlierer** des Klimawandels. **Gewinner** sind dagegen in Europa unter anderem Deutschland, Skandinavien oder Großbritannien. Eine räumliche Differenzierung innerhalb der Staaten, die unterschiedliche Größe der räumlichen Einheiten oder die verschiedenen Marktsegmente des Tourismus bleiben bei der Berechnung der landesweiten Durchschnittswerte weitgehend unberücksichtigt. Neben der ungenügenden regionalen Differenzierung muss kritisiert werden, dass die Analysen und Aussagen nur auf den klimasensiblen Tourismus abzielen. Der Tatsache, dass Tourismusarten wie der Geschäftsreise-, Städte- oder Einkaufstourismus deutlich weniger von Klimaänderungen betroffen sind, wird – bis auf wenige Ausnahmen – keine Rechnung getragen. Ebenso wird bei der Einteilung in Verlierer und Gewinner nicht zwischen Sommer- und Wintertourismus unterschieden.

Verbundprojekt GLOWA-Danube

Einen völlig anderen Ansatz verfolgt die Forschungsgruppe Tourismus im Projekt GLOWA-Danube, in dem Auswirkungen des Klimawandels **räumlich und zeitlich hoch aufgelöst** analysiert werden (vgl. MAUSER 2000, S. 5). In diesem vom Bundesministerium für Bildung und Forschung (BMBF) geförderten Verbundprojekt untersuchen 16 Forschungsgruppen (unter anderem aus den Bereichen Hydrologie, Meteorologie, Wirtschaftswissenschaft, Geographie, Psychologie und Informatik) gemeinsam die **Auswirkungen des Klimawandels auf die Ressource Wasser**. Hierzu werden der Wasserhaushalt und der Wasserverbrauch durch verschiedene Nutzergruppen (Landwirtschaft, Industrie, Tourismus, Haushalte) im Untersuchungsraum des Wassereinzugsgebiets der Oberen Donau (ca. 77.000 km^2) im Zeitraum 2011 bis 2060 simuliert.

Jede Forschergruppe entwickelt Teilmodelle, die miteinander gekoppelt werden, auf einem hoch aufgelösten 1-km^2-Raster. Hierzu werden alle Gruppen von Wassernutzern (z. B. Haushalte, Industrieunternehmen, Landwirtschaft, touristische Leistungsanbieter) als Akteure im Sinne einer Multiagentensimulation modelliert (vgl. DINGELDEY 2008, S. 57 ff.).

Teilprojekt Tourismus

Das Teilprojekt Tourismus modelliert den **Wasserverbrauch der touristischen Infra- und Suprastruktur** in Abhängigkeit von der **Nutzung durch die Gäste** sowie von verschiedenen Umwelteinflüssen. Für die Simulationen stehen dem Tourismusmodell Input-Daten zur Verfügung, die in anderen Teilmodellen von GLOWA-Danube berechnet wurden, z. B. Temperaturen, Niederschläge, Schneehöhen und Informationen über die Verfügbarkeit von Trink-, Grund- oder Oberflächenwasser (vgl. MAUSER 2005, S. 19). Umgekehrt liefert das Tourismusmodell Informationen an andere Teilmodelle (Output), z. B. Übernachtungszahlen oder den touristischen Wasserverbrauch. Ausgangspunkt der Berechnung des täglichen Wasserverbrauchs ist das touristische Angebot. Daher ist eine möglichst exakte Kenntnis der räumlichen und strukturellen Verortung der touristischen Infrastruktur notwendig. Aus diesem Grund wurden touristische Anbieter im Untersuchungsgebiet mit ihren Koordinaten und relevanten Kennzahlen (z. B. Anzahl der Spielbahnen bei Golfplätzen oder beschneite Fläche bei Skigebieten mit künstlicher Beschneiung) erfasst (vgl. SAX 2008, S. 84 ff.). Die einzelnen Akteursklassen repräsentieren unterschiedliche wasserbedarfsintensive touristische Leistungsanbieter (z. B. Golfplätze, Skigebiete mit künstlicher Beschneiung, Hotellerie). Deren Wasserverbrauch ist wiederum abhängig von der saisonal schwankenden Auslastung. Dabei variiert der Wasserverbrauch auch innerhalb der Akteursgruppen. So beläuft sich beispielsweise der jährliche Wasserverbrauch der verschiedenen Schwimmbadtypen zwischen knapp 9.000 m^3 (konventionelles Hallenbad) und rund 100.000 m^3 (Thermalbad) (vgl. SCHMUDE/SAX 2006, S. 563). Die **Güte der Modellberechnungen** für die Szenarien wird durch retrospektive Referenzberechnungen für den Zeitraum 1993 bis 2002 bewertet. Der Vergleich der

Simulationsergebnisse mit den aus dem Referenzzeitraum vorliegenden empirisch erhobenen Daten ermöglicht eine Kalibrierung der „Stellschrauben" des Modells. So sind beispielsweise die Werte der Betriebstage für Skigebiete aus dem Modelllauf mit den tatsächlichen durchschnittlichen Betriebstagen nahezu identisch, gleiches gilt für die Ergebnisse bezüglich weiterer touristischer Akteure (z. B. Schwimmbäder, Golfplätze; vgl. Dingeldey/Soboll 2009, S. 132).

Mit dem Tourismusmodell aus GLOWA-Danube liegt ein Instrument vor, dessen Anwendung Ergebnisse liefert, die relativ nahe an der Realität liegen. Die Stärken des Ansatzes sind vor allem in der hohen räumlichen und zeitlichen Auflösung der Szenariorechnungen zu sehen. Außerdem wird neben der Angebots- auch die Nachfrageseite berücksichtigt, denn es wird sowohl der Betriebszustand der touristischen Infra- und Suprastruktur (geöffnet vs. geschlossen) als auch deren tatsächliche Inanspruchnahme berücksichtigt. Eine Schwierigkeit, die sich für alle (touristischen) Prognosemodelle und nicht nur für GLOWA-Danube ergibt, ist die **Abhängigkeit von Klimamodellen**, die als Input-Daten Grundlage für sämtliche Simulationen sind. Darüber hinaus erweisen sich die hohe **Komplexität der Teilmodelle** und die sich daraus ergebenden **langen Rechenzeiten** als weitere Probleme.

Reaktionsmöglichkeiten der Angebotsseite auf den Klimawandel

Das weitere tourismuswissenschaftliche Forschungsinteresse gilt den möglichen Reaktionen auf den Klimawandel und seinen Folgen für die touristischen Leistungsanbieter, die im Wesentlichen zwischen verschiedenen Formen der **Adaption, Mitigation und Ignoranz** wählen können (vgl. Knerr 2006, S. 96), und zwar zwischen:

- der Abwendung vom Tourismus,
- der Sicherung des bisherigen Angebots,
- der Ergänzung des bisherigen Angebots,
- der Umorientierung auf ein neues Angebot,
- nicht eindeutigem Verhalten oder
- unverändertem Verhalten.

Als Intermediär zwischen Angebot und Nachfrage schätzen die Tourismusverbände der deutschen Bundesländer ihre Betroffenheit vom Klimawandel bisher als relativ gering ein (vgl. Isenberg 2008, S. 100ff.). Vielmehr sehen sie andere Aspekte wie die allgemeine wirtschaftliche Entwicklung oder die Konkurrenz durch andere Destinationen als stärkere Herausforderung für den Tourismus (vgl. Zebisch et al. 2005, S. 146f.). Gleichwohl gibt es auch Akteure (z. B. einzelne Bergbahnen), die eine deutlich stärkere (individuelle) Betroffenheit konstatieren.

Reaktionsmöglichkeiten der Nachfrage auf den Klimawandel

Die möglichen Reaktionen der Nachfrageseite sind dadurch gekennzeichnet, dass sie aufgrund der Faktoren Geld, Zeit und Wissen über eine im Vergleich zur Angebotsseite **größere Anpassungskapazität** verfügt (vgl. Scott et al. 2007, S. 8), da die **Auswahl an alternativen Destinationen, Zeitfenstern und Aktivitäten** groß ist und flexibel genutzt werden kann. Dabei kann zwischen expliziter (bewusster) und impliziter (durch andere Faktoren angestoßener) Anpassung unterschieden werden. Konkret können sich diese Anpassungen äußern in (vgl. Isenberg 2008, S. 64)

- der **zeitlichen Verlagerung von Reisen** (früher oder später),
- der **räumlichen Verlagerung von Reisen** (andere Destination),

- der **Änderung der Tourismusart** (z. B. Wander- anstelle von Badeurlaub),
- der **Änderung im Reiseverhalten** (z. B. kürzer und häufiger reisen).

Für die deutschen Reisenden kann festgestellt werden, dass der Klimawandel für individuelle Anpassungsmaßnahmen bisher von vergleichsweise geringer Bedeutung ist. Finanzielle, berufliche oder krankheitsbedingte Gründe sowie gestiegene Treibstoffpreise werden als deutlich relevanter für einen Reiseverzicht eingestuft als ungünstige klimatische Bedingungen (vgl. ISENBERG 2008, S. 94).

Ausblick

Für die weitere tourismuswissenschaftliche Auseinandersetzung mit dem Thema Klimawandel wird zukünftig der **Aspekt der Wahrnehmung** durch die (potenziellen) Touristen an Bedeutung gewinnen. Unter Verwendung des Perzeptionsansatzes (vgl. KITCHIN/BLADES 2002) können die Folgen des Klimawandels auf die Nachfrage und deren Reaktionsmöglichkeiten sowie die hieraus resultierenden Veränderungen für den Tourismusmarkt (z. B. hinsichtlich der Veränderung von Tourismusströmen) noch exakter abgeschätzt werden.

Literaturverzeichnis

ABEGG, B. (1996): Klimaänderung und Tourismus. Klimafolgenforschung am Beispiel des Wintertourismus in den Schweizer Alpen. Zürich.

ACCOR HOSPITALITY (o. J.): In jeder Stadt das richtige Hotel. o. O.

ADAC REISEMONITOR (2009) Trends und Analysen zum Reiseverhalten deutscher Urlauber. URL: http://media.adac.de/fileadmin/user_upload/pdf/Reisemonitor_2009_01.pdf (Stand: 22.06.2009).

ADERHOLD, P. (2008): Die Urlaubsreisen der Deutschen. Kurzfassung der Reiseanalyse 2008. Kiel.

ADERHOLD, P.; LASSBERG, V.; STÄBLER, M.; VIELHABER, M. (2000): Tourismus in Entwicklungsländern. Studienkreis für Tourismus und Entwicklung e. V. Ammerland.

ADLWARTH, W. (2009): Corporate Social Responsibility. Kundenerwartung und -verhalten im Bereich Tourismus. Vortrag beim ITB Berlin Kongress auf der ITB Berlin 2009 (12. März 2009). URL: http://www.gfkps.com/imperia/md/content/ps_de/consumerscope/travelscope/handout_csr.pdf (Stand: 25.05.2009).

ARCHER, B. (1996): Sustainable Tourism: An Economist's Viewpoint. In: BRIGUGLIO, L.; JAFARI, J.; WALL, G. (Hrsg.): Sustainable Tourism in Islands & Small States: Issues and Policies. London, New York, S. 6–17.

ASCHAUER, W. (2006): Psychologische Effekte als direkte Folge von Terroranschlägen – Touristen vor und nach den Bali-Attentaten 2005. In: Internet-Zeitschrift für Kulturwissenschaften, 16. Juni 2006. URL: http://www.inst.at/trans/16Nr/12_1/aschauer16.htm (Stand: 09.08.2009).

BDO (BUNDESVERBAND DEUTSCHER OMNIBUSUNTERNEHMER e. V.) (Hrsg.) (2007): Bestandsaufnahme und Perspektiven im Bustourismus. Berlin. URL: http://www.bdo-online.de/cms/upload/pdf/Druenerstudie_web_version.pdf (Stand: 30.06.2009).

BEYER, M. (2003): Partizipation als Herausforderung für Tourismusprojekte in der Entwicklungszusammenarbeit. Handlungsempfehlungen für eine partizipative Projektarbeit (= Schriftenreihe für Tourismus und Entwicklung). Ammerland.

BFN (BUNDESAMT FÜR NATURSCHUTZ) (2009): Definition Nachhaltiger Tourismus. URL: http://www.bfn.de/0323_iye_nachhaltig.html (Stand: 28.04.2009).

BIEGER, T. (2006): Tourismuslehre – Ein Grundriss. Bern, Stuttgart, Wien.

BIEGER, T. (2007): Management von Destinationen. München, Wien.

BIENERT, M. L. (1996): Standort Management: Methoden und Konzepte für Handels- und Dienstleistungsunternehmen. Wiesbaden.

BMU (BUNDESMINISTERIUM FÜR UMWELT, NATURSCHUTZ UND REAKTORSICHERHEIT) (2009): Nachhaltige Entwicklung als Handlungsauftrag. URL: http://www.bmu.de/nachhaltige_entwicklung/strategie_und_umsetzung/nachhaltigkeit_handlungsauftrag/doc/2396.php (Stand: 29.04.2009).

BMWA (BUNDESMINISTERIUM FÜR WIRTSCHAFT UND ARBEIT) (2003): Tourismuspolitischer Bericht der Bundesregierung. Bundestagsdrucksache 15/1303, Berlin.

BMZ (BUNDESMINISTERIUM FÜR WIRTSCHAFTLICHE ZUSAMMENARBEIT) (1999): Übersektorales Konzept. Partizipative Entwicklungszusammenarbeit. Partizipationskonzept (= BMZ Konzepte, Bd. 102). Bonn, Berlin.

BÖDECKER, B. (2003): Städtetourismus in Regensburg. Images, Motive und Verhaltensweisen von Altstadttouristen. Dissertation an der Universität Bayreuth, Bayreuth.

BORN, K. (2005): Mit dem Krisendruck umgehen. In: PECHLANER, H.; GLAESSER, D. (Hrsg.): Risiko und Gefahr im Tourismus: Erfolgreicher Umgang mit Krisen und Strukturbrüchen (= DGT-Reihe „Schriften zu Tourismus und Freizeit“, Bd. 4). Berlin, S. 91–100.

BRANDT COMMISSION (1980): North-South. A Programme for Survival. London.

BR-ONLINE WISSEN (2009): Strömungen im Trend-Meer. URL: http://www.br-online.de/wissen/forschung/trendforschung-DID1204207111222/trendforschung-trendarten-stroemungen-ID1204124511.xml (Stand: 13.07.2009).

BÜRKI, R. (2009): Klimaänderung und Anpassungsprozesse im Wintertourismus. St. Gallen.

BUTLER, R. (1980): The Concept of a Tourist Area Cycle of Evolution: Implications for Management of resources. Toronto.

COOPER, C.; FLETCHER, J.; FYALL, A.; GILBERT, D.; WANHILL, S. (2005): Tourism. Principles and Practice. Essex.

CRED (CENTRE FOR RESEARCH ON THE EPIDEMIOLOGY OF DISASTERS) (2008): EM-DAT Emergency Events Database. URL: http://www.emdat.be/Database/AdvanceSearch/advsearch.php (Stand: 15.04.2008).

DANIELSSON, J.; SONNTAG, U. (2003): Informationsquellen und Internetnutzung. Kiel, Hamburg.

DEHOGA (DEUTSCHER HOTEL- UND GASTSTÄTTENVERBAND e. V.) (2007): Jahrbuch 2006/2007. Hotellerie und Gastronomie in Deutschland. Berlin.

DEHOGA (DEUTSCHER HOTEL- UND GASTSTÄTTENVERBAND e. V.) (2009a): Deutsche Hotelklassifizierung. URL: http://www.hotelsterne.de/aktuel

les_pressemitteilung.php?id=40 (Stand: 03.08.2009).

DEHOGA (2009b): G-Klassifizierung. URL: http://www.g-klassifizierung.de/ (Stand: 07.04.2009).

DEUTSCHE BANK RESEARCH (2008): Klimawandel und Tourismus: Wohin geht die Reise? (= Aktuelle Themen 416). Frankfurt/Main.

DEUTSCHE BUNDESBANK (2009): Travel by country and group of countries. URL: http://www.bundesbank.de/statistik/statistik_zeitreihen.en.php?lang=en&open=aussenwirtschaft&func=list&tr=www_s201_b04a (Stand: 07.04.2009).

DEUTSCHER BUNDESTAG (2003): Bericht der Bundesregierung über Prüfungsergebnisse zur Tourismusstatistik. Drucksache 15/1167, Berlin.

DINGELDEY, A. (2008): Modellierung der touristischen Attraktivität zur Bestimmung der Übernachtungsnachfrage im Einzugsbereich der Oberen Donau unter Berücksichtigung von Umwelteinflüssen. München.

DINGELDEY, A.; SOBOLL, A. (2009): Klimawandel und seine Bedeutung für die Destination Deutschland am Beispiel des Projekts GLOWA-Danube. In: SOBOLL, A. (Hrsg.): Deutschland als Incoming Destination (= Studien zur Freizeit- und Tourismusforschung, Bd. 2). München, Wien, S. 123–136.

DLR (DEUTSCHES ZENTRUM FÜR LUFT- UND RAUMFAHRT); ADV (DER FLUGHAFENVERBAND) (2008): Low Cost Monitor 2/2008. Eine gemeinsame Untersuchung von DLR und ADV. Köln, Berlin.

DOMRÖS, M. (2003): Nachhaltige Fremdenverkehrsentwicklung durch Tourismus-Isolate auf den Malediven. In: EGNER, H. (Hrsg.): Tourismus – Lösung oder Fluch? Die Frage nach der nachhaltigen Entwicklung peripherer Regionen (= Mainzer Kontaktstudien Geographie, Bd. 9). Mainz, S. 95–106.

DOWER, M. (1965): Fourth Wave: the Challenge of Leisure. London.

DRV (DEUTSCHER REISEVERBAND) (2008): Der Kreuzfahrtenmarkt Deutschland 2007. Die Branchenanalyse des Deutschen ReiseVerbands. Frankfurt.

DTV (DEUTSCHER TOURISMUSVERBAND e. V.) (2008): Tourismus in Deutschland 2007. Zahlen. Daten. Fakten. Bonn.

EDER, P. (2007): Tourismusland Österreich: Touristische Nachfrage im Wandel. In: Aus:Blicke 5/2007, S. 8–11.

EED (EVANGELISCHER ENTWICKLUNGSDIENST) (2007): Sickerrate im kenianischen Tourismus gesunken. In: Tourism Watch 47/2007, S. 13–14.

EED (EVANGELISCHER ENTWICKLUNGSDIENST) (2009): CSR-Qualitätssiegel für 15 Reiseveranstalter. In: Tourism Watch 55/2009, S. 14.

EISENSTEIN, B. (1993): Wirtschaftliche Effekte des Fremdenverkehrs (= Trierer Tourismus Bibliographien, Bd. 4). Trier.

EISENSTEIN, B.; ROSINSKI, A. (2007): Ökonomische Effekte des Tourismus. In: BECKER, C.; HOPFINGER, H.; STEINECKE, A. (Hrsg.): Geographie der Freizeit und des Tourismus: Bilanz und Ausblick. München, Wien, S. 805–814.

ELKINGTON, J.; HAILES, J. (1992): Holidays that Don't Cost the Earth. London.

ELVIA (2008): ELVIA Sicherheitsbarometer. URL: http://www.sicherheitsbarometer.de/elvia/file_elviab2b.nsf/Grafik/Siba_2008_Praesentation/$file/Siba_2008_Praesentation.pdf (Stand: 28.07.2009).

EUROSTAT (2007): Eurostat Tourism Statistics. Data Transmission Compendium. Luxemburg.

EUROSTAT (2008a): Panorama on Tourism 2008. Luxemburg.

EUROSTAT (2008b): The tourist accommodation sector employs 2.3 million in the European Union. In: Eurostat Statistics in Focus 90/2008, Luxemburg.

FAR (FORUM ANDERES REISEN e. V.) (2009): Pressemitteilung „Prof. Dr. Klaus Töpfer verleiht Qualitätssiegel CSR-Tourism-Certified" (11. März 2009). URL: www.forumandersreisen.de/presse/Prof._Dr._Klaus_Toepfer_verleiht_Qualitaetssiegel_CSR-Tourism-Certified_logo.pdf (Stand: 13.07.2009).

FOCUS (2009): Der Markt für Urlauber und Geschäftsreisen. Daten, Fakten, Trends. URL: http://www.medialine.de/media/uploads/projekt/medialine/docs/service/bestellung_download/deutsch/marktinformationen/marktanalysen/2009/foc_ma_urlaubgeschaeftsreisen_200904.pdf (Stand: 13.07.2009).

FREYER, W. (2004): Von „Schutz und Sicherheit" zu „Risiko und Krisen" in der Tourismusforschung. In: FREYER, W.; GROSS, S. (Hrsg.): Sicherheit in Tourismus und Verkehr. Schutz vor Risiken und Krisen. Dresden, S. 1–14.

FREYER, W. (2009): Tourismus. Einführung in die Fremdenverkehrsökonomie. München, Wien.

FUCHS, S. (2009): Instrument zur Bewertung von Standorten für die Hotellerie in München. Diplomarbeit an der Ludwig-Maximilians-Universität München, Lehrstuhl für Wirtschaftsgeographie und Tourismusforschung, München.

FUCHS, W.; MUNDT, J. W.; ZOLLONDZ, H.-D. (2008): Lexikon Tourismus. München.

F.U.R (FORSCHUNGSGEMEINSCHAFT URLAUB UND REISEN e. V.) (Hrsg.) (2002): Die 32. Reiseanalyse RA 2002. URL: http://www.fur.de/fileadmin/user_upload/Reiseanalyse_2002.pdf (Stand: 27.06.2008).

F.U.R (FORSCHUNGSGEMEINSCHAFT URLAUB UND REISEN e. V.) (Hrsg.) (2009a): Die 39. Reiseanalyse RA 2009. Erste Ergebnisse ITB 2009. Kiel.

F.U.R (FORSCHUNGSGEMEINSCHAFT URLAUB UND REISEN e. V.) (Hrsg.) (2009b): Erste Ergebnisse ITB 2009 (Präsentationscharts RA 2009). URL: http://www.fur.de/fileadmin/user_upload/EERA09_Handout.pdf (Stand: 08.06.2009).

FVW (2008a): Dossier Deutsche Veranstalter 2008. Beilage zur fvw 26/2008.

FVW (2008b): Spezial Hotel. Beilage zur fvw 10/ 2008.

FVW (2009): Dossier Ketten und Kooperation '08. Beilage zur fvw 12/2009.

GFK (2009a): Corporate Social Responsibility. Erwartungen und Verhalten von Verbrauchern im Tourismussektor. URL: http://www.gfkps.com/imperia/md/content/ps_de/consumerscope/aktuellestudien/2009/csr_touristik.pdf (Stand: 25.05.2009).

GFK (2009b): GfK TravelScope: Consumer Insights aus der Tourismusforschung. URL: http://www.gfkps.com/imperia/md/content/ps_de/consumerscope/travelscope/gfk_travelscope_informationsfolder_2009.pdf (Stand: 22.06.2009).

G+J (2009): G+J Trendanalyse TOURISMUS Gruner + Jahr Marktanalyse. Hamburg.

GOLLY, T. J. (2009): ROPO: Research Online – Purchase Offline in der Touristik. Präsentation Impulsstudie ÖRV Frühjahrskongress 2009. URL: http://www.oerv.at/htm/kongresse/documents/ropo.pdf (Stand: 02.07.2009).

GORMSEN, E. (1983): Tourismus in der Dritten Welt. Historische Entwicklung, Diskussionsstand, sozialgeographische Differenzierung. In: Geographische Rundschau 12/1983, S. 608–617.

HAAS, H.-D.; NEUMAIR, S.-M. (2007): Wirtschaftsgeographie (= Geowissen Kompakt). Darmstadt.

HAHN, H. (1974): Urlaub 74. Wissen Sie eigentlich, was für ein Urlaubstyp Sie sind? In: Für Sie (25. Januar 1974), S. 2–4.

HALL, C. M.; PAGE, S. J. (2006): The geography of Tourism & Recreation. Environment, place and space. London, New York.

HALLERBACH, B. (2007): Marktsegmentierung und der Trend zum hybriden Urlauber. In: BECKER, C.; HOPFINGER, H.; STEINECKE, A. (Hrsg.): Geographie der Freizeit und des Tourismus: Bilanz und Ausblick. München, Wien, S. 171–180.

HARTMANN, K. D. (1979): Psychologie des Reisens. In: HINSKE; N.; MÖLLER, M. J. (Hrsg.): Reisen und Tourismus. Trier, S. 15–21.

HASSLACHER, P. (1984): Sanfter Tourismus – Virgental. Innsbruck.

HASSLACHER, P. (1985): Sanfter Tourismus in Österreich – Möglichkeiten und Grenzen. In: CLUB NIEDERÖSTERREICH (Hrsg.): Sanfter Tourismus und Regionalentwicklung. Wien, S. 37–61.

HENSCHEL, K. (2008): Hotelmanagement. München, Wien.

HINTERHUBER, H. H.; MATZLER, K.; PECHLANER, H.; ROTHENBERGER, S. (2004): Effektives Kundenwertmanagement im Tourismus. In: HINTERHUBER, H. H.; PECHLANER, H.; KAISER, M.-O.; MATZLER, K. (Hrsg.): Kundenmanagement als Erfolgsfaktor. Grundlagen des Tourismusmarketing (= DGT-Reihe „Schriften zu Tourismus und Freizeit“, Bd. 1). Berlin, S. 3–28.

HITZLER, D. (2006): Community-based Ecotourism als konzeptionelle Umsetzung der Nachhaltigkeit im Entwicklungsländertourismus und seine Potentiale als Instrument einer endogenen Regionalentwicklung – untersucht am Beispiel des indigenen Netzwerkes RICANCIE, Ecuador. Diplomarbeit an der Universität Regensburg, Lehrstuhl für Wirtschaftsgeographie und Tourismusforschung, Regensburg.

HOLZAPFEL, T. (2009): Im Auftrag der Fairness. In: fvw 6/2009, S. 28–29.

HOLZAPFEL, T.; LANZ, I. (2008): Die Last mit der Luft. In: fvw 6/2008, S. 28–31.

HOPFINGER, H. (2007): Die Geographie der Freizeit und des Tourismus: Versuch einer Standortbestimmung. In: BECKER, C.; HOPFINGER, H.; STEINECKE, A. (Hrsg.): Geographie der Freizeit und des Tourismus: Bilanz und Ausblick. München, Wien, S. 1–24.

ISENBERG, V. (2008): Einfluss des Klimawandels auf den Tourismus und die touristische Destination Deutschland – eine explorative Studie. Diplomarbeit an der Universität Regensburg, Lehrstuhl für Wirtschaftsgeographie und Tourismusforschung, Regensburg.

IUCN (INTERNATIONAL UNION FOR CONSERVATION OF NATURE AND NATURAL RESOURCES) (1980): World Conservation Strategy. Gland.

JÄGER, H. (1994): Einführung in die Umweltgeschichte. Darmstadt.

JEGMINAT, G. (2009): Das Sternenpuzzle. In: fvw 12/ 2009, S. 62–64.

JOB, H. (1996): Modell zur Evaluation der Nachhaltigkeit im Tourismus. In: Erdkunde 50/1996, S. 112–132.

JUNGK, R. (1980): Wieviel Touristen pro Hektar Strand? Plädoyer für „Sanftes Reisen“. In: GEO Magazin10/1980, S. 154–156.

JURCZEK, P. (2007): Geographie der Freizeit und des Tourismus: Disziplingeschichte und Perspektiven. In: BECKER, C.; HOPFINGER, H.; STEINECKE, A. (Hrsg.): Geographie der Freizeit und des Tourismus: Bilanz und Ausblick. München, Wien, S. 25–34.

KADT, E. DE (1979): Tourism: Passport to Development. Oxford.

KAISER, C. (2007): Die Tourismusentwicklung in Ostdeutschland von der DDR-Zeit bis heute. In: BECKER, C.; HOPFINGER, H.; STEINECKE, A. (Hrsg.): Geographie der Freizeit und des Tourismus: Bilanz und Ausblick. München, Wien, S. 112–124.

KIRSTGES, T. (2003): Sanfter Tourismus. Chancen und Probleme der Realisierung eines ökologieorientierten und sozialverträglichen Tourismus durch deutsche Reiseveranstalter. München, Wien.

KITCHIN, R.; BLADES, M. (2002): The Cognition of Geographic Space. London, New York.

KLEMM, K.; LUND-DURLACHER, D.; WOLF, A. (2007): Erhebungs- und Auswertungsmethoden im Naherholungsverkehr. In: BECKER, C.; HOPFINGER, H.; STEINECKE, A. (Hrsg.): Geographie der Freizeit und des Tourismus: Bilanz und Ausblick. München, Wien, S. 181–192.

KNERR, B. (2006): Klimaänderung und Skitourismus – Anpassungsmaßnahmen von Bergbahnunternehmen an eine klimatische Lage. Diplomarbeit an der Universität Regensburg, Lehrstuhl für Wirtschaftsgeographie und Tourismusforschung, Regensburg.

KOCH, A. (1966): Die gegenwärtige wirtschaftliche Bedeutung des Fremdenverkehrs unter besonderer Berücksichtigung der im Fremdenverkehr erzielten Umsätze und der Wertschöpfung. In: DWIF (DEUTSCHES WIRTSCHAFTSWISSENSCHAFTLICHES INSTITUT FÜR FREMDENVERKEHR AN DER UNIVERSITÄT MÜNCHEN) (Hrsg.): Jahrbuch für Fremdenverkehr. München, S. 22–34.

KOENEN, J. (2009a): Die Luft für Billigflieger wird dünner. In: Handelsblatt vom 17./18./19. Juli 2009, S. 10.

KOENEN, J. (2009b): Krise zwingt alle in die Holzklasse. In: Handelsblatt vom 16./17./18. Mai 2009, S. 12.

KOMMISSION DER EUROPÄISCHEN GEMEINSCHAFTEN (2001): Grünbuch – Europäische Rahmenbedingungen für die soziale Verantwortung der Unternehmen. Brüssel.

KONDRATIEFF, N. D. (1926): Die langen Wellen der Konjunktur. In: Archiv für Sozialwissenschaft und Sozialpolitik, Bd. 56, S. 573–609.

KONFERENZ DER VEREINTEN NATIONEN FÜR UMWELT UND ENTWICKLUNG (1992a): AGENDA 21. URL: http://www.unep.org/Documents.Multilingual/Default.asp?DocumentID=52 bzw. deutsche Übersetzung: http://www.un.org/Depts/german/conf/agenda21/agenda_21.pdf (Stand: 29.04.2009).

KONFERENZ DER VEREINTEN NATIONEN FÜR UMWELT UND ENTWICKLUNG (1992b): Rio-Deklaration. URL: http://www.un.org/documents/ga/conf151/aconf15126-1annex1.htm bzw. deutsche Übersetzung: http://www.un.org/Depts/german/conf/agenda21/rio.pdf (Stand: 29.04.2009).

KOZAK, M. (2004): Destination Benchmarking. Concepts, Practices and Operations. Camebridge.

KRIPPENDORF, J. (1975): Die Landschaftsfresser: Tourismus und Erholungslandschaft – Verderben oder Segen? Bern, Stuttgart.

KRIPPENDORF, J. (1978): Fremdenverkehr in Entwicklungsländern. Bern.

KRIPPENDORF, J. (1982): Tourismus und Regionalentwicklung – Versuch einer Synthese. In: KRIPPENDORF, J.; MESSERLI, P.; HÄNNI, H. D. (Hrsg.): Tourismus und regionale Entwicklung. Bern, S. 365–382.

KRIPPENDORF, J. (1984): Die Ferienmenschen. Für ein neues Verständnis von Freizeit und Reisen. Zürich.

KULINAT, K.; STEINECKE, A. (1984): Geographie des Freizeit- und Fremdenverkehrs. Darmstadt.

KUSCHEL, R.; SCHRÖDER, A. (2002): Tourismus und Terrorismus: Interaktionen, Auswirkungen und Handlungsstrategien. Dresden.

LANZ, I. (2008): Ende der Nabelschau. Die Reisebüros rüsten sich für die Zukunft. Dossier Ketten und Kooperation '07. Beilage zur fvw 12/2008, S. 4–6.

LANZ, I. (2009a): Blick ins Tal. Das Jahr 2009 dürfte als außergewöhnlich in die Annalen eingehen. Dossier Ketten und Kooperation '08. Beilage zur fvw 12/2009, S. 4–5.

LANZ, I. (2009b): Das gewisse Extra. In: fvw 11/2009, S. 24–26.

LOHMANN, M.; ADERHOLD, P. (2009): Urlaubsreisetrends 2020. Die RA-Trendstudie – Entwicklung der touristischen Nachfrage der Deutschen. Kiel.

LOHMANN, M.; DANIELSSON, J. (2003): Urlaubsmotive. Kiel, Hamburg.

LOSANG, E. (2000): Nachhaltigkeit und Tourismus (= Trierer Tourismus Bibliographien, Bd. 12). Trier.

MAIER, J. (2006): Käufliche Kühnheit (Artikel vom 31. August 2006). URL: http://www.stern.de/reise/europa/:T%FCrkei-Urlaub-K%E4ufliche-K%FChnheit/569006.html?rel=catredir (Stand: 28.07.2009).

MANSFELD, Y; JONAS, A. (2006): Evaluating the Socio-cultural Carrying Capacity of Rural Tourism Communities: A „Value Stretch" Approach. In: Tijdschrift voor economische en sociale geografie, Vol. 97, 5/2006, S. 583–601.

MASCHKE, J. (2007): Tagesreise der Deutschen. Teil 3: Jahr 2006. In: Schriftenreihe des dwif 52/2007. München.

MASLOW, A. H. (1943): A Theory of Human Motivation. In: Psychological Review 50. S. 370–396.

MATHIESON, A.; WALL, G. (1982): Tourism: Economic, Physical, and Social Impacts. Harlow.

MAUSER, W. (2000): GLOWA-Danube – integrative techniques, scenarios and strategies regarding global changes of the water cycle. GLOWA-Danube Project Description Umbrella. Unveröffentlichtes Manuskript, München.

MAUSER, W. (2005): GLOWA-Danube – Integrative Techniken, Szenarien und Strategien zur Zukunft des Wassers im Einzugsgebiet der Oberen Donau – Jahresbericht 2005. München.

MCMINN, S. (1997): The Challenge of Sustainable Tourism. In: The Environmentalist 17, S. 135 bis 141.

MUNDT, J. W. (2006): Tourismus. München, Wien.

MURPHY, P. E. (1985): Tourism: a Community Approach. London.

NAISBITT, J. (1982): Megatrends: Ten New Directions Transforming Our Lives. New York.

NEUMANN, C. (2005): Deutschland-Tourismus und seine Entwicklung (= Trierer Tourismus Bibliographien, Bd. 15). Trier.

ÖSTERREICH WERBUNG (Hrsg.) (1991): Marketing 2000. Wien.

ONEWORLD (2009): Diverse (Unter-)Seiten. URL: http://de.oneworld.com/ende/ (Stand: 22.06.2009).

OPASCHOWSKI, H. (1987): Konsum in der Freizeit (= BAT Grundlagenstudien zur Freizeitforschung, Bd. 7). Hamburg.

OPASCHOWSKI, H. (2006): Freizeitwirtschaft – die Leitökonomie der Zukunft. Hamburg.

PALM, P. (2000): Community Based Tourism als eine Form des nachhaltigen Tourismus in kommunalen Gebieten Namibias. Eschborn.

PETERMANN, T.; REVERMANN, C.; SCHERZ, C. (2006): Zukunftstrends im Tourismus. TAB-Arbeitsbericht Nr. 101 „Zukunftstrends im Tourismus". Berlin.

PIZAM, A. (1978): Tourism's Impacts: The Social Cost to the Destination Community as Perceived by its Residents. In: Journal of Travel Research 16, S. 8–12.

POMPL, W. (1997): Touristik Management 1: Beschaffungsmanagement. Berlin, Heidelberg.

POON, A. (1993): Tourism, technology and Competitive Strategies. Wallingford.

POSER, F. VON (2009) : Der neue Cluburlaub. Hüttendörfer ade. URL: http://www.focus.de/reisen/urlaubstipps/cluburlaub/der-neue-cluburlaub_aid_19379.html (Stand: 13.07.2009).

QUANDT, B. (2008): Alle Chancen liegen bei den Spezialisten. Dossier Deutsche Veranstalter 2008. Beilage zur fvw 26/2008, S. 4–8.

RAICH, F.; PECHLANER, H.; DREYER, A. (2005): Risikowahrnehmung in touristischen Destinationen – mit Ergebnissen einer empirischen Studie im Alpenraum. In: PECHLANER, H.; GLAESSER, D. (Hrsg.): Risiko und Gefahr im Tourismus: Erfolgreicher Umgang mit Krisen und Strukturbrüchen (= DGT-Reihe „Schriften zu Tourismus und Freizeit", Bd. 4). Berlin, S. 217–228.

RENN, O. (2002): Wahrnehmung und Bewertung von Risiken. In: ZWICK, M.M.; RENN, O. (Hrsg.): Wahrnehmung und Bewertung von Risiken – Ergebnisse des „Risiko-survey" Baden-Württemberg 2001, Arbeitsbericht 202 der TA-Akademie. Stuttgart.

ROCHLITZ, K.-H. (1985): Sanfter Tourismus: Theorie und Praxis – das Beispiel Virgental. In: MAIER, J. (Hrsg.): Naturnaher Tourismus im Alpenraum – Möglichkeiten und Grenzen. (= Arbeitsmaterialien zur Raumordnung und Raumplanung der Universität Bayreuth, Bd. 37). Bayreuth, S. 1–233.

ROGL, D. (2009): Online-Reisebüros. Der Ausleseprozess. Dossier Ketten und Kooperation '08. Beilage zur fvw 12/2009, S. 14.

ROMEISS-STRACKE, F. (1993): Sanfter Tourismus – die Lösung für alle Probleme? In: Raumforschung und Raumordnung 6/1993, S. 363–369.

ROMEISS-STRACKE, F. (1998): Tourismus – gegen den Strich gebürstet. München, Wien.

RUPPERT, K.; SCHAFFER, F. (1969): Zur Konzeption der Sozialgeographie. In: Geographische Rundschau 6/1969, S. 205–214.

SAX, M. (2008): Entwicklung eines Konzepts zur computergestützten Modellierung der touristischen Wassernutzung im Einzugsgebiet der oberen Donau unter Berücksichtigung des Klimawandels (= Beiträge zu Wirtschaftsgeographie Regensburg, Bd. 11). Regensburg.

SCHMUDE, J. (2003): Musicals in Deutschland: Eine Marktanalyse anhand des Modells des Produktlebenszyklus. In: Tourismus Journal 1/2003, S. 29–42.

SCHMUDE, J.; HEUMANN, S. (2009a): Tourismuswirtschaft. In: KULKE, E. (Hrsg.): Wirtschaftsgeographie Deutschlands. Heidelberg, S. 323–344.

SCHMUDE, J.; HEUMANN, S. (2009b): Empirisches Modell der Relevanz von und Betroffenheit durch Unsicherheit im Kontext des Tourismus. Erste Ergebnisse einer explorativen Studie. In: Tourismuswissenschaft 2/2009, S. 87–93.

SCHMUDE, J.; SAX, M. (2006): Wasser als touristische Ressource – Ein Ansatz zur Modellierung des touristischen Wasserverbrauchs. In: Tourismus Journal 4/2006, S. 557–573.

SCHUMPETER, J.A. (1911): Die Theorie der wirtschaftlichen Entwicklung. 6. Aufl. von 1964, Berlin.

SCHUMPETER, J.A. (1961): Konjunkturzyklen: eine theoretische, historische und statistische Analyse des kapitalistischen Prozesses. Bd. 1, Göttingen.

SCOTT, D.; AMELUNG, B.; BECKEN, S.; CERON, J.-P.; DUBOIS, G.; GOSSLING, S.; PEETERS, P.; SIMPSON, M.C. (2007): Climate Change and Tourism: Responding to Global Challenges. Advances summary. URL: http://esa.un.org/marrakechprocess/pdf/davos_rep_advan_summ_26_09.pdf (Stand: 03.08.2009).

SINUS-SOCIOVISION (2009a): Das Original: Die Sinus-Milieus 1. URL: http://www.sinus-sociovision.de/ (Stand: 15.06.2009).

SINUS-SOCIOVISION (2009b): Länderübergreifend: Sinus-Meta-Milieus 1. URL: http://www.sinus-sociovision.de/ (Stand: 15.06.2009).

SKYTEAM (2009): Diverse (Unter-)Seiten. URL: http://www.skyteam.com/ (Stand: 22.06.2009).

STAR ALLIANCE (2009): Diverse (Unter-)Seiten. URL: http://www.staralliance.com/de/travellers/ (Stand: 22.06.2009).

STATISTISCHES BUNDESAMT (2003): Entscheidung der Kommission vom 9. Dezember 1998 zur Festlegung von Durchführungsvorschriften zur Umsetzung der Richtlinie 95/57/EG des Rates über die Erhebung statistischer Daten im Bereich des Tourismus (1999/35/EG). Wiesbaden.

STATISTISCHES BUNDESAMT (2007): Tourismus in Zahlen 2006. Wiesbaden.

STATISTISCHES BUNDESAMT (2008): Tourismus in Zahlen 2007. Wiesbaden.

STECK, B; STRADAS, W.; GUSTEDT, E. (1999): Tourismus in der technischen Zusammenarbeit: Ein

Leidfaden zur Konzeption, Planung und Durchführung von projektbegleitenden Maßnahmen in der ländlichen Entwicklung und im Naturschutz. Eschborn.

STEINECKE, A. (2006): Tourismus. Eine geographische Einführung. Braunschweig.

STEINECKE, A. (2007): Kulturtourismus. Marktstrukturen, Fallstudien, Perspektiven. München, Wien.

STEINGRUBE, W. (2007): Erhebungsmethoden in der Geographie der Freizeit und des Tourismus. In: BECKER, C.; HOPFINGER, H.; STEINECKE, A. (Hrsg.): Geographie der Freizeit und des Tourismus: Bilanz und Ausblick. München, Wien, S. 138–148.

STIFTUNG FÜR ZUKUNFTSFRAGEN (2000): Qualität im Tourismus. In: Forschung aktuell 152, 21. Jg., vom 14.02.2000. URL: http://www.stiftungfuerzukunftsfragen.de/de/forschung/archiv/2000/forschung-aktuell-152-21-jg-14022000.html (Stand: 22.06.2009).

STIFTUNG FÜR ZUKUNFTSFRAGEN (2009a): Ferienfreuden in Krisenzeiten. Deutsche reisen weniger ins Ausland: Comeback des Inlandstourismus. In: Forschung aktuell, 212, 30. Jg., 04.02.2009 URL: http://www.stiftungfuerzukunftsfragen.de/de/forschung/aktuelle-untersuchungen/forschung-aktuell-212-30-jg-04022009.html (Stand: 22.06.2009).

STIFTUNG FÜR ZUKUNFTSFRAGEN (2009b): Horst W. Opaschowski. Tourismusanalyse 2009. Hamburg.

STUDIENKREIS FÜR TOURISMUS (Hrsg.) (1990): Reiseanalyse 1990. Starnberg.

SWARBROOKE, J. (1999): Sustainable Tourism Management. London.

TATJE, C. (2009): Ein Ticket, sieben Zuschläge. In: DIE ZEIT vom 25. Juni 2009, S. 24.

TAUBKEN, N. (2008): Wie ethisch kann Tourismus sein? CSR in multinational agierenden Unternehmen. Vortrag beim Symposium „Corporate Social Responsibility im Tourismus" in Hamburg. URL: http://www.gate-tourismus.de/downloads/gate_csr_praesentation_taubken.pdf (Stand: 20.05.2009).

THEUNISSEN, S. (2007): Städtetourismus aus Sicht der Nachfrage – eine segmentspezifische Analyse von Städtetouristen in Deutschland. Diplomarbeit an der Universität Regensburg, Lehrstuhl für Wirtschaftsgeographie und Tourismusforschung, Regensburg.

UMWELTBUNDESAMT (Hrsg.) (2006): Anpassung an den Klimawandel in Deutschland. Regionale Szenarien und nationale Aufgaben. Dessau. URL: http://www.umweltbundesamt.de/uba-info-presse/hintergrund/Anpassung-Klimaaenderungen.pdf (Stand: 01.08.2009).

UNISDR (UNITED NATIONS INTERNATIONAL STRATEGY FOR DISASTER REDUCTION) (2009): Terminology on disaster risk reduction. Genf.

UNWTO (UNITED NATIONS WORLD TOURISM ORGANIZATION) (1993): Empfehlungen zur Tourismusstatistik. Madrid

UNWTO (UNITED NATIONS WORLD TOURISM ORGANIZATION) (2004): Tourism Highlights. 2004. Madrid.

UNWTO (UNITED NATIONS WORLD TOURISM ORGANIZATION) (2005): Tourism Highlights. 2005. Madrid.

UNWTO (UNITED NATIONS WORLD TOURISM ORGANIZATION) (2006): Tourism Highlights. 2006. Madrid.

UNWTO (UNITED NATIONS WORLD TOURISM ORGANIZATION) (2007): Tourism Highlights. 2007. Madrid.

UNWTO (UNITED NATIONS WORLD TOURISM ORGANIZATION) (2008a): International Recommendations for Tourism Statistics 2008. Madrid, New York.

UNWTO (UNITED NATIONS WORLD TOURISM ORGANIZATION) (2008b): Tourism Highlights. 2008. Madrid.

UNWTO (UNITED NATIONS WORLD TOURISM ORGANIZATION) (2009): Tourism – an Economic and Social Phenomenon. URL: http://www.unwto.org/aboutwto/why/en/why.php?op=1 (Stand: 25.03.2009).

UNEP (UNITED NATIONS ENVIRONMENT PROGRAMME); WTO (WORLD TOURISM ORGANIZATION) (1982): Joint Declaration Between UNEP and the WTO. Madrid.

VELISSARIOU, E. (1991): Die wirtschaftlichen Effekte des Tourismus dargestellt am Beispiel Kretas. Eine empirische Untersuchung der unmittelbaren und mittelbaren wirtschaftlichen Wirkungen (= Europäische Hochschulschriften, Bd. 1227). Frankfurt/Main.

VIR (VERBAND INTERNET REISEVERTRIEB) (2009): Fünf Top-Tourismus-Trends. URL: http://www.v-i-r.de/cms/upload/downloads/studien2007/Studie_Tourismus2020_Trends.pdf (Stand: 13.07.2009).

VORLAUFER, K. (1990): Dritte-Welt-Tourismus – Vehikel oder Weg in die Unterentwicklung? Anmerkungen zu einer kontroversen Diskussion. In: Geographische Rundschau 1/1990, S. 4–13.

VORLAUFER, K. (2003): Tourismus in Entwicklungsländern. Bedeutung, Auswirkungen, Tendenzen. In: Geographische Rundschau 3/2003, S. 4–13.

WACHOWIAK (2007): Geography of Leisure and Tourism: Überblick über Stand und Entwicklung der anglo-amerikanischen Freizeit- und Tourismusgeographie. In: BECKER, C.; HOPFINGER, H.; STEINECKE, A. (Hrsg.): Geographie der Freizeit und des Tourismus: Bilanz und Ausblick. München, Wien, S. 35–44.

WCED (WORLD COMMISSION ON ENVIRONMENT AND DEVELOPMENT) (1987): Our Common Future: Report of the World Commission on Environment and Development (The Brundtland Report). Oxford. URL des Protokolls: http://www.worldin

balance.net/agreements/1987-brundtland.php (10.11.2008).

WEBER, M. (2009): Der Einfluss von Terrorismus auf den Tourismus am Beispiel Israels. Bachelor-Arbeit an der Ludwig-Maximilians-Universität München, Lehrstuhl für Wirtschaftsgeographie und Tourismusforschung. München.

WEB-TOURISMUS (2009): Größe und Struktur des Last-Minute-Marktes in Deutschland 2006. URL: http://www.web-tourismus.de/studien-lastminute reisen2006.asp? (Stand: 06.07.2009).

WOOD, K.; HOUSE, S. (1991): The Good Tourist. London.

WSSD (2002): World Summit on Sustainable Development. URL: http://daccessdds.un.org/doc/UN DOC/GEN/N02/636/93/PDF/N0263693.pdf? OpenElement (Stand: 29.04.2009).

WTO (WORLD TOURISM ORGANIZATION) (1981): Manila Declaration. Madrid.

WTO (WORLD TOURISM ORGANIZATION) (2000): Yearbook of Tourism Statistics. Madrid.

WTTC (WORLD TRAVEL & TOURISM COUNCIL) (2009): Tourism Impact Data and Forecasts. URL: http://www.wttc.org/eng/Tourism_Research/Tourism_Economic_Research/ (Stand: 25.03.2009).

YOUNG, G. (1973): Tourism: Blessing or Blight? Harmondsworth.

ZEBISCH, M.; GROTHMANN, T.; SCHRÖTER, D.; HASSE, C.; FRITSCH, U.; CRAMER, W. (2005): Klimawandel in Deutschland. Vulnerabilität und Anpassungsstrategien klimaintensiver Systeme. Bonn.

Register